"十三五"应用型本科规划教材

通用信息技术基础

陈 懋 李 婷 / 主 编
张 璜 朱发财 郑劲松 卢志兴 / 副主编

上海财经大学出版社

图书在版编目(CIP)数据

通用信息技术基础/陈懋,李婷主编.—上海:上海财经大学出版社,2017.12
("十三五"应用型本科规划教材)
ISBN 978-7-5642-2871-2/F·2871

Ⅰ.①通… Ⅱ.①陈… ②李… Ⅲ.①信息技术-高等学校-教材 Ⅳ.①G202

中国版本图书馆CIP数据核字(2017)第290717号

□ 特约编辑　柳萍萍
□ 责任编辑　袁　敏
□ 封面设计　杨雪婷

TONGYONG XINXI JISHU JICHU
通用信息技术基础
陈 懋 李 婷 主编
张 璜 朱发财 郑劲松 卢志兴 副主编

上海财经大学出版社出版发行
(上海市中山北一路369号　邮编200083)
网　　址:http://www.sufep.com
电子邮箱:webmaster@sufep.com
全国新华书店经销
上海华教印务有限公司印刷装订
2017年12月第1版　2021年5月第3次印刷

787mm×1092mm　1/16　14.5印张　371千字
印数:5 001—6 000　定价:39.00元

"十三五"应用型本科规划教材
编委会

主　任　陈学华（国脉科技股份有限公司总裁）

副主任　茆政吉（福州理工学院副校长）

　　　　隋榕华（慧翰微电子股份有限公司董事长）

　　　　谷振宇（国脉（福建）生物科技有限公司总经理）

编　委（按姓氏拼音为序排列）

　　　　蔡声镇（福州理工学院）

　　　　陈　麓（福州理工学院）

　　　　陈　新（福州理工学院）

　　　　陈幼敏（福州理工学院）

　　　　程伟熙（国脉科技股份有限公司）

　　　　冯　静（国脉科技股份有限公司）

　　　　金大明（国脉科技股份有限公司）

　　　　王龙村（国脉科技股份有限公司）

　　　　占德荣（华信邮电咨询设计研究院有限公司）

　　　　张承耀（华信邮电咨询设计研究院有限公司）

本书主编　陈　懋　李　婷

前 言

21世纪信息技术飞速发展，应用领域不断扩大，掌握信息技术领域的知识及相关实用办公技能，是当前人才必备的基本素质。随着信息技术的迅速发展，"信息技术基础"类课程的内容变化、更新也越来越快，对应用技术型院校的"信息技术基础"类课程的教学提出了新的挑战，也相应地提出了更高的要求：如何选择教学内容；如何编写适合"教"、"学"相结合的教材；如何编写出满足实际工作需求的教材，以满足不同层次学生的需要。本书正是根据以上实际需求进行编写的。

为了写好本书，编者请教了多位应用技术型本科院校的"信息技术基础"类课程的课程负责人及相关行业工作者，探讨了关于课程的内容设置、教学方法和培养目标等问题，同时根据多年的教学经验和应用技术型本科院校各专业对"信息技术基础"类课程的需求，确定了本书的编写内容和能力培养目标。

本书图文并茂、条理清晰、实例丰富、内容实用，涵盖了信息技术领域及等级考试的全部内容，并根据实际工作需要对前沿理论知识及实践操作能力的培养作了补充。通过本书的学习，有助于提高学生对信息技术相关知识的了解及掌握工作所需的相关技能。本书共分为九章，共两大部分。第一篇为信息技术导论，包括第一、二、三、四、五、六章；第二篇为Office办公软件，包括第七、八、九章。

第一章主要介绍了计算机技术的发展历程和主要应用领域。

第二章主要介绍了计算机网络的发展历程和主要应用领域。

第三章主要介绍了大数据云存储的发展历程和主要应用领域。

第四章主要介绍了电子技术的发展历程和主要应用领域。

第五章主要介绍了通信技术的发展历程和主要应用领域。

第六章主要介绍了物联网技术的发展历程和主要应用领域。

第七章主要介绍了文字处理软件Word 2010的基础知识和实用操作。

第八章主要介绍了文字处理软件Excel 2010的基础知识和实用操作。

第九章主要介绍了文字处理软件PowerPoint 2010的基础知识和实用操作。

本书由陈懋、李婷两位副教授担任主编,张璜、朱发财、郑劲松、卢志兴担任副主编,其中第一章和第二章由陈懋负责编写;第三章和第六章由卢志兴负责编写;第四章1、2节和第五章1、2节由朱发财负责编写;第七章1～6节由郑劲松负责编写;第八章由张璜负责编写;第九章及第四、五、七章习题部分由李婷负责编写。

本书在编写过程中得到本科教育资深专家张贤澳教授的关心与支持,同时得到本科教育资深专家蔡声镇教授和陈新教授的悉心指导和帮助,在此一并表示衷心的感谢。

欢迎广大读者对本书不足之处提出批评和建议!

编 者
2017 年 10 月

目 录

前言/1

第一篇　信息技术导论

第一章　计算机技术概述/3
1.1　计算机技术发展历程/3
　1.1.1　古代计算技术/3
　1.1.2　现代计算机/4
　1.1.3　计算机的发展趋势/6
　1.1.4　计算机的主要应用/8
1.2　计算机系统的组成及工作原理/9
　1.2.1　计算机硬件系统/9
　1.2.2　计算机软件系统/18
　1.2.3　计算机语言/18
1.3　计算机中的计量单位和信息表示/19
　1.3.1　计算机中信息的计量单位/20
　1.3.2　数制计算/20
　1.3.3　字符编码/23
1.4　信息论概述/25
　1.4.1　信息的基本概念/25
　1.4.2　信息技术和计算科学/25
　习题精选/26

第二章　计算机网络概述/28
2.1　计算机网络发展历程/29
　2.1.1　计算机网络在全球的发展历程/29
　2.1.2　计算机网络在我国的发展历程/31
　2.1.3　计算机网络的现状/31
　2.1.4　计算机网络的趋势/32
2.2　主要应用领域/34
　习题精选/36

第三章 大数据云存储概述/38
3.1 大数据和云存储的发展历程/38
3.1.1 大数据的特征/38
3.1.2 大数据发展过程的重大事件/39
3.1.3 大数据相关技术的发展/41
3.1.4 云存储的发展历程/42
3.1.5 云存储技术的优势/44
3.1.6 云存储系统的结构模型/45
3.1.7 云存储的发展现状/46
3.1.8 大数据和云存储之间的关系/47
3.2 虚拟化的云存储技术/47
3.2.1 什么是虚拟化/47
3.2.2 虚拟化在云存储中的应用/48
3.3 主要应用领域/50
3.3.1 金融行业下分析云存储/50
3.3.2 云存储未来在视频监控系统中发展历程、趋势和应用前景/51
3.3.3 中小企业云存储发展的前景/53
习题精选/53

第四章 电子技术概述/55
4.1 电子技术发展历程/56
4.1.1 第一代电子产品以电子管为核心/56
4.1.2 晶体管开启固体电子技术时代/57
4.1.3 第一代集成电路应运而生/59
4.1.4 小规模集成电路/60
4.1.5 大规模集成电路和超大规模集成电路/61
4.2 主要应用领域/63
4.2.1 无线充电技术/63
4.2.2 智能手机/70
4.2.3 发光二极管/76
习题精选/80

第五章 通信技术概述/81
5.1 通信技术发展历程/81
5.1.1 古代通信/81
5.1.2 近现代通信/85
5.1.3 当代通信/88
5.2 主要应用领域/90
5.2.1 海量通信的基础——光纤通信技术/90
5.2.2 空间技术的基础——卫星通信技术/92

5.2.3　短距通信的明星——无线局域网技术/96
习题精选/98

第六章　物联网技术概述/100
6.1　物联网发展历程/100
　6.1.1　物联网概念/100
　6.1.2　国外物联网发展现状/102
　6.1.3　我国物联网发展现状/103
6.2　主要应用领域/104
　6.2.1　零售行业物联网应用/104
　6.2.2　食品行业物联网应用/106
　6.2.3　智能交通物联网应用/106
　6.2.4　智能家居物联网应用/108
习题精选/109

第二篇　Office 办公软件

第七章　Word 文档排版/113
7.1　Word 2010 入门/113
　7.1.1　启动和退出 Word 2010/113
　7.1.2　创建文档/116
　7.1.3　输入文本/116
　7.1.4　编辑文本/118
　7.1.5　查找和替换文本/121
　7.1.6　文档的保存/122
7.2　文档的编排/123
　7.2.1　设置字符的格式/123
　7.2.2　设置段落格式/125
　7.2.3　设置项目符号和编号/127
7.3　使用对象修饰文档/128
　7.3.1　插入图片与剪贴画/129
　7.3.2　截取屏幕图片/129
　7.3.3　图片的简单处理/129
　7.3.4　文本框/132
　7.3.5　艺术字/133
　7.3.6　形状/134
　7.3.7　创建 SmartArt 图形/137
7.4　课程表制作/138
　7.4.1　插入表格/138
　7.4.2　设置首行行高/138

7.4.3　合并单元格/139
7.4.4　绘制斜线表头/140
7.4.5　设置表格外边框/140
7.4.6　设置内容对齐方式/141
7.5　论文目录编排/142
7.5.1　插入页码/142
7.5.2　设置标题级别/143
7.5.3　插入目录/143
7.6　简易个人简历制作/144
7.6.1　插入表格/145
7.6.2　美化简历格式/146
习题精选/149

第八章　Excel 电子表格/151

8.1　Excel 2010 概述/151
8.1.1　Excel 2010 主要功能/151
8.1.2　Excel 2010 的启动和退出/151
8.1.3　Excel 2010 的窗口组成/153
8.2　Excel 基础操作/154
8.2.1　工作簿、工作表和单元格/154
8.2.2　工作簿的新建、打开、保存和另存/155
8.2.3　工作表管理/156
8.2.4　窗口的拆分和冻结/158
8.2.5　单元格与行、列的常用操作/160
8.2.6　单元格数据输入/163
8.3　格式化工作表/165
8.3.1　字符和数字格式化/165
8.3.2　设置对齐方式/166
8.3.3　调整行高、列宽/167
8.3.4　套用表格格式/167
8.4　公式和函数的使用/168
8.4.1　输入公式/168
8.4.2　公式运算符/169
8.4.3　单元格的引用/169
8.4.4　常用函数及应用/170
8.5　数据管理/174
8.5.1　数据排序/174
8.5.2　自动筛选/177
8.5.3　分类汇总/179
8.6　图表的使用/180

8.6.1 图表的类型/180
  8.6.2 创建图表/181
  8.6.3 编辑图表/182
  习题精选/183

第九章　PowerPoint 演示文稿制作/185
9.1 PowerPoint 2010 概述/185
  9.1.1 PowerPoint 2010 的新功能与特点/185
  9.1.2 PowerPoint 2010 启动与退出/186
9.2 PowerPoint 2010 的基本操作/187
  9.2.1 新建演示文稿/187
  9.2.2 打开演示文稿/188
  9.2.3 保存演示文稿/189
  9.2.4 关闭演示文稿/189
  9.2.5 演示文稿视图/189
9.3 幻灯片的基本操作/191
  9.3.1 选择幻灯片/191
  9.3.2 新建与删除幻灯片/191
  9.3.3 复制幻灯片/193
  9.3.4 移动幻灯片/193
  9.3.5 幻灯片版式/194
  9.3.6 启动与退出幻灯片放映/194
9.4 编辑幻灯片内容/195
  9.4.1 输入与编辑文本内容/195
  9.4.2 插入图表/195
  9.4.3 插入图形与图像/196
  9.4.4 媒体剪辑/199
9.5 幻灯片的设计与制作/200
  9.5.1 幻灯片的美化/200
  9.5.2 幻灯片母版的设计/202
  9.5.3 插入超链接/202
9.6 设置幻灯片动态效果/204
  9.6.1 添加动画效果/204
  9.6.2 编辑动画效果/205
  9.6.3 设置幻灯片间的切换效果/207
9.7 演示文稿的放映/208
  9.7.1 设置放映方式/208
  9.7.2 隐藏不放映的幻灯片/209
  9.7.3 控制幻灯片放映过程/209
  9.7.4 放映幻灯片时使用绘图笔/209

9.7.5 演示者视图放映/210
9.7.6 创建自动运行的演示文稿/210
9.8 演示文稿的打包与打印/212
9.8.1 演示文稿的打包/212
9.8.2 演示文稿的打印/213
习题精选/215

第一篇

信息技术导论

第一章 计算机技术概述

本书第一章介绍计算机的基础知识,包括计算机技术发展历程、典型产品、主要应用领域和计算机系统基本原理等。计算机及其应用已渗透到社会生活的各个领域,影响着社会的方方面面,了解计算机的基础知识、熟练使用计算机是现代大学生必备的基本技能。

1.1 计算机技术发展历程

在人类的发展历程中,对先进计算技术的探索从未中断过。计算机经历了从手工计算、机械计算机到电子计算机的过程,电子计算机更是被称为二十世纪最伟大的发明之一,计算机技术的发展深刻地改变了人们的生活方式和思维方式。如今,人类已经全面进入信息社会,计算机及其应用已渗透到社会生活的各个领域,影响着社会的方方面面,计算机文化也是人类文化中的重要组成部分。

1.1.1 古代计算技术

1. 算筹

早在 2000 多年前,我国的春秋战国时期已开始使用算筹进行乘法计算。算筹就是用竹子或其他材料做成的一根根小棒。这些小棒由特定的摆放方式来表示数字,还有自己的运算规则,可以说算筹是世界上最早的计算工具。

2. 算盘

算盘也是我们祖先创造发明的一种简便的计算工具,发展至宋代之时,已经出现有横梁的穿档的大珠算盘。进入元代时,算盘的使用已十分流行。在计算机已被普遍使用的今天,古老的算盘仍然因它的灵便、准确等优点,在许多地区仍在使用。

3. 计算尺

17 世纪初,英国数学家威廉·奥特雷德(William Oughtred)根据对数原理发明了圆形计算尺,也称对数计算尺。对数计算尺可以进行加、减、乘、除、指数、三角函数等运算。18 世纪末,蒸汽机的发明者瓦特还在对数计算尺的尺座上添置了一个滑标,用来存储计算的中间结果。对数计算尺一直沿用至 20 世纪 70 年代,为现代计算器发展奠定了良好的基础。

4. 齿轮式加法器

1642 年,法国数学家帕斯卡发明了世界上第一个滚轮式加法器。这个加法器的外观上有 6 个轮子,分别代表着个、十、百、千、万、十万等,采用齿轮旋转进位方式执行加法运算,能够自动完成逢 9 进 1 的进位操作。

5. 计算器

1673年，德国数学家莱布尼茨在法国物理学家马略特的帮助下，对帕斯卡的加法器进行改进，制造了一架可以进行加减乘除四则运算的计算器。莱布尼茨是现代机器数学的先驱。至此，计算机已经初步实现了机械化，或者说半自动化。

1.1.2 现代计算机

1945年底，世界上第一台使用电子管制造的电子数字计算机ENIAC(艾尼亚克)在美国宾夕法尼亚大学研制成功。ENIAC是电子数值积分计算机(The Electronic Numberical Intergrator and Computer)的缩写。ENIAC每秒钟可进行5 000次加法运算，总共用了18 800个真空电子管，耗电140千瓦，占地150平方米，重达30吨，如图1—1所示。电子计算机的诞生是人类最伟大的发明之一。

图1—1 电子管计算机 ENIAC

按照组成计算机的元器件的技术发展水平作为分类的依据，计算机技术的发展已经走过了4代。

第一代计算机是电子管计算机(1945～1954年)。主要特点是：计算机总体结构是以运算器为中心构建的，软件采用机器汇编语言，而且采用电子管作为基本逻辑部件，主存储器采用磁鼓或汞延迟线，而外存储器则采用磁带和磁鼓。1946年，冯·诺依曼和戈德斯坦发明了流程图，成为最早的程序语言。在第一代计算机时期，对操作者整体要求较高，除了基本的流程图外，还要非常熟练地掌握机器语言。

第二代计算机是晶体管计算机(1955～1964年)。主要特点是基本逻辑元件由电子管改为晶体管分立元件，因此运算速度有了明显提高；同时磁芯存贮器和各种辅助存贮器开始运用。软件有了很大发展，出现了多种计算机高级语言和编译程序。

第三代计算机是集成电路计算机(1965～1974年)。主要特点是采用中、小规模集成电路，因此体积减小，可靠性得到很大的提高；计算机语言发展到第三代时，就进入了"面向人类"的语言阶段。而且软件设计进一步成熟，出现了操作系统。这个时期DEC公司研制的PDP-8

标志着小型机时代的到来。PDP-8 当时被应用在诸如足球比赛的计分板、银行商业的数据处理上。PDP-8、PDP-11 系列以及后来的 VAX-11 系列都曾对计算机的推广起到了极大的作用。

图 1—2 DEC 公司的 PDP-8 小型机

第四代计算机是大规模和超大规模集成电路计算机。它有虚拟存储的能力,硬件和软件技术各方面都趋于成熟,运算速度达到每秒数百亿次以上,在技术上继续向巨型化和微型化两个方向发展,而且可靠性更好、软件配置更加丰富。第四代计算机的发展大致分为四个阶段:
- 第一阶段是 1971~1973 年,这一时期的微处理器都是四位的,如 4040 和 8008。
- 第二阶段是 1973~1977 年,这一时期苹果公司的 APPLE-II 微型计算机在 20 世纪 80 年代初期曾一度风靡世界,如图 1—3 所示。

图 1—3 Apple-II 微型计算机

第三阶段是1978~1983年,是十六位微型计算机的发展阶段。微型计算机代表产品是 IBM-PC(CPU 为 8086)。本阶段的顶峰产品是苹果公司的 Macintosh 和 IBM 公司的 PC/AT286 微型计算机,如图 1-4 所示。

图 1-4 苹果公司的 Macintosh 和 IBM 公司的 PC/AT286 微型计算机

第四阶段是从 1983 年开始的 32 位微型计算机的发展阶段。微处理器相继推出 80386、80486。1993 年,Intel 公司推出了奔腾(Pentium)微处理器,它具有 64 位的内部数据通道。奔腾微处理器发展迅速,2000 年 11 月推出的 Pentium 4 首款产品,处理器的速度达到 1.3 GHz。尽管 64 位微处理很早就开始发展,但真正普及大约是在 2010 年前后。目前市面上在售的计算机和智能手机大部分都是 64 位的。

2005 年,当处理器主频接近 4GHz 时,人们发现单纯提升主频已经无法有效提升系统整体性能。2005 年 4 月,CPU 主要厂商英特尔和 AMD 均推出了双核处理器,开启了微处理器的多核时代。2006 年 7 月 23 日,英特尔酷睿(Core)处理器正式发布,同年 11 月,又推出面向服务器的至强(Xeon)系列处理器,这一年被称为"双核元年"。随着多核心技术和 CPU 制程工艺的不断发展,CPU 的核心数量不断提升,而功耗不断下降。目前 Intel 推出的 Xeon E7 v4 系列处理器的核心数量最多达到了 24 个,每个核心的最高速度为 3.2GHz。

1.1.3 计算机的发展趋势

计算机正处在高速发展的阶段,有些人认为:新一代的计算机将采用生物技术、纳米技术和量子技术,是一种更为智能化的、多功能化的先进计算机。未来的计算机将朝着巨型化、微型化、网络化、多媒体化和智能化方向发展。

1. 巨型化

巨型化指计算机具有极高的运算速度、巨量的存储空间、更加强大和完善的功能,主要用于航空航天、军事、气象、人工智能、生物工程等学科领域,图 1-5 为我国的天河 2 号超级计算机。2017 年 6 月 19 日,全球超级计算机 500 强榜单公布,"天河二号"以每秒 3.39 亿亿次的浮点运算速度排名第二。

2. 微型化

微型化是大规模及超大规模集成电路发展的必然。从第一块微处理器芯片问世以来,发展速度与日俱增。计算机芯片集成度越来越高,所完成的功能越来越强,使计算机微型化的进程和普及率越来越快。图 1-6 展示的是微软公司的 Surface Pro 4 平板/笔记本二合一电脑,性能与笔记本电脑相当,小巧便携;图 1-7 左侧展示的是微型电脑棒,其内部是一台迷你主机,通过 HDMI 接入显示器或电视后,进入其中的 Win10 系统,比平板电脑更加便携,但性能

图 1-5　中国天河 2 号超级计算机

较差;图 1-7 右侧展示的是谷歌眼镜(Google Project Glass),其主要结构为:在眼镜前方悬置的一台摄像头和一个位于镜框右侧的宽条状的电脑处理器装置,它具有和智能手机一样的功能,以声控操作为主。

图 1-6　微软公司 Surface Pro 4

图 1-7　HDMI 电脑棒 和 Google Glass

3. 网络化

网络化是计算机技术和通信技术紧密结合的产物。计算机网络将不同地理位置上具有独立功能的不同计算机通过通信设备和传输介质互连起来,在通信软件的支持下,实现网络中的计算机之间共享资源、交换信息、协同工作。尤其进入20世纪90年代以来,随着互联网技术的飞速发展,计算机网络已广泛应用于政府、学校、企业、科研、家庭等领域,计算机网络的发展水平已成为衡量国家现代化程度的重要指标。

自2006年8月9日,Google首次提出"云计算"(Cloud Computing)这一概念以来,云计算已成为继大型计算机、个人计算机、互联网之后的第四次IT产业革命,它不仅改变了网络应用的模式,也将成为带动IT、物联网、电子商务等诸多产业强劲增长以及推动信息产业整体升级的基础。预计未来的十年,将是云计算的时代。越来越多的各类信息系统和信息终端将依托云计算平台而存在,越来越多的研发和业务流程将依托云计算平台来支撑。

4. 智能化

智能化要求计算机能够模拟人类的智力活动,如学习、感知、理解、判断、推理等能力,具备理解自然语言、声音、文字和图像的能力,具有说话的能力,使人机能够用自然语言直接对话。智能化也是第五代计算机要实现的目标。智能化的研究领域很多,其中最有代表性的领域是专家系统和机器人。谷歌(Google)旗下的AlphaGo是第一个击败人类职业围棋选手、第一个战胜围棋世界冠军的人工智能程序,其主要工作原理是"深度学习"。

从目前计算机的研究情况可以看到,未来计算机将有可能在光子计算机、生物计算机、量子计算机等方面的研究领域上取得重大的突破。

1.1.4 计算机的主要应用

目前,计算机已经广泛应用于科学研究、工商业、教育、国防和日常生活中,对人们生活的方方面面都产生了重大的影响。21世纪人类社会已经进入信息社会,人类的各种活动都离不开计算机。计算机的应用领域主要有数值计算、信息处理、实时控制、计算机辅助系统以及人工智能。

1. 信息处理

信息处理由数值计算发展而来,主要功能是对输入的资料进行记录、整理、计算和加工。典型的计算机信息处理系统有:办公自动化系统、决策支持系统、管理信息系统、民航订票系统、银行业务管理系统、商业销售系统等。

2. 实时控制

实时控制也称过程控制,是指用计算机实时检测,按最佳值实时对控制对象进行自动控制或自动调节。由于电子计算机的高速计算能力和逻辑判断能力很强,所以常用于生产过程和卫星、导弹和火炮的发射过程的实时控制。被控对象可以是一台或一组机床,也可以是一个车间或整个工厂,例如现在多数工厂使用的CIMS(计算机集成制造系统)。利用计算机进行过程控制,能改善劳动条件、提高产品质量、降低成本,实现生产过程自动化。

3. 计算机辅助系统

计算机辅助系统指利用计算机帮助人们完成各种任务的系统。它代表了计算机向人工智能化发展的一种重要趋势,包括计算机辅助设计、计算机辅助制造、计算机辅助教育等。

4. 计算机辅助设计

计算机辅助设计(Computer Aided Design,简称CAD)是设计人员利用计算机的图形处理能力等功能进行产品设计和工程技术设计。它可使设计过程自动化,缩短设计周期,节省人力和物力资源,提高产品和工程设计质量。

5. 计算机辅助制造

计算机辅助制造(Computer Aided Manufacture,简称 CAM)已应用到机械、电子、航空、造船、建筑、服装等方面的设计工作中,并取得了很好的效果。特别在飞机、大规模集成电路、大型自动控制系统等的设计中,CAM 占据着愈来愈重要的地位。

6. 人工智能

人工智能(Artificial Intelligence,简称 AI)是用计算机模拟人类的感觉和思维规律(如学习过程、推理过程、判断能力、适应能力等)的科学,它也是计算机应用研究前沿的学科领域,涉及计算机科学、控制论、信息论、仿生学、神经学、生理学等多门学科。人工智能研究和应用领域包括:模式识别、自然语言的理解和生成、联想与思维的机理、资料智能检索、专家系统、自动程序设计等。例如,机器人的大量出现是人工智能研究取得进展的一个标志,具有感测功能的计算机是人工智能的一项前沿技术课题,解决计算机机器人的视、听、触、嗅等感测功能和在复杂环境中进行决策的功能问题。

1.2　计算机系统的组成及工作原理

一个完整的计算机系统是由硬件系统和软件系统两个部分组成。硬件是计算机的躯体,软件是计算机的灵魂。光有硬件,未安装任何软件的计算机称为"裸机"。

1.2.1　计算机硬件系统

冯·诺依曼体系下的微型计算机的硬件由五个部分组成:运算器、控制器、存储器、输入设备和输出设备。

运算器是对数据进行加工的部件。它在控制器的指挥下对数据进行算术运算和逻辑运算;控制器是分析指令并发出控制信号的部件,指挥和控制计算机各部件按时序协调地工作。控制器是计算机的指挥控制中心;运算器、控制器和存储器一起构成了计算机的主机。

1. 中央处理器

中央处理器(CPU)是计算机的核心,由运算器、控制器和高速度缓存(内存储器)组成。

(1)CPU 的性能指标

CPU 的主要性能指标有:主频、内存总线频率、数据总线宽度、地址总线宽度、高速缓存数目和容量等。其中:内存总线频率这个指标是 CPU 与内存之间的通信速度;数据总线宽度这个指标则决定了 CPU 与二级高速缓存、内存等设备之间一次数据传输的信息量;地址总线宽度这个指标决定 CPU 可以访问的存储器的物理地址空间。

人们通常说的 Pentium Ⅲ 主机、Pentium 4 主机、双核主机、四核主机等,主要根据其所采用的 CPU 的型号来决定。CPU 品质的高低决定了一台计算机的档次。

(2)主流 CPU 介绍

目前 PC 机的 CPU 主要分成两个阵营:INTEL 和 AMD。INTEL 主流的就是针对个人市场的酷睿(Core)系列和针对服务器市场的至强(Xeon)系列。AMD 在个人市场的主力产品是锐龙(Ryzen)系列。图 1—8 为 Intel 酷睿 i7 系列的 7700K。

图 1－8　Intel "酷睿 i7－7700K"CPU

2. 主板

主板是计算机最基本、最重要的部件之一。计算机的多种部件都安装在主板上或通过数据线与 CPU 联结，人们把主板看作计算机硬件系统的"躯干"。主板的性能影响着整个计算机系统的速度和稳定性。图 1－9 为常见主板的示意图。

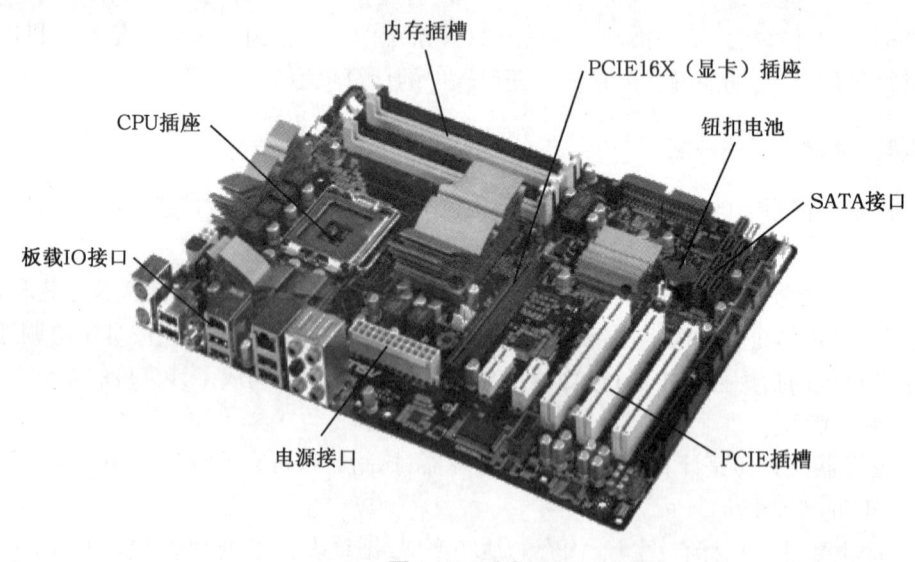

图 1－9　主板

（1）CPU 插座

目前常见的 CPU 接口有针脚式和触点式两种。不同类型的 CPU 具有不同的 CPU 插槽（插孔数/触点数、体积、形状），因此，选择 CPU 就必须选择带有与之对应插槽类型的主板。

（2）芯片组及控制芯片

芯片组的作用是控制和协调计算机的各部件选型。芯片组决定了计算机所支持的 CPU 类型、内存类型、总线速度、硬盘接口等关键技术配置。芯片组决定了主板的性能。

（3）内存插槽

内存插槽有 SIMM 插槽和 DIMM 插槽两种。其中，同为 DIMM，支持 SDRAM 内存的接口与 DDR 内存的接口也不一样：

SDRAM DIMM 金手指两面各有 84 线,目前已淘汰;DDR DIMM 的金手指两面各有 92 线,目前也已淘汰;DDR2 和 DDR3 的金手指每面有 120 线,只是频率更高。目前内存的主流是 DDR4,采用 16bit 预取机制(DDR3 为 8bit),同样内核频率下理论速度是 DDR3 的两倍,数据可靠性进一步提升,工作电压降为 1.2V,能耗更低。

(4)BIOS 芯片和 CMOS 芯片

BIOS 是英文"Basic Input Output System"的缩写,即"基本输入输出系统"。它是一组固化到计算机内主板上一个 ROM 芯片上的程序,存放的基本输入/输出程序、系统设置信息、通电自检程序、启动自举程序等,为计算机提供最底层的、最直接的硬件设置和控制。

CMOS 是主板上的一块可读写的 RAM 芯片,靠后备电池供电,其内容可通过设置程序进行读写,在系统断电后信息不会丢失。CMOS 中存放的是我们通过 BIOS 设定的系统参数,如当前日期时间、系统启动时各种存储设备的读取顺序等。

(5)扩展插槽

扩展插槽用于扩展主板的功能,是主板总线的延伸,用以插接显卡、声卡、网卡、Modem 卡等。主板通常有 4~6 个扩展插槽。

总线插槽主要的类型有：ISA、PCI、AGP 和 PCI－Express。前三种插槽已淘汰,目前主流的是 PCI－Express,简称 PCIE。PCIE 是最新的总线和接口标准,是 PCI 的更高的发展。它的主要优势就是数据传输速率高(目前最高的 16X 3.0 版本可达到 32GB/s)。

PCIE 也有多种规格,从 PCIE 1X 到 PCIE 16X,能满足现在和将来一定时间内出现的低速设备和高速设备的需求。

(6)IDE 接口和 SATA 接口

IDE 是传统的硬盘接口,目前已经淘汰,取而代之的是 SATA 接口。SATA 的全称是 Serial Advanced Technology Attachment(串行高级技术附件,一种基于行业标准的串行硬件驱动器接口)。SATA 接口支持热插拔,且传输速度比 IDE 要快。目前的主板上都有多个 SATA 接口。

(7)USB 接口和 PS/2 接口

①PS/2 接口

PS/2 是 6 针圆型接口,它是键盘和鼠标专用的接口。通常在主板上会有 2 个 PS/2 接头,一个用来连接键盘,另一个则用于连接鼠标。目前 PS/2 已经淘汰,改用 USB 接口连接键盘和鼠标。

②USB 接口

USB 接口又称为通用串行总线。它是计算机系统连接外围设备(如键盘、鼠标、打印机等)的输入/输出接口标准。USB 接口已取代 PC 上的并口(LPT,25 针的双排插座,通常用于连接打印机)和串口(COM1 和 COM2,9 针的双排插座)。

③ESATA 接口

虽然 SATA 接口支持热插拔,但由于其缺少方便的电力连接装置并且本身也缺乏有效的保护,用户若在电脑外部连接 SATA 硬盘是很不方便的。ESAT 接口的出现解决了这一问题。目前主流的移动硬盘盒产品都支持 ESATA 接口。表 1－1 是移动硬盘盒产品目前支持的几种接口的参数比较。

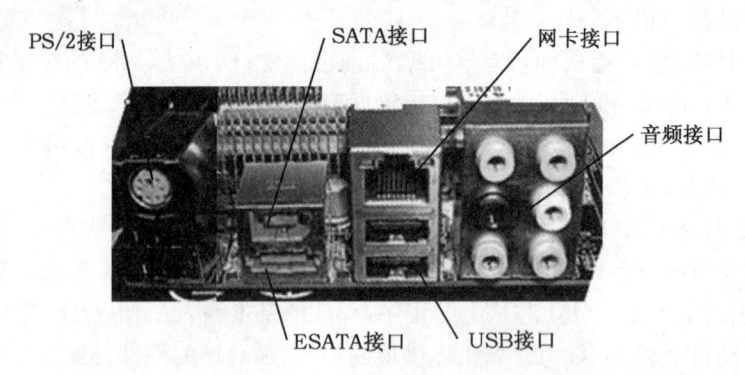

图 1—10　主板上的 I/O 接口

表 1—1　　外置接口传输率比较

接口类型	传输速率
USB 3.1	10Gbps(1.25GB/s)
USB 3.0	5.0Gbps(500MB/s)
USB 2.0	480Mb/s(60MB/s)
IEEE1394	400～800Mb/s(50MB/s～100MB/s)
ESATA 1.0	1 500Mb/s(187MB/s)
ESATA 2.0	3 000Mb/s(384MB/s)

3. 存储器

存储器是计算机的记忆部件，用于存放程序和数据。存储器分为内存储器和外存储器两种。内存储器简称内存，它位于主板上。中央处理器(CPU)可以直接访问内存中的数据，而外存中的数据要先读入内存后才能为 CPU 访问。

(1) 内部存储器

按读写特性，内存储器通常分为随机存储器 RAM(Random Access Memory)和只读存储器 ROM(Read Only Memory)。

随机存储器 RAM 是一种既可写入又可读出数据的存储器，通常用于存放程序、数据和中间结果。它的特点是计算机刚启动时没有数据，一旦写入数据，只要电源不断且计算机工作正常，数据就可以保持，断电后其中的信息全部消失。RAM 是用户可使用的存储空间。

只读存储器 ROM 是一种只能从中读取代码，而不能以一般方式向其写入代码的存储器。只要接通电源，ROM 中固化的信息就建立好了。ROM 常用来存放基本输入输出程序、系统设置信息、开机自检程序和系统启动自举程序等。

(2) 外存储器

在主机的外部可配置外存储器，外存储器属于外部设备，外存储器的特点是容量大、价格低且不受断电影响，常用于长期保存大量的数据和程序。常用的外存储器有软盘、硬盘、U 盘、光盘等。

① 硬盘

➤ 硬盘按接口分类

IDE 硬盘：目前已淘汰。
SATA 硬盘：数据传输高速、可靠，支持热插拔，主流容量从 1T 到 10TB 不等。
SCSI(Small Computer System Interface)硬盘：速度快、容量大、运行稳定、价格昂贵，用于数据处理量大的服务器中。

➢ 硬盘按存储介质分类

机械硬盘：机械硬盘由驱动马达、硬磁盘片、磁头及定位系统和电子线路组成。这些组成部分被密封在金属壳中。机械硬盘的技术成熟、成本较低。

固态硬盘：也叫 SSD(Solid State Drives)，由固态电子存储芯片阵列制成的硬盘，由控制单元和存储单元(FLASH 芯片、DRAM 芯片)组成。由于没有机械部件，SSD 的访问速度和性能高于机械硬盘，但成本较高，使用寿命不如机械硬件。

➢ 硬盘分区

分区就是将一个物理磁盘被划分为若干个独立的存储区域。主分区一般用于存放操作系统，扩充分区可以划分成若干个逻辑驱动器，用于存放应用程序和数据文件。分区的常用格式有 FAT32 和 NTFS 两种。

②U 盘

U 盘是一种新型的移动存储器，体积较小，外形可制作成任意形状，如图 1-11 所示；采用 USB 接口，可随时连接计算机；其核心存储部件采用闪存(Flash Memory)，闪存所存储的数据不需要电压维持，也没有机械装置，因此不怕震动和磕碰，携带和使用都非常方便。另外，它还设计有类似于软盘的写保护开关，以防止因误操作而删除数据。

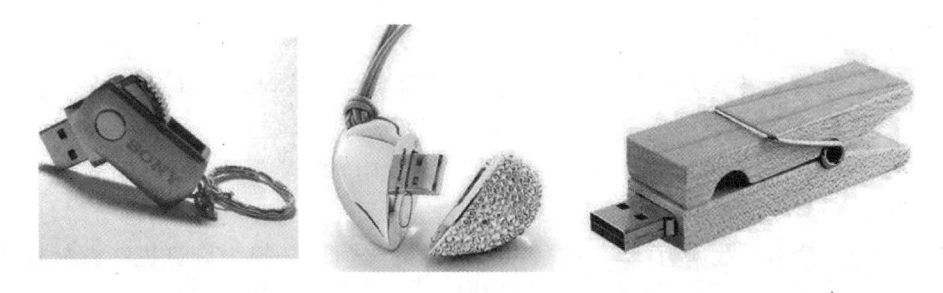

图 1-11 各种造型的 U 盘

目前 U 盘的存储容量为 2GB~64GB，由于其性能稳定，价格较低，已取代传统移动存储设备成为主流移动存储设备。此外，同样采用了闪存技术的各种存储卡加上 USB 接口的读卡器的组合不论是外形、性能还是使用方面都和 U 盘相近，同样受到人们的喜爱。常见的存储卡有 SD 卡、TF 卡(又称为 Micro SD 卡，外形是 SD 卡的缩小版，常用于手机上数据的存储，可通过卡套接入 SD 卡的读卡器)。

值得注意的是，闪存盘的存储芯片分为 SLC、MLC 和 TLC 三种。市面上主流的是 TLC 闪存。TLC 是 Triple Level Cell 的缩写，我们可以简单地认为这种闪存芯片是"一个单元存储 3 个信息"。TLC 闪存的特点是速度慢、寿命短但价格最低。MLC 闪存的读写速度比 TLC 快，寿命也更长，价格也高，这也是为什么市场上同样容量的 U 盘或者闪存卡价格不一样、复制文件速度也有较大差别的原因。而 SLC 闪存是三者之中读写速度最快、寿命最长的，但是价格较高，较为少见。图 1-12 为常见的存储卡示意图。

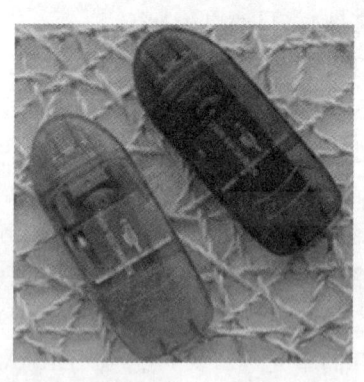

图 1—12 TF(Micro SD)卡及卡套、SD 卡、读卡器

③光驱和光盘

光盘(Compact Disc)是一种光学存储介质，用聚焦的氢离子激光束处理记录介质的方法存储和再生信息，正在逐渐淡出市场。

> 光盘的分类

光盘主要有两种：CD 盘和 DVD 盘。CD 光盘的容量大约是 650MB，DVD 盘片单面最多能存储约 4.59G 的数据(双面 8.3GB)。

光盘按读写性能可划分为三类：只读光盘(CD—ROM/DVD-ROM)、一次性写入盘(CD-R/DVD-R，允许写入一次，但可以被反复读取)和可擦写光盘(CD-RW/DVD-RW，最多可擦写 1000 次左右)。

> 光驱的工作原理

光盘分为三层，上层是涂漆保护层，中层是铝反射层，第三层是聚碳酸脂衬底。光盘的表面被划分出螺旋型的光道。光道上的微小凹坑和平面分别表示 0 与 1。

光驱利用激光二极管发出光束照射到光盘上，然后用光检测器捕获反射光。当激光束照射凹点边界时，反射光束强弱发生变化，读出的数据为"0"；当激光照射平坦部分时，反射光强弱没有发生变化，读出的数据为"1"。然后将所获取的光信号转换为计算机能够处理的电信号。

> 光驱的存储容量和传输速率的计算方法

常用的 3.5 英寸 CD 光盘上有 333000 个扇区，每个扇区存放 2048 字节，总容量为：2048 字节/扇区×333 000 扇区＝681984000B＝650.39MB。

光驱的数据传输速率指每秒传输的数据量。制定 CD—ROM 标准时，把 150 kbps 作为传输速率的标准。52 速光驱(记作"52X")的传输速率为：52×150kbps＝7800kbps。

④刻录机

刻录机在普通光驱的基础上增加了将数据写入光盘中的功能，外观与普通光驱相似。由于 DVD 光盘正逐步取代 CD 光盘，目前，市面上出售的刻录机一般为 DVD 刻录机(可向下兼容读取和刻录 CD)。同时，也有可以读取 CD 和 DVD 光盘，但只能刻录 CD 的 Combo 光驱。

4. 输入设备

输入设备是外界向计算机输入数据的装置。计算机的输入设备主要有键盘、鼠标，此外还有扫描仪、光笔等其他输入设备。

(1)键盘

根据键盘开关接触方式不同,可分为机械式按键和电容式按键两种。

根据键盘按键的个数分类,可分为 83 键、93 键、96 键、101 键、102 键、104 键、107 键和 108 键键盘,现在常用的为 104 键和 108 键键盘。

根据键盘接口不同可分为 AT 接口、PS/2 接口、USB 接口和无线键盘。键盘上的按键一般可分为五个区。

①标准字符键区

包含英文字母键、数字键、符号键、空格键和一些特殊键等。

②功能键区

功能键共有 12 个,用 F1~F12 标示。设置功能键的目的是为了简化键盘操作。按下某功能键,相当于键入一条命令。计算机所运行的软件系统不同,每个功能键上所定义的功能也随之不同。

③小键盘区

该区的键位与普通计算器相似,该区各键具有双重功能:既可作为数字键(Numlock 灯亮),又可作为编辑键(Numlock 灯暗)。

④编辑键区

该区的编辑键有插入键(Insert)、删除键(Delete)、翻页键(Page Up、Page Down)和光标移动键(Home、End、↑、↓、←、→)。该区中的 Print Screen 键用于连接主机和打印机。Pause 键是暂停键。侧面印有 Break 的键与 Ctrl 键组合产生中断作用。

⑤指示灯区

表明键盘所处的状态。

图 1—13 标准键盘和无线鼠标

(2)鼠标

鼠标的基本工作原理是:当移动鼠标时,它把移动距离及方向的信息转换成脉冲输入到计算机,计算机再把脉冲转换成鼠标光标的坐标数据,从而达到指示位置的目的。由于图形界面的广泛应用,鼠标(Mouse)已成为计算机系统必备的输入设备。

鼠标按其工作原理的不同主要分为机械式鼠标和光电式鼠标;按其外形不同可分为两键鼠标、三键鼠标、滚轴鼠标和轨迹球;按其接口类型不同可分为串行鼠标、PS/2 鼠标和 USB 鼠标 3 种。无线鼠标按其通信方式还分为 27MHz(已淘汰)、2.4GHz 和蓝牙三种,其中由于现在许多便携式电脑都内置了蓝牙模块,使用蓝牙鼠标不需要另接无线发射器,少占用了一个

USB接口。

5. 输出设备

(1)显示器

①显示器的分类

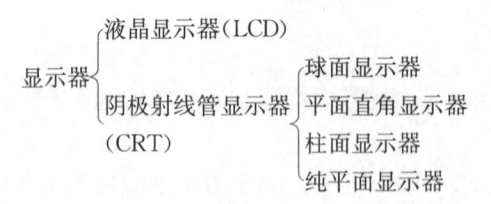

$$\text{显示器}\begin{cases}\text{液晶显示器(LCD)}\\\text{阴极射线管显示器}\\\text{(CRT)}\end{cases}\begin{cases}\text{球面显示器}\\\text{平面直角显示器}\\\text{柱面显示器}\\\text{纯平面显示器}\end{cases}$$

②显示器的主要技术指标

- 尺寸：指显示屏对角线的长度，一般以英寸为单位。
- 点距：两个相同颜色的荧光点之间的距离。
- 分辨率：指屏幕的像素（组成图像的一个荧光点）总和，用显示屏的水平方向上的像素乘以垂直方向上的像素表示。
- 扫描方式：有逐行扫描与隔行扫描两种。
- 垂直扫描频率：又称场频，或屏幕的刷新频率。它表示每秒钟重画屏幕的次数，即完成一帧扫描所花时间的倒数来表示，以赫兹(Hz)为单位。如果刷新率在85Hz以上，屏幕的画面非常稳定；如果CRT显示器的刷新率低于70Hz，则会使眼睛感觉不适。
- 视频带宽：视频带宽＝行数×列数×刷新频率。

③显示适配器

显示适配器简称显卡。它工作在CPU和显示器之间，用于控制计算机的数据输出。显卡的核心称为图形处理单元(GPU)，和CPU一样会产生较多的热量，故显卡一般都配有散热器和风扇。显卡上通常自带内存，称为显存。不同性能的显卡配置的显存大小不同（从64MB到6GB都有），有些主板集成了显示芯片，但不带显存，这样的集成显卡就占用一部分内存来做显存。图1-14为显卡实物示意图。

图1-14 显卡构造示意图(铭瑄 GTX1080)

(2) 打印机

打印机是仅次于显示器的一种重要的输出设备。常见的有针式打印机、喷墨打印机和激光打印机。

针式打印机速度慢、噪音大、打印质量不高，但耗材（包括色带和打印纸）便宜，而且能够复打（如打印多层压感纸和票据）。它是使用较广泛的商用打印机。

喷墨打印机噪音低、打印质量较高，可打印彩色文档，但耗材（墨盒）费用较高。

激光打印机噪音低、打印速度最快、打印质量高，但设备价格和耗材（感光鼓和墨粉）费用也是三种打印机中最高的。

(3) 音箱

音箱分为两种：有源音箱和无源音箱。有源音箱自带有电源设备，具有功率放大功能；无源音箱直接输出声卡的音频信号，功率小（2～4瓦），音质差。

6. 其他配件

(1) 声卡

声卡的基本功能是录制、播放数字声音文件。目前大多数主板都集成了声卡，市面上出售的独立声卡多为高端产品。

声卡的主要性能指标包括：采样频率，采样位数和声道数。

采样频率即单位时间内采样的次数，单位是赫兹（Hz）。采样频率越高，同一段波形被等分的份数越多，每一份的时间间隔也越小，采样的音质越好，所需的存储空间越大。标准的采样频率有三个：44.1kHz（CD音质）、22.05kHz（广播音质）、11.025kHz（电话音质）。

采样位数是指对波形垂直方向的幅值进行量化时的等分值的大小。8位量化将声音振幅分成256等份，16位量化将声音振幅分成65536等份。采样位数越多，采样的声音质量越接近于原始声音，所需的存储空间也越大。

记录声音时只产生一个波形为单声道。记录声音时产生两个波形为双声道（立体声）。双声道听起来比单声道丰满，具有空间感，但需要两倍的存储空间。

(2) 不间断电源（UPS）

UPS不间断电源。当计算机的供电电源发生中断时，UPS便发出告警声，同时为计算机持续供电一段时间，让用户保存资料，避免数据丢失。

7. 计算机的主要技术指标

(1) 字长

"字（Word）"是计算机进行数据处理、数据存储、数据传送的单位，即计算机一次能处理的二进制数据的位数。"字"由若干个字节组成。一个"字"所包含的"位"的数目称为"字长"。字长是计算机性能的重要标志。字长大，在相同的时间内就能传送更多的信息，从而使计算机运算速度更快；字长大，计算机的寻址空间更大，从而使计算机内存更大；字长大，计算机的指令数目更多，功能就更强。

(2) 主频

主频是CPU的时钟频率。它在一定程度上决定了计算机速度的高低。主频以兆赫兹（MHz）为单位。一般来说，CPU的主频越高，则速度越快。现有CPU主频最高为4.0GHZ。

(3) 运算速度

计算机的运算速度指每秒钟所能执行的指令数目。运算速度一般以百万次/秒（MIPS）为单位，这个指标能直观地反映计算机的速度。

(4)存储容量

计算机的存储容量包括内存容量和外存容量,内存容量对计算机的速度影响很大。目前主流主机的内存量一般为 4GB~16GB,硬盘容量一般为 120GB~240GB(固态硬盘 SSD)或者 1TB(机械硬盘 HDD)。

1.2.2 计算机软件系统

光有硬件的计算机称为"裸机",用户是无法直接指挥硬件工作的。为方便使用计算机和提高使用效率,我们还需要安装软件。软件由程序、数据和文档三个部分组成。程序是一系列指令的集合。每一台计算机都有一套指令系统,指令就是指挥机器实现一定操作的命令。一条指令包括操作码和操作数两个部分。操作码指明要执行何种操作,操作数(又称为地址码)指明参加操作的数据在何处以及操作结果存放的位置。

计算机的软件系统可分为操作系统和应用软件两大类。

1. 操作系统

在计算机软件系统中,操作系统具有核心和基础作用。不过,无论一个操作系统如何复杂、庞大和神秘,对一般计算机用户来说,操作系统只是提供了一个用户环境,提供了一个人与计算机进行交互操作的界面。只要掌握了操作系统提供的操作命令和操作方法,就可以自如地操作计算机了。

操作系统有不同的分类方法,按照功能的不同大致可分为 7 类:单用户操作系统、多用户操作系统、批处理操作系统、分时操作系统、实时操作系统、网络操作系统和分布式操作系统。

操作系统通常应包括下列五大功能模块:

(1)处理器管理:当多个程序同时运行时,解决处理器(CPU)时间的分配问题。

(2)作业管理:完成某个独立任务的程序及其所需的数据组成一个作业。作业管理的任务主要是为用户提供一个使用计算机的界面使其方便地运行自己的作业,并对所有进入系统的作业进行调度和控制,尽可能高效地利用整个系统的资源。

(3)存储器管理:为各个程序及其使用的数据分配存储空间,并保证它们互不干扰。

(4)设备管理:根据用户提出使用设备的请求进行设备分配,同时还能随时接收设备的请求(称为中断)。

(5)文件管理:主要负责文件的存储、检索、共享和保护,为用户提供文件操作的方便。

2. 应用软件

为解决各类实际问题而设计的程序系统称为应用软件,通常可分为通用软件和专用软件两大类:

(1)通用软件

这类软件通常是为解决某一类问题而设计的。而这类问题是很多人都要遇到和解决的。例如:文字处理、表格处理和电子演示等。

(2)专用软件

为了实现某些特殊功能和特定的需求而专门开发的这种软件。

1.2.3 计算机语言

计算机语言(Computer Language)是人与计算机之间传递信息的媒介。人通过计算机语言指挥计算机工作。

1. 机器语言

直接用一种计算机指令系统所规定的二进制编码规则编制计算机程序的语言称为机器语言。用机器语言编写的程序称为机器语言程序。

一种 CPU 只能执行专属于它的指令系统,不同 CPU 具有不同的指令系统。用某种 CPU 的机器语言编写的机器语言程序,不能在另一种 CPU 的机器上运行。所以称机器语言是面向机器的语言。

机器语言是与计算机硬件密切相关的语言,其优点是能充分利用硬件的功能,能直接被机器识别的语言,执行速度最快。其缺点是难读、难写、冗长、易出错,而且只适用于特定类型的计算机。这是因为不同类型的计算机其机器指令系统也不同。

2. 汇编语言

为了克服机器语言的缺点,人们用符号来表示指令中的操作码和地址码,这就产生了汇编语言(Assembly Language)。

汇编语言是一种用符号表示的与机器指令基本对应的程序设计语言。汇编语言的优点是:较机器语言而言,它改善了程序的可读性,易为人们识别和记忆,执行速度也很快,接近于机器语言。其缺点是:计算机不能直接识别汇编语言源程序,需要用汇编编译器将其编译为机器码才能被计算机执行。

在今天的实际应用中,它通常被应用在底层,硬件操作和高要求的程序优化的场合。驱动程序、嵌入式操作系统和实时运行程序都需要汇编语言。

3. 高级语言

高级语言主要是相对于汇编语言而言的,因为高级语言接近于习惯自然语言(英语)和数学语言的计算机语言。基本脱离了机器的硬件系统,用人们更易理解的方式编写程序。编写的程序称为源程序。常见的高级语言有 BASIC 语言、FORTRAN 语言、PASCAL 语言、C 语言。

高级语言与计算机的硬件结构及指令系统无关,一条语句的功能对应着几十条甚至上百条机器指令的功能,所以高级语言具有很高的编程效率,可方便地表示数据的运算和程序的控制结构,能更好地描述各种算法。编程人员不必考虑指令和数据在存储器中的存放地址,不必安排运算中间结果的存放寄存器。

高级语言的优点是易于人们学习掌握,不依赖于机器而具有通用性。其缺点是编译生成的程序代码一般比用汇编程序语言设计的程序代码要长,执行的速度也慢。高级语言写的源程序不能为计算机直接识别,要翻译成机器语言的目的程序才能被计算机执行。

高级语言程序翻译成为机器语言程序的过程有编译和解释两种。编译是把用高级语言编写的源程序整体翻译成为一个机器语言程序(目标程序),然后运行目标程序。多数高级语言,如 PASCAL、FORTRAN 等都采用这种翻译方式。解释是在高级语言编写的源程序的运行过程中,将源程序中的语句逐条翻译成为机器指令(称为目标指令),翻译一条语句,就立即执行,全部源程序语句被翻译完,也即完成了目标指令的全部执行工作。在整个解释过程中,没有生成完整的目标程序,如 BASIC 语言就经常采用这种翻译方式。

1.3 计算机中的计量单位和信息表示

本节介绍计算机中的计量单位、数制系统及其转换方法,计算机中信息的表示和编码系统。计算机中的信息都是用二进制数据表示、存储和处理的,而相应的字符也都要转化为二进制编码才能被计算机识别和处理。汉字也是字符,所以汉字也要有相应的编码系统转化为二进制。

1.3.1 计算机中信息的计量单位

存储器是计算机的记忆装置,用于存储数据和程序。计算机中存储的相关信息的计量单位有"位"和"字节"。位(bit,比特)用于存放一个二进制数0或者1,是存储信息的最小计量单位,通常用小写的"b"表示。

位单位太小,人们把8个二进制位称为一个"字节"(Byte),通常用大写字母"B"表示。字节是度量存储器容量的常用单位,有时还用更大的度量单位千字节(KB)、兆字节(MB)、吉字节(GB)和太字节(TB)来表示存储容量,它们之间有如下的换算关系:

1 Byte	=	8 bit
1 KB	=	1024 B
1 MB	=	1024 KB
1 GB	=	1024 MB
1 TB	=	1024 GB

在实际生活中,当我们购买硬盘、U盘之类的存储产品时,我们会发现这些产品的实际容量比标称容量要"缩水"一些。这是因为存储产品的厂家为了计算方便,每个K不是2的10次方(1024),而是1000,于是购买一个1TB的硬盘,实际上产品标签上写的是1000000000000Bytes,而其的真正容量是:

$$1000000000000 \div 1024 \div 1024 \div 1024 \approx 931 GB$$

因此,一块全新的1TB硬盘接入系统后,得到的实际容量大约只有931GB。

1.3.2 数制计算

1. 数制系统

计算机是电子设备,计算机中处理的量是数字量,根据电气的特性,可实现的稳定状态只有两种,所以在计算机中使用二进制数。但是人们在日常生活中习惯使用的数制是十进制数。二进制和十进制都是使用一种称为位置数制的表示数值方法,也就是每位数符的数值与它的位置有关,还有另外两种常用的位置数制是八进制和十六进制。

(1)十进制数

用0到9十个数符表示十个不同的数,每位数符的数值是该数符与它的进位基数幂的乘积(称为该数符的位权),逢十进一,即高一位数是低一位数的十倍。例如,十进制数123.45可表示为:

$$(123.45)_{10} = 1 \times 10^2 + 2 \times 10^1 + 3 \times 10^0 + 4 \times 10^{-1} + 5 \times 10^{-2}$$

(2)二进制数

使用二进制计数表示数值,也是该数符与它的进位基数幂的乘积,用0和1两个数符表示两个不同的数。逢二进一,即高一位数是低一位数的2倍。例如,二进制数10001.111的十进制值可用以下方法求出:

$$(10001.111)_2 = 1 \times 2^4 + 0 \times 2^3 + 0 \times 2^2 + 0 \times 2^1 + 1 \times 2^0 + 1 \times 2^{-1} + 1 \times 2^{-2} + 1 \times 2^{-3}$$

$$=16+0+0+0+1+0.5+0.25+0.125$$
$$=(17.875)_{10}$$

(3)八进制数

使用八进制计数表示数值,也是该数符与它的进位基数幂的乘积,用 0,1,2,3,4,5,6,7 八个数符表示两个不同的数。逢八进一,即高一位数是低一位数的 8 倍。例如,八进制数 4567 的十进制值可用以下方法求出:

$$(4567)_8 = 4\times 8^3+5\times 8^2+6\times 8^1+7\times 8^0$$
$$=4\times 512+5\times 64+6\times 8+7\times 1$$
$$=(2423)_{10}$$

(4)十六进制数

使用十六进制计数表示数值,也是该数符与它的进位基数幂的乘积,用 0,1,2,3,4,5,6,7,8,9,A(10),B(11),C(12),D(13),E(14),F(15)十六个数符表示两个不同的数。逢十六进一,即高一位数是低一位数的 16 倍。例如,十六进制数 8AB.4 的十进制值可用以下方法求出:

$$(8AB.4)_{16}=8\times 16^2+10\times 16^1+11\times 16^0+4\times 16^{-1}$$
$$=8\times 256+10\times 16+11\times 1+4\times 0.0625$$
$$=(2219.25)_{10}$$

括弧外的下标表示数制。下标也可以用字母表示,B 表示二进制,O 表示八进制,D 表示十进制,H 表示十六进制。二进制数运算比较简单,物理实现很容易,但是在表示一个数值时,它的位数比八进制数、十进制数和十六进制数要多,不方便书写阅读和记忆,由于八进制数和十六进制数转换成二进制数比较方便,因此经常用于表示数字系统中的输入、输出和显示。表 1—2 列出了十进制数 0~16 所对应的二进制数、八进制数和十六进制数。

表 1—2　　　　　十进制数 0~16 的二进制数、八进制数和十六进制数

十进制数	二进制数	八进制数	十六进制数
0	0000	00	0
1	0001	01	1
2	0010	02	2
3	0011	03	3
4	0100	04	4
5	0101	05	5
6	0110	06	6
7	0111	07	7
8	1000	10	8
9	1001	11	9
10	1010	12	A
11	1011	13	B
12	1100	14	C

续表

十进制数	二进制数	八进制数	十六进制数
13	1101	15	D
14	1110	16	E
15	1111	17	F
16	10000	20	10

2. 不同数制之间的转换

(1)二进制数与十进制数的相互转换

①二进制数转换成十进制数的方法,就是把二进制数按位权展开并求和。例如,二进制数 10011.111 的十进制值可用以下方法求出:

$(10011.111)_2 = 1×2^4 + 0×2^3 + 0×2^2 + 1×2^1 + 1×2^0 + 1×2^{-1} + 1×2^{-2} + 1×2^{-3}$
$= 16+0+0+2+1+0.5+0.25+0.125$
$= (19.875)_{10}$

二进制数转换成十进制数的方法可以进行推广,任何一种进位计数制要转换成十进制数,都可以采用按位权展开并求和。

②十进制数转换成二进制数时需要把十进制数的整数部分和小数部分分开进行转换,然后把两个部分合并起来。

a. 十进制整数转换为二进制整数

一般用"除以 2,直至商为 0,取其余数,倒排"的方法。

例如:$(37)_{10} = ($ $)_2$

解:

```
2 | 37
  2 | 18 ────── 1  ↑
    2 | 9 ────── 0
      2 | 4 ───── 1
        2 | 2 ─── 0
          2 | 1 ─ 0
              0 ─ 1
```

所以,$(37)_{10} = (100101)_2$

b. 十进制小数转换为二进制小数

一般用"乘以 2,直至小数部分为 0,取其整数,顺排"的方法。

例如:$(0.45)_{10} = ($ $)_2$

解:

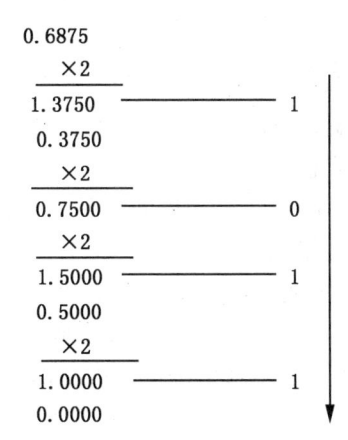

```
           0.6875
          ×    2
          ──────────
           1.3750  ──────── 1
           0.3750
          ×    2
          ──────────
           0.7500  ──────── 0
          ×    2
          ──────────
           1.5000  ──────── 1
           0.5000
          ×    2
          ──────────
           1.0000  ──────── 1
           0.0000
```

所以$(0.6875)_{10}=(0.1011)_2$

（2）二进制与八进制数和十六进制数之间互相转换

①二进制数与八进制数间互换

由于一位八进制数相当于三位二进制数，所以有如下关系：

二进制数转换为八进制数方法是：由小数点开始向左把二进制整数按每三位一划分，同理，由小数点开始向右把二进制小数按每三位一划分，不足三位的用 0 补齐，然后写出其相应的八进制数。

八进制数转换为二进制数是上述转换的逆过程。将八进制数的每一位用相应的三位二进制数写出即可。

②二进制数与十六进制数间互换

由于一位十六进制数相当于四位二进制数，所以有如下关系：

二进制数转换为十六进制数的方法是：由小数点开始向左把二进制整数按每四位一划分，同理，由小数点开始向右把二进制小数按每四位一划分，不足四位的用 0 补齐，然后写出其相应的十六进制数。

十六进制数转换为二进制数只需要将十六进制数的每一位用相应的四位二进制数写出。

例如：

八进制数：　　4　4　5　1　7

二进制数：　100100101001111

十六进制数：　4　9　4　F

所以，最后二进制数 100100101000111 转化为八进制数为 44517，而转化为十六进制数则为 494F。

1.3.3 字符编码

1. ASCII 码

计算机中存储的数据都是用二进制表示的，所以计算机中各种数字、字母和符号都要用特定的二进制数编码来表示。计算机所要处理的字符含意包括如下：

字母：A、B、…、Z、a、b、…、z

专用字符数字：0、1、2、…、9

字符符号：＋、－、＊、/、…

功能字符：BEL(响铃)、CR(回车)、LF(换行)、…

这些字符都需要用特定的二进制编码来表示，由此产生了各种组合编码，目前国际上普遍采用的是 ASCII 码，即美国标准信息交换码。

基本 ASCII 字符集采用一个字节七位二进制数编码，参见"附录 A"可表示 128 个字符(其中有 96 个可打印字符，包括常用的字母、数字、标点符号等，另外还有 32 个控制字符)。ASCII 码确定了西文字符的大小顺序：小写字母大于大写字母，所有可显字符大于空格符，小于空格符的都是控制符，而且字母大小的顺序与字母字典顺序一样。虽然标准 ASCII 码是 7 位编码，但由于计算机基本处理单位为字节(1byte＝8bit)，所以一般仍以一个字节来存放一个 ASCII 字符。每一个字节中多余出来的一位(最高位)在计算机内部通常保持为 0(在数据传输时可用作奇偶校验位)。与基本 ASCII 字符集对应的是扩充 ASCII 字符集，它采用一个二进制数编码，可表示 256 个字符。

2. 汉字编码

汉字也是字符，但是计算机进行汉字信息的处理却远比西文信息复杂。因为不仅要解决汉字在计算机内部的编码问题，还要解决汉字的输入和输出问题，所以汉字编码包括汉字交换码、汉字输入码、汉字内码、汉字字形码等。

(1)汉字交换码

汉字交换码即 GB2312－80，它是中文信息处理系统之间的通讯代码，亦称为国标码。

(2)汉字输入码

为了用键盘将汉字输入计算机而编制的代码称为汉字输入码。常见的有：区位码、拼音码、五笔字型码、自然码等。

(3)汉字内码

汉字内码是计算机内部存储、处理汉字信息时所用的编码。国内中文操作系统一般都采用在国标码两个字节的高位均设置为 1 的办法构造汉字内码。我国台湾地区采用与大陆不同的汉字内码，即 BIG－5 码。国标码转换为汉字内码的方法如下：

汉字内码高位字节＝国标码高位字节＋80H

汉字内码低位字节＝国标码低位字节＋80H

(4)汉字字形码

汉字字形码是汉字输出码，它是由汉字的字模信息组成。有点阵字形码和矢量字形码(TrueType 字形码)。

3. 汉字编码字符集

(1)信息交换用汉字编码字符集(GB2312-80)

由于中文信息处理的需要，而且单字节 7 位编码的字符集只能表示 128 个字符，汉字采用双字节七位编码，并且保证与 ASCII 码兼容。

1980 年颁布的 GB2312-80《信息交换用汉字编码字符集》(基本集)是国内汉字系统的统一标准。汉字编码字符集共收录了 7445 个汉字和图形符号，其中，一级汉字 3755 个为常用汉字，按汉语拼音顺序排列；二级汉字 3008 个，为非常用汉字，按偏旁部首及笔划顺序排列；图形符号 682 个。

(2)区位码

区位码是汉字编码字符集的四位十进制数编码，前两位称为区码，后两位称为位码。

（3）国标码

国标码是汉字编码字符集的四位十六进制数编码。区位码与国标码是一一对应的,它们之间的转换关系是:

国标码高位字节＝(区号)16＋20H

国标码低位字节＝(位号)16＋20H

1995年12月,中华人民共和国信息技术标准化技术委员会颁布了一个新的汉字编码标准——《汉字内码扩展规范》GBK(GBK分别是"国"、"标"、"扩展"汉语拼音的第一个字母)。GBK字库包含简、繁体字,向下兼容GB2312-80。它共收录21003个汉字、883个符号,并可扩充1894个自定义汉字或符号。

1.4 信息论概述

当前,信息产业正处于高速发展的轨道上,信息产业在国民经济中所占的比重越来越大,而且起着举足轻重的作用。不论是企业生产系统、教育系统和科学研究,还是医疗保健、家庭生活、政府管理和军队建设,都离不开信息技术,甚至有些部门就是建立在高效的信息获取渠道上的。

1.4.1 信息的基本概念

1. 信息的定义

21世纪,人类已经过渡到以知识经济为主体的信息社会。在信息社会中,信息成为比物质和能源更为重要的资源。一般认为信息是"物质存在的一种方式、形态或运动状态,也是事物的一种普遍属性,一般指数据、信息中所包含的意义,可以使消息中所描述事件的不确定性减少。"

2. 信息与数据

数据是信息的载体,是用来表示信息的符号。由于信息是来自于人类对世界的观察,所以信息可以有多种的表示方式,比如数字、文字、图形、图像、声音、动画、影像等。

3. 信息处理

对信息的处理是指对信息进行收集、存储、计算、分类、排序和传输等加工。信息的进一步处理可以使信息增值。计算机信息处理也称为数据处理。

1.4.2 信息技术和计算科学

1. 信息技术

信息技术(Information Technology,简称IT),是主要用于管理和处理信息所采用的各种技术的总称。它主要是应用计算机科学和通信技术来设计、开发、安装和实施信息系统及应用软件。它也常被称为信息和通信技术(Information and Communications Technology,ICT),主要包括传感技术、计算机技术和通信技术。香农被称为是"信息论之父"。人们通常将香农于1948年10月发表于《贝尔系统技术学报》上的论文"A Mathematical Theory of Communication"(通信的数学理论)作为现代信息论研究的开端。信息技术是以计算机、微电子和通信技术为核心的一门综合性技术,运用概率论与数理统计的方法研究信息、信息熵、通信系统、数据传输、密码学、数据压缩等问题的应用数学学科。信息论将信息的传递作为一种统计现象来考虑,给出了估算通信信道容量的方法。信息传输和信息压缩是信息论研究中的两大领域。这两个方面又由信息传输定理、信源－信道隔离定理相互联系。信息技术的发展成为社会信息化的推动力,从而从根本上改变了人们的生活方式。

2. 计算科学

计算科学是研究描述和变换信息的具体的算法,包括对理论、分析、设计、效率、实现和应用等进行系统的研究的科学分支。它的根本目的是研究"能行性"的问题,也就是机器能有效地自动运行什么程序。离散数学是计算科学的数学基础。

3. 图灵机

英国数学家图灵提出了图灵机的概念,奠定了计算机科学的理论基础。图灵的基本思想是用机器来模拟人们用纸笔进行数学运算的过程,他把这样的过程看作下列两种简单的动作:

(1)在纸上写上或擦除某个符号。
(2)把注意力从纸的一个位置移动到另一个位置。

而在每个阶段,人要决定下一步的动作,依赖于此人当前所关注的纸上某个位置的符号和此人当前思维的状态。为了模拟人的这种运算过程,图灵构造出一台假想的机器,该机器由以下几个部分组成:

➤ 一条无限长的纸带 TAPE。纸带被划分为一个接一个的小格子,每个格子上包含一个来自有限字母表的符号,字母表中有一个特殊的符号表示空白。纸带上的格子从左到右依次被编号为 0,1,2,……,纸带的右端可以无限伸展。

➤ 一个读写头 HEAD。该读写头可以在纸带上左右移动,它能读出当前所指的格子上的符号,并能改变当前格子上的符号。

➤ 一套控制规则 TABLE。它根据当前机器所处的状态以及当前读写头所指的格子上的符号来确定读写头下一步的动作,并改变状态寄存器的值,令机器进入一个新的状态。

➤ 一个状态寄存器。它用来保存图灵机当前所处的状态。图灵机的所有可能状态的数目是有限的,并且有一个特殊的状态,称为停机状态。参见停机问题。

注意这个机器的每一部分都是有限的,但它有一个潜在的无限长的纸带,因此这种机器只是一个理想的设备。图灵认为这样的一台机器就能模拟人类所能进行的任何计算过程。

习题精选

一、选择题

1. 假定某台电脑通过了图灵测验,则(　　)。
   A. 表明电脑最终能取代人脑
   B. 图灵测验是判断智能的唯一标准
   C. 能够确定这台计算机具备真正的智能
   D. 并不能确定这台计算机具备真正的智能

2. 数码相机是通过(　　)接口与计算机连接的。
   A. 串行　　　　　　B. 并行　　　　　　C. USB　　　　　　D. SCSI

3. 计算机之所以能实现自动连续执行,是由于计算机采用了(　　)原理。
   A. 存储程序,程序控制　　　　　　　　　B. 串行运算

C. 布尔逻辑运算　　　　　　　　　　　D. 集成电路工作

4. 已知"a"的 ASCII 码为 61H,那么"d"的 ASCII 码是(　　)。

A. 63H　　　　　B. 98H　　　　　C. 100H　　　　　D. 64H

5. 人们通常用十六进制,而不用二进制书写计算机中的数,是因为(　　)。

A. 十六进制的书写比二进制方便

B. 十六进制的运算规则比二进制简单

C. 十六进制数表达的范围比二进制大

D. 计算机内部采用的是十六进制

6. 十进制数 2.5625 转换为二进制数为(　　)。

A. 10.1011　　　　B. 10.1001　　　　C. 10.1101　　　　D. 10.0111

7. 有一个 32KB 的内存储器,用十六进制数对它的地址进行编码,则编号可从 0000H 到(　　)。

A. 32767H　　　　B. 7FFFH　　　　C. 8000H　　　　D. 8EEEH

8. 存储 128 个 24×24 点阵汉字字形所需的存储容量是(　　)。

A. 16KB　　　　B. 512KB　　　　C. 8KB　　　　D. 9KB

9. 某存储器芯片共有 32 根地址线,则该存储器芯片的存储容量为(　　)。

A. 8GB　　　　B. 2GB　　　　C. 4GB　　　　D. 4MB

10. 以下(　　)是计算机程序设计语言所经历的主要阶段。

A. 机器语言、BASIC 语言和 C 语言

B. 机器语言、汇编语言和 C++语言

C. 机器语言、汇编语言和高级语言

D. 二进制代码语言、机器语言和 FORTRAN 语言

第二章 计算机网络概述

在过去的300年中，每一个世纪都有一种技术占据主要的地位。18世纪伴随着工业革命而来的是伟大的机械时代；19世纪是蒸汽机时代；20世纪的关键技术是信息的获取、存储、传送、处理和利用；而在21世纪的今天，人们则进入了一个网络时代，使我们周围的信息在更高速地传递着。

计算机是20世纪人类最伟大的发明之一，它的产生标志着人类开始迈进一个崭新的信息社会，新的信息产业正以强劲的势头迅速崛起。为了提高信息社会的生产力，提供一种全社会的、经济的、快速的存取信息的手段是十分必要的，因而，计算机网络这种手段也应运而生，并且在我们以后的学习生活中，它都起着举足轻重的作用，其发展趋势更是可观。

何为计算机网络？计算机网络是通信技术与计算机技术密切结合的产物。它最简单的定义是：以实现远程通信为目的，一些互连的、独立自治的计算机的集合（"互连"是指各计算机之间通过有线或无线通信信道彼此交换信息。"独立自治"则强调它们之间没有明显的主从关系）。1970年，美国信息学会联合会的定义：以相互共享资源（硬件、软件和数据）方式而连接起来，且各自具有独立功能的计算机系统的集合。此定义有三个含义：一是网络通信的目的是共享资源；二是网络中的计算机是分散且具有独立功能的；三是有一个全网性的网络操作系统。

随着计算机网络体系结构的标准化，计算机网络又被定义为：计算机网络具有三个主要的组成部分，即：(1)能向用户提供服务的若干主机；(2)由一些专用的通信处理机（即通信子网中的结点交换机）和连接这些结点的通信链路所组成的一个或数个通信子网；(3)为主机与主机、主机与通信子网，或者通信子网中各个结点之间通信而建立的一系列协议。

计算机网络，是指将地理位置不同的具有独立功能的多台计算机及其外部设备，通过通信线路连接起来，在网络操作系统，网络管理软件及网络通信协议的管理和协调下，实现资源共享和信息传递的计算机系统。计算机网络也称计算机通信网。关于计算机网络的最简单定义是：一些相互连接的、以共享资源为目的的、自治的计算机的集合。

另外，从逻辑功能上看，计算机网络是以传输信息为基础目的，用通信线路将多个计算机连接起来的计算机系统的集合，一个计算机网络组成包括传输介质和通信设备。

从用户角度看，计算机网络是这样定义的：存在着一个能为用户自动管理的网络操作系统。由它调用完成用户所调用的资源，而整个网络像一个大的计算机系统一样，对用户是透明的。

一个比较通用的定义是：利用通信线路将地理上分散的、具有独立功能的计算机系统和通信设备按不同的形式连接起来，以功能完善的网络软件及协议实现资源共享和信息传递的系统。

从整体上来说计算机网络就是把分布在不同地理区域的计算机与专门的外部设备用通信线路互联成一个规模大、功能强的系统，从而使众多的计算机可以方便地互相传递信息，共享硬件、软件、数据信息等资源。

2.1 计算机网络发展历程

简单来说，计算机网络就是由通信线路互相连接的许多自主工作的计算机构成的集合体。最简单的计算机网络就只有两台计算机和连接它们的一条链路，即两个节点和一条链路。

第一代计算机网络——远程终端联机阶段；第二代计算机网络——计算机网络阶段；第三代计算机网络——计算机网络互联阶段；第四代计算机网络——国际互联网与信息高速公路阶段。

2.1.1 计算机网络在全球的发展历程

计算机网络已经历了由单一网络向互联网发展的过程。1997 年，在美国拉斯维加斯的全球计算机技术博览会上，微软公司总裁比尔·盖茨发表了著名的演说。他在演说中所强调的"网络才是计算机"的精辟论点充分体现出信息社会中计算机网络的重要基础地位。计算机网络技术的发展越来越成为当今世界高新技术发展的核心之一，而它的发展历程也曲曲折折，绵延至今。计算机网络的发展分为以下几个阶段。

第一阶段：诞生阶段（计算机终端网络）

20 世纪 60 年代中期之前的第一代计算机网络是以单个计算机为中心的远程联机系统。典型应用是由一台计算机和全美范围内 2000 多个终端组成的飞机订票系统。终端是一台计算机的外部设备包括显示器和键盘，无 CPU 和内存。随着远程终端的增多，在主机前增加了前端机（FEP）。

图 2—1　20 世纪 40 年代～50 年代初的计算机

当时，人们把计算机网络定义为"以传输信息为目的而连接起来，实现远程信息处理或进一步达到资源共享的系统"，但这样的通讯系统已具备网络的雏形。早期的计算机为了提高资源利用率,采用批处理的工作方式。为适应终端与计算机的连接,出现了多重线路控制器。

第二阶段:形成阶段(计算机通信网络)

20世纪60年代中期至70年代的第二代计算机网络是以多个主机通过通信线路互联起来,为用户提供服务,兴起于60年代后期,典型代表是美国国防部高级研究计划局协助开发的ARPANET。主机之间不是直接用线路相连,而是由接口报文处理机(IMP)转接后互联的。IMP和它们之间互联的通信线路一起负责主机间的通信任务,构成了通讯子网。通讯子网互联的主机负责运行程序,提供资源共享,组成资源子网。这个时期,网络概念为"以能够相互共享资源为目的互联起来的具有独立功能的计算机之集合体",形成了计算机网络的基本概念。ARPA网是以通信子网为中心的典型代表。

图2—2 APRANET四个节点

1969年,在UCLA(加州大学洛杉矶分校)、SRI(斯坦福研究院)、UCSB(加州大学圣芭芭拉分校)和UTAH(犹他大学)建立了有四个节点的实验网络。

在ARPA网中,负责通信控制处理的CCP称为接口报文处理机IMP(或称结点机),以存储转发方式传送分组的通信子网称为分组交换网。

第三阶段:互联互通阶段(开放式的标准化计算机网络)

20世纪70年代末至90年代的第三代计算机网络是具有统一的网络体系结构并遵守国际标准的开放式和标准化的网络。ARPANET兴起后,计算机网络发展迅猛,各大计算机公司相继推出自己的网络体系结构及实现这些结构的软硬件产品。由于没有统一的标准,不同厂商的产品之间互联很困难,人们迫切需要一种开放性的标准化实用网络环境,这样应运而生了两种国际通用的最重要的体系结构,即TCP/IP体系结构和国际标准化组织的OSI体系结构。

第四阶段:高速网络技术阶段(新一代计算机网络)

20世纪90年代至今的第四代计算机网络,由于局域网技术发展成熟,出现光纤及高速网络技术、多媒体网络、智能网络,整个网络就像一个对用户透明的大的计算机系统,发展为以Internet为代表的互联网。而其中Internet(因特网)的发展也分三个阶段:

(1)从单一的APRANET发展为互联网

1969年,创建的第一个分组交换网 ARPANET 只是一个单个的分组交换网(不是互联网)。20世纪70年代中期,ARPA 开始研究多种网络互连的技术,这导致互联网的出现。1983年,ARPANET 分解成两个:一个实验研究用的科研网 ARPANET(人们常把1983年作为因特网的诞生之日),另一个是军用的 MILNET。1990年,ARPANET 正式宣布关闭,实验完成。

(2)建成三级结构的因特网

1986年,NSF 建立了国家科学基金网 NSFNET。它是一个三级计算机网络,分为主干网、地区网和校园网。1991年,美国政府决定将因特网的主干网转交给私人公司来经营,并开始对接入因特网的单位收费。1993年因特网主干网的速率提高到45MB/s。

(3)建立多层次 ISP 结构的因特网

从1993年开始,由美国政府资助的 NSFNET 逐渐被若干个商用的因特网主干网(即服务提供者网络)所替代。用户通过因特网提供者 ISP 上网。1994年开始创建了4个网络接入点 NAP(Network Access Point),分别由4个电信公司经营。1994年起,因特网逐渐演变成多层次 ISP 结构的网络。1996年,主干网速率为155MB/s(OC-3)。1998年,主干网速率为2.5GB/s(OC-48)。

2.1.2 计算机网络在我国的发展历程

我国计算机网络起步于20世纪80年代。1980年进行联网试验。并组建各单位的局域网。1989年11月,第一个公用分组交换网建成运行。1993年建成新公用分组交换网 CHINANET。80年代后期,相继建成各行业的专用广域网。1994年4月,我国用专线接入因特网(64KB/s)。1994年5月,设立第一个 WWW 服务器。1994年9月,中国公用计算机互联网启动。目前已建成9个全国性公用性计算机网络(2个在建)。2004年2月,建成我国下一代互联网 CNGI 主干试验网 CERNET2 开通并提供服务(2.5~10GB/s)。

根据中国互联网络信息中心(CNNIC)发布的《第27次中国互联网络发展状况统计报告》(2011年1月):

1. 各省中河南、湖南和河北的平均连接速度排名前三,分别为131.2KB/s、128.2KB/s 和124.5KB/s。

2. 全国互联网平均连接速度仅为100.9KB/s,远低于全球平均连接速度230.4KB/s。

2.1.3 计算机网络的现状

随着计算机技术和通信技术的发展及相互渗透结合,促进了计算机网络的诞生和发展。通信领域利用计算机技术,可以提高通信系统性能。通信技术的发展又为计算机之间快速传输信息提供了必要的通信手段。计算机网络在当今信息时代对信息的收集、传输、存储和处理起着非常重要的作用。其应用领域已渗透到社会的各个方面,信息高速公路更是离不开它。因此,计算机网络对整个信息社会有着极其深刻的影响,已引起人们高度重视和极大兴趣。21世纪已进入计算机网络时代。计算机网络极大普及,计算机应用已进入更高层次,计算机网络成了计算机行业的一部分。新一代的计算机已将网络接口集成到主板上,网络功能已嵌入到操作系统之中,智能大楼的兴建已经和计算机网络布线同时、同地、同方案施工。随着通信和计算机技术紧密结合和同步发展,我国计算机网络技术飞跃发展。我们现在已经进入 Web 2.0 的网络时代。这个阶段互联网的特征包括搜索,社区化网络,网络媒体(音乐,视频等),内

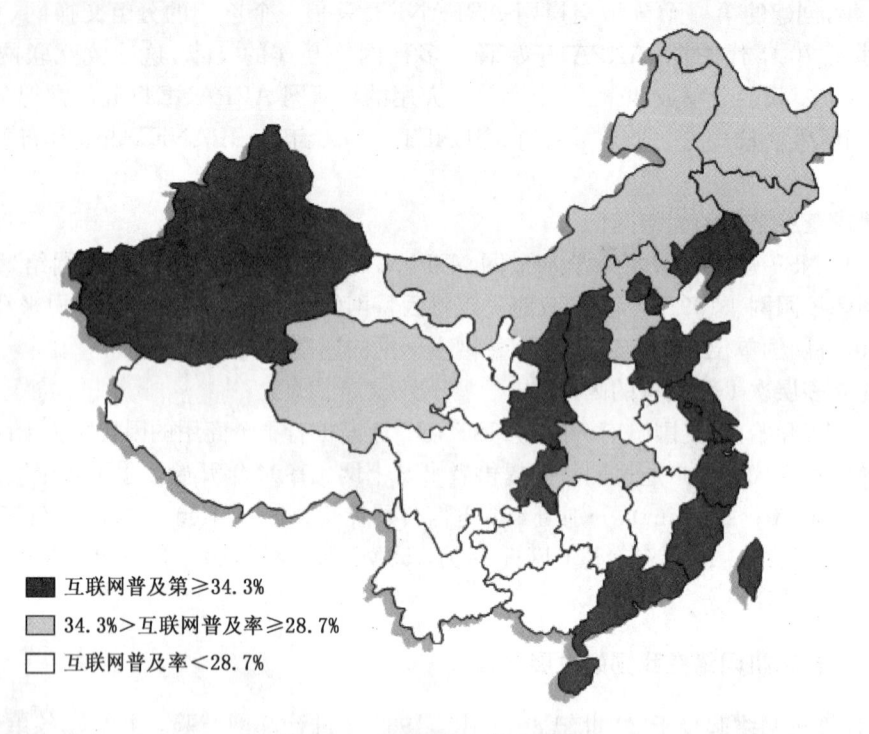

■ 互联网普及第≥34.3%
■ 34.3%＞互联网普及率≥28.7%
□ 互联网普及率＜28.7%

图 2—3 各省互联网普及情况

容聚合和聚集(RSS)，Mashups(一种交互式 Web 应用程序)，宽带接入网、全光网，IP 电话，智能网，P2P、网格计算，NGN、三网融合技术，IPv6 技术，3G 移动通信系统技术以及更多。目前大部分都是通过电脑接入网络。

2.1.4 计算机网络的趋势

计算机网络及其应用的产生和发展，与计算机技术(包括微电子、微处理机)和通信技术的科学进步密切相关。由于计算机网络技术，特别是 Internet/Intranet 技术的不断进步，又使各种计算机应用系统跨越了主机/终端式、客户/服务器式、浏览器/服务器式的几个时期。今天的计算机应用系统实际上是一个网络环境下的计算系统。未来网络的发展有以下几种基本的技术趋势：

➢ 朝着低成本微机所带来的分布式计算和智能化方向发展，即 Client/Server(客户/服务器)结构。

➢ 向适应多媒体通信、移动通信结构发展。

➢ 网络结构适应网络互连，扩大规模以至于建立全球网络。应是覆盖全球的可随处连接的巨型网。

➢ 计算机网络应具有前所未有的带宽以保证承担任何新的服务。

➢ 计算机网络应是贴近应用的智能化网络。

➢ 计算机网络应具有很高的可靠性和服务质量。

➢ 计算机网络应具有延展性来保证对迅速的发展做出反应。

➢ 计算机网络应具有很低的费用。

未来比较明显的趋势是宽带业务和各种移动终端的普及,如可照相手机越来越多,实际上这对网络带宽和频谱产生了巨大的需求。整个宽带的建设和应用将进一步推动网络的整体发展。IPv6 和网格等下一代互联网技术的研发和建设将在今后取得比较明显的进展。未来的几大网络趋势是:

1. 语义网

Sir Tim Berners-Lee(Web 创始者)关于语义网的观点成为人们的重要关注已经很长一段时间了。事实上,它已经像大白鲸一样神乎其神了。总之,语义网关涉到机器之间的对话,它使得网络更加智能化,或者像 Berners－Lee 描述的那样,计算机"在网络中分析所有的数据,内容,链接以及人机之间的交易处理"。在另一个时候,Berners-Lee 把它描述为"为数据设计的似网程序",如对信息再利用的设计。一些公司,如 Hakia、Powerset 以及 Alex 自己的 adaptive blue 都正在积极地实现语义网,因此,未来我们将变得关系更亲密,但是我们还得等上好些年,才能看到语义网的设想实现。

2. 人工智能

人工智能可能会是计算机历史中的一个终极目标。从 1950 年,阿兰图灵提出的测试机器如人机对话能力的图灵测试开始,人工智能就成为计算机科学家们的梦想,在接下来的网络发展中,人工智能使得机器更加智能化。在这个意义上来看,这和语义网在某些方面有些相同。我们已经开始在一些网站应用一些低级形态人工智能。由于电脑的计算速度远远超过人类,我们希望新的疆界将被打破,使我们能够解决一些以前无法解决的问题。

3. 虚拟世界

作为将来的网络系统,第二生命(second life)得到了很多主流媒体的关注。但在最近一次 Sean 参加的超新星小组(Supernova panel)会议中,讨论了一些涉及许多其他虚拟世界的机会。

4. 移动网络

移动网络是未来另一个发展前景巨大的网络应用。便携式智能终端(PCS,Personal Communication System)可以使用无线技术,在任何地方以各种速率与网络保持联络。用户利用 PCS 进行个人通信,可在任何地方接收到发给自己的呼叫。PCS 系统可以支持语音、数据和报文等各种业务。PCS 网络和无线技术将大大改进人们的移动通信水平,成为未来信息高速公路的重要组成部分。它已经在亚洲和欧洲的部分城市发展迅猛。苹果公司推出的苹果 iPhone 是美国市场移动网络的一个标志事件。这仅仅是个开始,在未来的几年的时间将有更多的定位感知服务可通过移动设备来实现,例如,当你逛当地商场时候会收到很多你定制的购物优惠信息,或者当你在驾驶车的时候收到地图信息,或者你周五晚上跟朋友在一起的时候收到玩乐信息。我们也期待大型的互联网公司如 YAHOO、GOOGLE 成为主要的移动门户网站,还有移动电话运营商。

5. 在线视频/网络电视

这个趋势已经在网络上爆炸般显现,但是你感觉它仍有很多未开发的,还有很广阔的前景。在未来,互联网电视将和我们现在完全不一样,更高的画面质量,更强大的流媒体,个性化,共享以及更多优点,都将在接下来的几年里实现。中国互联网的制造业在网络设备方面的研发已经取得了很多突破,包括现在在高、中、低端路由器产品方面都已经有具有自主知识产权的产品出现。我们现在有许多邮件服务商、技术提供商在网络标准方面进行积极的研究和开发。网络时代的到来,给人类教育带来的冲击是前所未有的,教育要面向现代化、面向世界、面向未来,首先要面向网络。教育只有与网络有机结合,才能跟上时代的发展。尽管对网络安全技术的研究越来越深入,但是网络自身的特点,即它的简单性、便宜性,使得它的安全问题仍然很突出。尤其是 IPv6 出现以后,它的安全性、服务质量会有更大的提高,在将来一段时间针对 IPv6 的网络安全问题也会出现。PFP 业务将来对网络结构和网络安全会产生重大影响,这是互联网技术开发和政策管制部门所关心的。网络教育将是下一个互联网业务的热点问题,网络搜索、大容量电子邮件、电子商务平台、移动互联网、无线局域网、网络资源信息开发等业务都将成为互联网业务的热点问题。

计算机网络的普及性和重要性已经导致在不同岗位上对具有更多网络知识的人才的大量需求。企业需要雇员规划、获取、安装、操作、管理那些构成计算机网络和 Internet 的软硬件系统。另外,计算机编程已不再局限于个人计算机,而要求程序员设计并实现能与其他计算机上的程序通信的应用软件。

总之,计算机网络在今后的发展过程中不再仅仅是一个工具,也不再是一个遥不可及仅供少数人使用的技术专利,它将成为一种文化、一种生活,融入到社会的各个领域,遍布世界的各个角落,而我们的使用也会将它的功能发挥得淋漓尽致。

2.2 主要应用领域

1. 科学计算(或数值计算)

科学计算是指利用计算机来完成科学研究和工程技术中提出的数学问题的计算。在现代科学技术工作中,科学计算问题是大量的和复杂的。利用计算机的高速计算、大存储容量和连续运算的能力,可以实现人工无法解决的各种科学计算问题。

2. 数据处理(或信息处理)

对各种数据进行收集、存储、整理、分类、统计、加工、利用、传播等一系列活动的统称。据统计,80%以上的计算机主要用于数据处理,这类工作量大面宽,决定了计算机应用的主导方向。

3. 辅助技术(或计算机辅助设计与制造)

指用计算机帮助工程技术人员进行设计工作。采用 CAD 可以使设计工作半自动化或自动化,不仅可以大大缩短设计周期,节省人力、物力,而且能降低生产成本,达到最佳设计效果,保证产品质量。

4. 过程控制(或实时控制)

用计算机作为控制部件对单台设备或整个生产过程进行控制。其基本原理为:将实时采集的数据送入计算机内与控制模型进行比较,然后再由计算机反馈信息去调节及控制整个生产过程,使之按最优化方案进行。用计算机进行控制,可以大大提高自动化水平,减轻劳动强度,增强控制的准确性,提高劳动生产率。因此,在工业生产的各个行业都得到了广泛的应用,在卫星、导弹发射等国防尖端技术领域,更是离不开计算机的实时控制。

5. 人工智能(或智能模拟)

用计算机来模仿人的智能,使计算机具有识别语言、文字、图形和进行推理、学习以及适应环境的能力。新一代计算机的开发将成为人工智能研究成果的集中体现,具有某一方面专家的专门知识的专家系统和具有一定"思维"能力的机器人的大量出现,是人工智能研究不断取得进展的标志。如应用在医疗工作中的医学专家系统,能模拟医生分析病情,为病人开出药方、提供病情咨询等。机器制造业中采用的智能机器人,可以完成各种复杂加工、承担有害与危险作业。

6. 企业信息网络

企业信息网络是指专门用于企业内部信息管理的计算机网络,它一般为一个企业所专用,覆盖企业生产经营管理的各个部门,在整个企业范围内提供硬件、软件和信息资源的共享。

根据企业经营管理的地理分布状况,企业信息网络既可以是局域网;也可以是广域网,既可以在近距离范围内自行铺设网络传输介质,也可以在远程区域内利用公共通信传输介质,它是企业管理信息系统的重要技术基础。

在企业信息网络中,业务职能的信息管理功能是由作为网络工作站的微型计算机提供的,进行日常业务数据的采集和处理。而网络的控制中心和数据共享与管理中心由网络服务器或一台功能较强的中心主机实现,对于分布于广泛区域的分公司、办事处、库房等异地业务部门,可根据其业务管理的规模和信息处理的特点,通过远程仿真终端、网络远程工作站或局域网远程互连,实现彼此间的互联。

目前,企业信息网络已成为现代企业的重要特征和实现有效管理的基础,通过企业信息网络,企业可以摆脱地理位置所带来的不便,对广泛分布于各地的业务进行及时、统一的管理与控制,并实现全企业范围内的信息共享,从而大大提高企业在全球化市场中的竞争能力。

7. 联机事务处理

联机事务处理是指利用计算机网络,将分布于不同地理位置的业务处理计算机设备或网络与业务管理中心网络连接,以便在任何一个网络节点上都可以进行统一、实时的业务处理活动或客户服务。

联机事务处理在金融、证券、期货以及信息服务等系统得到广泛的应用。

例如金融系统的银行业务网,通过拨号线、专线、分组交换网和卫星通信网覆盖整个国家甚至于全球,可以实现大范围的储蓄业务通存通兑,在任何一个分行、支行进行全国范围内的资金清算与划拨。

在自动提款机网络上,用户可以持信用卡在任何一台自动提款机上获得提款、存款及转账等服务。

在期货、证券交易网上,遍布全国的所有会员公司都可以在当地通过计算机进行报价、交易、交割、结算及信息查询。此外,民航订售票系统也是典型的联机事务处理,在全国甚至全球范围内提供民航机票的预订和售票服务。

8. POS 系统

POS(Point of Sales)系统是基于计算机网络的商业企业管理信息系统,它将柜台上用于收款结算的商业收款机与计算机系统联成网络,对商品交易提供实时的综合信息管理和服务。

商业收款机本身是一种专用计算机,具有商品信息存储、商品交易处理和销售单据打印等功能,既可以单独在商业销售点上使用,也可以作为网络工作站在网络上运行。

POS 系统将商场的所有收款机与商场的信息系统主机互连,实现对商场的进、销、存业务进行全面管理,并可以与银行的业务网通信,支持客户用信用卡直接结算。

POS 系统不仅能够使商业企业的进、销、存业务管理系统化,提高服务质量和管理水平,并且能够与整个企业的其他各项业务管理相结合，为企业的全面、综合管理提供信息基础，并对经营和分析决策提供支持。

9. 电子邮件系统

电子邮件系统是在计算机及计算机网络的数据处理、存储和传输等功能基础之上构造的一种非实时通信系统。

电子邮件的基本原理是：在计算机网络主机或服务器的存储器中为每一个邮件用户建立一个电子邮箱(开辟一个专用的存储区域)，并赋予一个邮箱地址，邮件发送者可以在计算机网络工作站(如 PC 机)上，进行邮件的编辑处理，并通过收件人的电子信箱地址表明邮件目的地；邮件发出后，网络通信设备根据邮件中的目的地址，确定最佳的传输路径，将邮件传输到收件人所在的网络主机或服务器上，并存入相应的邮箱中；收件人可随时通过网络工作站打开自己的邮箱，查阅所收到的邮件信息。

先进的电子邮件系统可以提供"文本信箱"、"语音信箱"、"图形图像信箱"等多种类型的电子邮政功能，支持数据、文字、语音、图形、图像等多媒体邮件，并且可以将各种各样的程序、数据文件作为邮件的附件随电子邮件发送。因此可以构造许多基于电子邮件的网络应用。

目前，全球范围内的电子邮件服务都是通过基于分组交换技术的数据通信网提供的。随着网络能力的提高和网络用户的增加，电子邮政将逐渐替代传统的信件投递系统，成为人们广泛应用的非实时通信手段。

10. 电子数据交换系统

电子数据交换系统(Electronic Data Interchange，简称 EDI)是以电子邮件系统为基础扩展而来的一种专用于贸易业务管理的系统，它将商贸业务中贸易、运输、金融、海关和保险等相关业务信息，用国际公认的标准格式，通过计算机网络，按照协议在贸易合作者的计算机系统之间快速传递，完成以贸易为中心的业务处理过程。

由于 EDI 可以取代以往在交易者之间传递的大量书面贸易文件和单据，因此，EDI 有时也被称为无纸贸易。

EDI 的应用是以经贸业务文件、单证的格式标准和网络通信的协议标准为基础的。商贸信息是 EDI 的处理对象，如订单、发票、报关单、进出口许可证、保险单和货运单等规范化的商贸文件，它们的格式标准是十分重要的，标准决定了 EDI 信息可被不同贸易伙伴的计算机系统所识别和处理。EDI 的信息格式标准普遍采用联合国欧洲经济委员会制订并推荐使用的 EDIFACT 标准。

EDI 适用于需处理与交换大量单据的行业和部门，其业务特征是交易频繁、周期性作业、大容量的数据传输和数据处理等。目前 EDI 在欧洲、北美、大洋洲及亚太地区的日本、韩国和新加坡等国家应用相当普及，有些国家已明确规定，对使用 EDI 技术的进口许可证、报关单等贸易文件给予优先审批和处理，而对书面文件延迟处理。国际 EDI 应用的迅速发展，促进了我国 EDI 工作的开展，1991 年我国就成立了"中国促进 EDI 应用协调小组"，并加入了国际上的相关组织，EDI 的应用开发纳入了国家科技攻关计划，经贸委、海关、银行、运输等系统以及部分省市已开展了不同程度的研究与应用工作，有些已开始了试运行。从目前科技发展水平来看，实现 EDI 已不是技术问题，而是一个管理问题。

习题精选

1. 什么是计算机网路？
2. 计算机网络的发展可以划分为几个阶段？每个阶段有什么特点？
3. "三网融合"指的是哪"三网"？属于计算机网络发展的第几阶段？
4. 根据自己所处的网络环境，谈谈网络对我们生活的影响。

第三章　大数据云存储概述

"大数据"是近年来的热词,大数据在各个行业的应用逐渐广泛起来,现在,我们听得非常多的也是大数据分析,那么,什么是大数据?大数据概念怎么理解呢?

大数据,又称巨量资料,指的是所涉及的数据资料量规模巨大到无法通过人脑甚至主流软件工具,在合理时间内达到撷取、管理、处理并整理成为帮助企业经营决策更积极的资讯。

"大数据"(Big data)研究机构 Gartner 给出了这样的定义:"大数据"是需要新处理模式才能具有更强的决策力、洞察发现力和流程优化能力来适应海量、高增长率和多样化的信息资产。

云存储(Cloud storage),简单来说,就是将储存资源放到网络上供人存取的一种新兴方案。云存储这个概念一经提出,就得到了众多厂商的支持和关注。云存储的概念与云计算类似,它是指通过集群应用、网格技术或分布式文件系统等功能,将网络中大量的各种不同类型的存储设备通过应用软件集合起来协同工作,共同对外提供数据存储和业务访问功能的一个系统。云存储的核心是应用软件与存储设备相结合,通过应用软件来实现存储设备向存储服务的转变,是一个以数据存储和管理为核心的云计算系统。

使用者可以在任何时间、任何地方,通过任何可联网的装置方便地存取数据。

当前的 IT 产业中,软硬件厂商其中属于储存领域的"云存储",究竟在整个云运算的框架中扮演什么角色?大数据和云存储二者之间的关系如何呢?

3.1　大数据和云存储的发展历程

3.1.1　大数据的特征

大数据(Big data)是这样的数据集合:数据量增长速度极快,用常规的数据工具无法在一定的时间内进行采集、处理、存储和计算的数据集合。

大数据具有以下五大特征,即:

数据量大(Volume)。第一个特征是数据量大,包括采集、存储和计算的量都非常大。大数据的起始计量单位至少是 P(1000 个 T)、E(100 万个 T)或 Z(10 亿个 T)。

数据类别大(Variety)。数据来自多种数据源,数据种类和格式日渐丰富,已冲破了以前所限定的结构化数据范畴,囊括了半结构化和非结构化数据。

数据处理速度快(Velocity)。在数据量非常庞大的情况下,也能够做到数据的实时处理。

数据真实性高(Veracity)。随着社交数据、企业内容、交易与应用数据等新数据源的兴起,传统数据源的局限被打破,企业愈发需要有效的信息之力以确保其真实性及安全性。

数据是在线的(Online)。数据是永远在线的,是随时能调用和计算的,这是大数据区别于传统数据最大的特征。现在我们所谈到的大数据不仅仅是大,更重要的是数据变的在线了,这是互联网高速发展背景下的特点。比如,对于打车工具,客户的数据和出租车司机的数据都是实时在线的,这样的数据才有意义。如果是放在磁盘中而且是离线的,这些数据远远不如在线的商业价值大。

3.1.2 大数据发展过程的重大事件

2005 年 Hadoop 项目诞生。Hadoop 其最初只是雅虎公司用来解决网页搜索问题的一个项目,后来因其技术的高效性,被 Apache Software Foundation 公司引入并成为开源应用。Hadoop 本身不是一个产品,而是由多个软件产品组成的一个生态系统,这些软件产品共同实现全面功能和灵活的大数据分析。从技术上看,Hadoop 由两项关键服务构成:采用 Hadoop 分布式文件系统(HDFS)的可靠数据存储服务,以及利用一种叫作 MapReduce 技术的高性能并行数据处理服务。这两项服务的共同目标是,提供一个使结构化和复杂数据的快速、可靠分析变为现实的基础。

2008 年末,"大数据"得到部分美国知名计算机科学研究人员的认可,业界组织计算社区联盟(Computing Community Consortium)发表了一份有影响力的白皮书——《大数据计算:在商务、科学和社会领域创建革命性突破》。它使人们的思维不仅局限于数据处理的机器,并提出:大数据真正重要的是新用途和新见解,而非数据本身。此组织可以说是最早提出大数据概念的机构。

2009 年,印度政府建立了用于身份识别管理的生物识别数据库,联合国全球脉冲项目已研究了对如何利用手机和社交网站的数据源来分析预测从螺旋价格到疾病爆发之类的问题。

2009 年中,美国政府通过启动 Data.gov 网站的方式进一步开放了数据的大门,这个网站向公众提供各种各样的政府数据。该网站的超过 4.45 万量数据集被用于保证一些网站和智能手机应用程序来跟踪从航班到产品召回再到特定区域内失业率的信息,这一行动激发了从肯尼亚到英国范围内的政府们相继推出类似举措。

2009 年,欧洲一些领先的研究型图书馆和科技信息研究机构建立了伙伴关系,致力于改善在互联网上获取科学数据的简易性。

2010 年 2 月,肯尼斯·库克尔在《经济学人》上发表了长达 14 页的大数据专题报告《数据,无所不在的数据》。库克尔在报告中提到:"世界上有着无法想象的巨量数字信息,并以极快的速度增长。从经济界到科学界,从政府部门到艺术领域,很多方面都已经感受到了这种巨量信息的影响。科学家和计算机工程师已经为这个现象创造了一个新词汇:"大数据"。库克尔也因此成为最早洞见大数据时代趋势的数据科学家之一。

2011 年 2 月,IBM 的沃森超级计算机每秒可扫描并分析 4TB(约 2 亿页文字量)的数据量,并在美国著名智力竞赛电视节目《危险边缘》(Jeopardy)上击败两名人类选手而夺冠。后来《纽约时报》认为这一刻为一个"大数据计算的胜利"。

2011 年 5 月,全球知名咨询公司麦肯锡(McKinsey&Company)肯锡全球研究院(MGI)发布了一份报告——《大数据:创新、竞争和生产力的下一个新领域》,大数据开始备受关注,这也是专业机构第一次全方面地介绍和展望大数据。报告指出,大数据已经渗透到当今每一个行业和业务职能领域,成为重要的生产因素。人们对于海量数据的挖掘和运用,预示着新一波生产率增长和消费者盈余浪潮的到来。报告还提到,"大数据"源于数据生产和收集的能力和速度的大幅提升——由于越来越多的人、设备和传感器通过数字网络连接起来,产生、传送、分享和访问数据的能力也得到彻底变革。

2011年12月,工信部发布的物联网"十二五"规划中,信息处理技术作为4项关键技术创新工程之一被提出来,其中包括了海量数据存储、数据挖掘、图像视频智能分析,这都是大数据的重要组成部分。

2012年1月,瑞士达沃斯召开的世界经济论坛上,大数据是主题之一,会上发布的报告《大数据,大影响》(Big Data, Big Impact)宣称,数据已经成为一种新的经济资产类别,就像货币或黄金一样。

2012年3月,美国奥巴马政府在白宫网站发布了《大数据研究和发展倡议》,这一倡议标志着大数据已经成为重要的时代特征。2012年3月22日,奥巴马政府宣布2亿美元投资大数据领域,是大数据技术从商业行为上升到国家科技战略的分水岭,在次日的电话会议中,政府对数据的定义"未来的新石油",大数据技术领域的竞争,事关国家安全和未来。并表示,国家层面的竞争力将部分体现为一国拥有数据的规模以及解释、运用的能力;国家数字主权体现在对数据的占有和控制。数字主权将是继边防、海防、空防之后,另一个大国博弈的空间。

2012年4月,美国软件公司Splunk于19日在纳斯达克成功上市,成为第一家上市的大数据处理公司。鉴于美国经济持续低迷、股市持续震荡的大背景,Splunk首日的突出交易表现尤其令人们印象深刻,首日即暴涨了一倍多。Splunk是一家领先的提供大数据监测和分析服务的软件提供商,成立于2003年。Splunk成功上市促进了资本市场对大数据的关注,同时也促使IT厂商加快大数据布局。

2012年7月,联合国在纽约发布了一份关于大数据政务的白皮书,总结了各国政府如何利用大数据更好地服务和保护人民。这份白皮书举例说明在一个数据生态系统中,个人、公共部门和私人部门各自的角色、动机和需求,例如,通过对价格关注和更好服务的渴望,个人提供数据和众包信息,并对隐私和退出权力提出需求;公共部门出于改善服务,提升效益的目的,提供了诸如统计数据、设备信息、健康指标以及税务和消费信息等,并对隐私和退出权力提出需求;私人部门出于提升客户认知和预测趋势目的,提供汇总数据、消费和使用信息,并对敏感数据所有权和商业模式更加关注。白皮书还指出,人们如今可以使用极大丰富的数据资源,包括旧数据和新数据,来对社会人口进行前所未有的实时分析。联合国还以爱尔兰和美国的社交网络活跃度增长可以作为失业率上升的早期征兆为例,表明政府如果能合理分析所掌握的数据资源,将能"与数俱进",快速应变。

2012年7月,为挖掘大数据的价值,阿里巴巴集团在管理层设立"首席数据官"一职,负责全面推进"数据分享平台"战略,并推出大型的数据分享平台——"聚石塔",为天猫、淘宝平台上的电商及电商服务商等提供数据云服务。随后,阿里巴巴董事局主席马云在2012年网商大会上发表演讲,称从2013年1月1日起将转型重塑平台、金融和数据三大业务。马云强调:"假如我们有一个数据预报台,就像为企业装上了一个GPS和雷达,你们出海将会更有把握。"因此,阿里巴巴集团希望通过分享和挖掘海量数据,为国家和中小企业提供价值。此举是国内企业最早把大数据提升到企业管理层高度的一次重大里程碑。阿里巴巴也是最早提出通过数据进行企业数据化运营的企业。

2014年4月,世界经济论坛以"大数据的回报与风险"为主题发布了《全球信息技术报告(第13版)》。报告认为,在未来几年中针对各种信息通信技术的政策甚至会显得更加重要。在接下来将对数据保密和网络管制等议题展开积极讨论。全球大数据产业的日趋活跃,技术演进和应用创新的加速发展,使各国政府逐渐认识到大数据在推动经济发展、改善公共服务、增进人民福祉,乃至保障国家安全方面的重大意义。

2014年5月,美国白宫发布了2014年全球"大数据"白皮书的研究报告《大数据:抓住机遇、守护价值》。报告鼓励使用数据以推动社会进步,特别是在市场与现有的机构并未以其他方式来支持这种进步的领域;同时,也需要相应的框架、结构与研究,来帮助保护美国人对于保护个人隐私、确保公平或是防止歧视的坚定信仰。

3.1.3 大数据相关技术的发展

大数据技术是一种新一代技术和构架,它以成本较低及以快速的采集、处理和分析技术,从各种超大规模的数据中提取价值。大数据技术不断涌现和发展,让我们处理海量数据更加容易、更加便宜和迅速,成为利用数据的好助手,甚至可以改变许多行业的商业模式,大数据技术的发展可以分为六大方向:

1. 在大数据采集与预处理方向

这方向最常见的问题是数据的多源和多样性,导致数据的质量存在差异,严重影响到数据的可用性。针对这些问题,目前很多公司已经推出了多种数据清洗和质量控制工具(如 IBM 的 Data Stage)。

2. 在大数据存储与管理方向

这方向最常见的挑战是存储规模大、存储管理复杂,需要兼顾结构化、非结构化和半结构化的数据。分布式文件系统和分布式数据库相关技术的发展正在有效地解决这些方面的问题。在大数据存储和管理方向,尤其值得我们关注的是大数据索引和查询技术、实时及流式大数据存储与处理的发展。

3. 大数据计算模式方向

由于大数据处理多样性的需求,目前出现了多种典型的计算模式,包括大数据查询分析计算(如 Hive)、批处理计算(如 Hadoop MapReduce)、流式计算(如 Storm)、迭代计算(如 HaLoop)、图计算(如 Pregel)和内存计算(如 Hana),而这些计算模式的混合计算模式将成为满足多样性大数据处理和应用需求的有效手段。

4. 大数据分析与挖掘方向

在数据量迅速膨胀的同时,还要进行深度的数据分析和挖掘,并且对自动化分析要求越来越高,越来越多的大数据数据分析工具和产品应运而生,如用于大数据挖掘的 R Hadoop 版、基于 MapReduce 开发的数据挖掘算法等。

5. 大数据可视化分析方向

通过可视化方式来帮助人们探索和解释复杂的数据,有利于决策者挖掘数据的商业价值,进而有助于大数据的发展。很多公司也在开展相应的研究,试图把可视化引入其不同的数据分析和展示的产品中,各种可能相关的商品也将会不断出现。可视化工具 Tabealu 的成功上市反映了大数据可视化的需求。

6. 大数据安全方向

当我们在用大数据分析和数据挖掘获取商业价值的时候,黑客很可能在向我们攻击,收集有用的信息。因此,大数据的安全一直是企业和学术界非常关注的研究方向。通过文件访问控制来限制对数据的操作、基础设备加密、匿名化保护技术和加密保护等技术正在最大化地保护数据安全。

3.1.4 云存储的发展历程

云存储的发展是一个过程,是在计算机技术基础上发展起来的。网络技术是云存储的基础,云存储就是在此基础上不断创新。

1. 宽带网络的发展

云存储需要宽带网络的支持。云存储系统是一个多区域分布、遍布全国、甚至于遍布全球的庞大公用系统。使用者需要通过ADSL、DDN等宽带接入设备来连接云存储,而不是通过FC、SCSi或以太网线缆直接连接到一台独立的、私有的存储设备上。所以在宽带网络发展以前是没有云存储的。使用要在宽带网络中获得数据传输,只有这样才能实现大容量的数据传输。如果没有宽带网络的发展,大容量的数据传输就不可能实现,那云存储的实现则成为了一纸空文。

2. WEB2.0技术

Web2.0技术的核心是分享。Web 2.0技术可以使PC、手机、移动多媒体等多种设备利用云存储实现数据、文档、图片和视音频等内容的集中存储和资料共享。Web2.0技术使云存储技术的运用更加方便,可以使使用者更加便利地应用,在不同设备之间进行数据的传输与共享。

3. 应用存储的发展

云存储是存储,当更突出应用的功能。应用存储是一种在存储设备中集成了应用软件功能的存储设备。它不仅具有数据存储功能,还具有应用软件功能,可以看作是服务器和存储设备的集合体。应用存储技术的应用可以减少云存储中服务器的数量,减少系统中由服务器造成的单点故障和性能瓶颈,减少数据传输环节。从而降低系统的建设成本,提高系统的性能和效率,保证整个系统的高效稳定运行。

4. 集群技术、网格技术和分布式文件系统的发展

云存储系统是一个多存储设备、多应用、多服务协同工作的集合体。单点的存储系统不是云存储。既然是由多个存储设备构成的,不同存储设备之间就需要通过集群技术、分布式文件系统和网格计算等技术,实现多个存储设备之间的协同工作,使多个的存储设备可以对外提供同一种服务,并提供更大、更强、更好的数据访问性能。如果这些技术不能够应用到云存储中,那么就无法实现真正的云存储,只能是一个独立的存储系统。

5. 存储虚拟化技术、存储网络化管理技术

云存储中的存储设备数量庞大且分布在不同地域,这必然会出现设备型号不同、制造商不同或者是类型不同的问题,这就需要对设备之间进行逻辑卷管理、存储虚拟化管理和多链路冗余管理,而这是一个很难解决的问题。但如果这个问题解决不好,对云存储的将来发展会造成巨大影响,使云存储无法发挥出应有的作用。

6. 网络存储安全的发展

由于云存储的数据传输是通过普通的宽带进行传输,因此,必须保证数据传输的安全性。云存储可以通过CDN内容发布系统、数据加密技术保证云存储中的护具不会被未授权的用户所访问,同时,各个数据备份和容灾技术保证云存储中的数据不会丢失,从而保证云存储自身的安全和稳定。

对于云存储发展有着里程碑一般深远意义与影响的,莫过于SNIA组织于2009年10月12日对外发布云存储计划(Cloud Storage Initiative,CSI)的正式推动。该计划是在2009年秋

季举行的年度盛会——储存网络世界大会(SNW Fall 2009)上正式发表的。发起成员包括 EMC、HP、HDS、LSI、NetApp、Sun、Symantec 和 Xiotech(Seagte 子公司)。CSI 计划的工作内容主要包括云存储技术及标准的推广与技术合作,同时与业界共同推广云存储相关技术的培训、开发与应用发展。

当前云存储互操作性与协同管理的最重要且急迫的工作,莫过于统一标准接口的制定。对此,SNIA 特别成立专门性的云存储技术工作小组(Techical Working Group,TWG),如图 3-1 所示,目前该小组已有 30 家厂商共 140 名技术成员加入。该小组会与 SNIA、CSI 各单位及会员乃至其他云端产业组织共同合作。其主要工作项目大致包含开发云存储参考模型、最佳应用方案与实例。当然最重要的任务莫过于制定云存储产品的统一管理标准接口(亦即 CDMI 标准 API 的制定与推广),如图 3-2 所示。

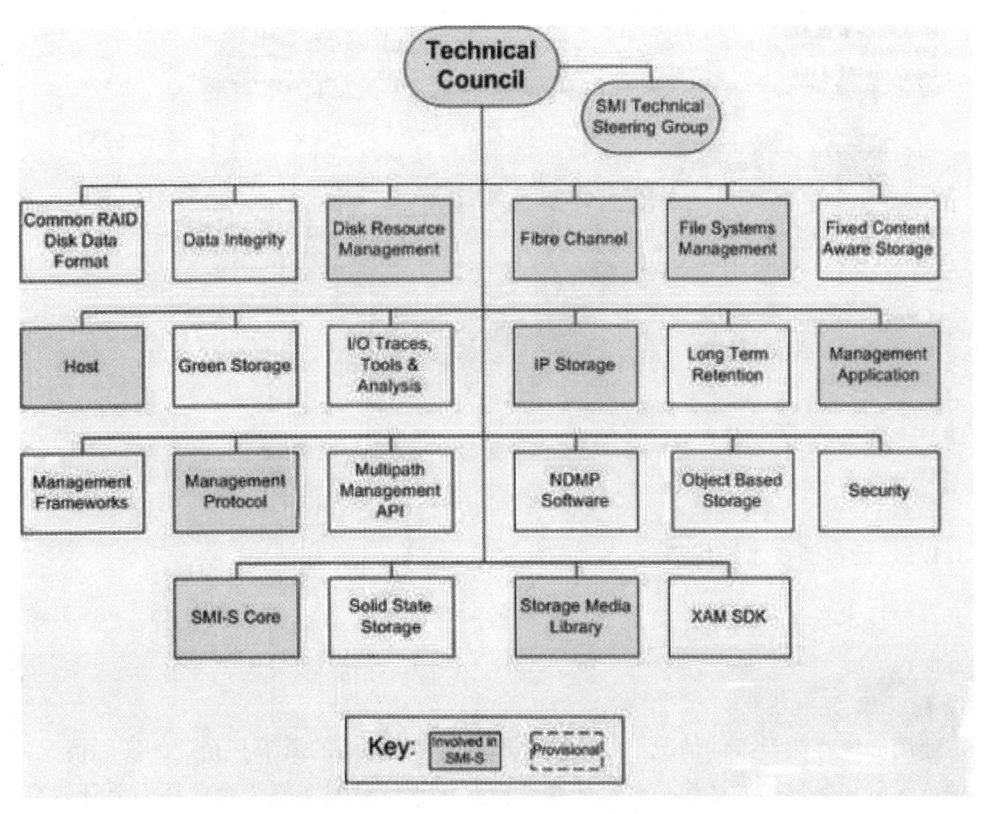

图 3-1　云存储技术工作小组结构

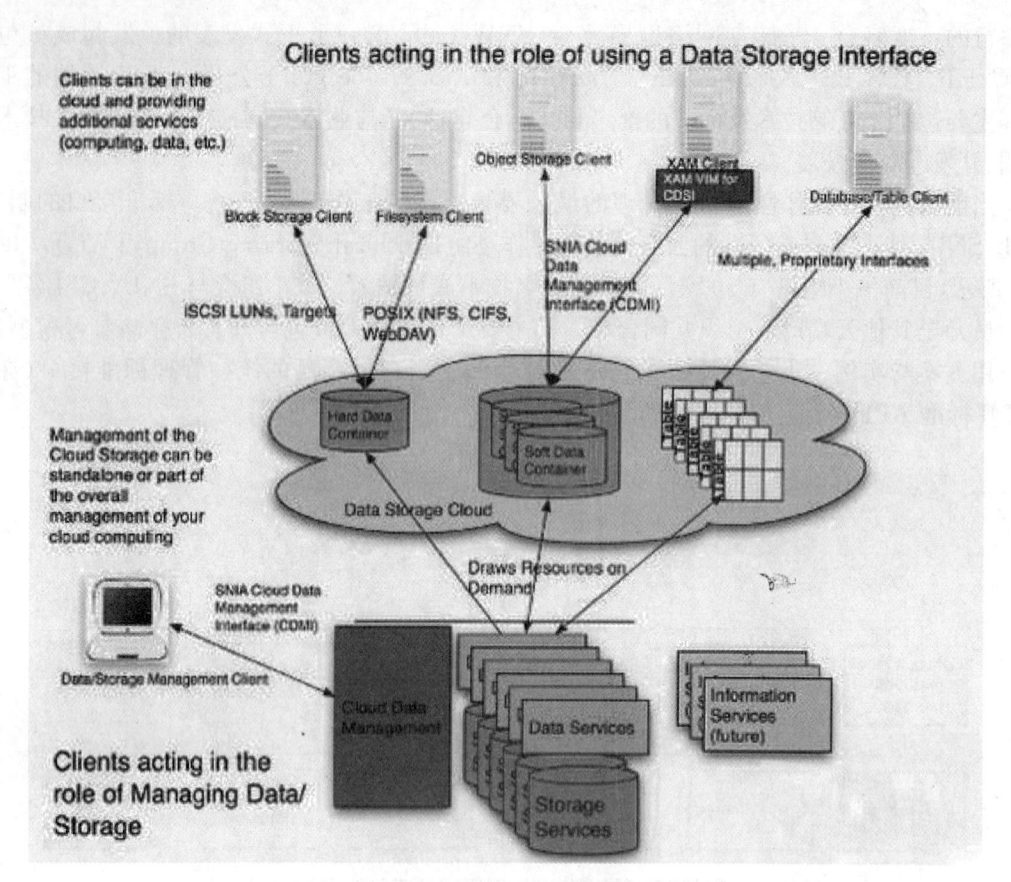

图 3—2　云存储产品的统一管理标准接口

3.1.5　云存储技术的优势

云存储技术是一种新的存储技术。比一般的存储设备具有很大的优势,主要表现在以下几个方面:

1. 成本低、见效快

在使用传统存储设备的情况下,企业需要根据自身发展的需求和企业的实际情况,对存储设备进行购买。并且需要搭建平台以使企业信息化管理有效实施。企业还需要开发符合企业自身需求的软件,而这一开发过程更是费时费力,在软件设计前期,需要对使用软件的项目和部门进行调研,并进行可行性分析。在完成前期工作后,就要对软件进行设计、编码,之后就进入最后测试阶段。这一过程有时要耗费大量的时间,而在这一段时间,企业的需求可能会发生变化使软件需要进行修改,甚至重新设计。这不仅会造成企业资源和资金的浪费,而且在竞争激烈的市场经济下,对时间的浪费可能会使自己失去有力的竞争地位,威胁到自己的市场地位。在云存储的时代,企业投入要小很多,只需要配置必要的终端设备接收存储服务,这样企业不仅可以节省成本,而且可以快速地使用,风险较小。

2. 易于管理

使用传统的存储设备,对设备的维护与管理需要专门的人才。而这需要企业具有这方面的人才,这就需要企业进行人力成本的投入。另外,传统存储设备的引进也需要大量的资金,这对企业来说是一项沉重的负担。在云存储时代维护与升级由云存储服务提供商完成,企业只需要付出一定的费用即可。这就节省了企业的人力成本的支出,同时,节省了费用。

3. 方式灵活

计算机技术的发展非常迅速,更新换代也非常快。在传统存储设备的使用上,企业往往要投入大量的资金。而且在企业需求发生变化时,传统存储设备很难及时地进行调整。另外设备的更新也使企业的设备变得落后,只能淘汰,使得费用相当高。在云存储的模式下,企业可以根据自身的变化向提供商反映,提供商可以根据企业的需要进行系统更改,及时地满足企业的发展需要。

云存储是未来存储发展的方向,具有自身的优势。虽然云存储目前的市场并没有绝对的优势,但经过时间的检验,一定会成为市场的主流。

3.1.6 云存储系统的结构模型

云存储是在云计算(Cloud Computing)概念上延伸和发展出来的一个新的概念,是一种新兴的网络存储技术,是指通过集群应用、网络技术或分布式文件系统等功能,将网络中大量各种不同类型的存储设备通过应用软件集合起来协同工作,共同对外提供数据存储和业务访问功能的系统。

当云计算系统运算和处理的核心是大量数据的存储和管理时,云计算系统中就需要配置大量的存储设备,那么云计算系统就转变成为一个云存储系统,所以云存储是一个以数据存储和管理为核心的云计算系统。简单来说,云存储就是将储存资源放到云上供人存取的一种新兴方案。使用者可以在任何时间、任何地方,通过任何可联网的装置连接到云上方便地存取数据。

云存储系统的结构模型由四层组成,分别是:存储层、基础管理层、应用接口层和访问层。

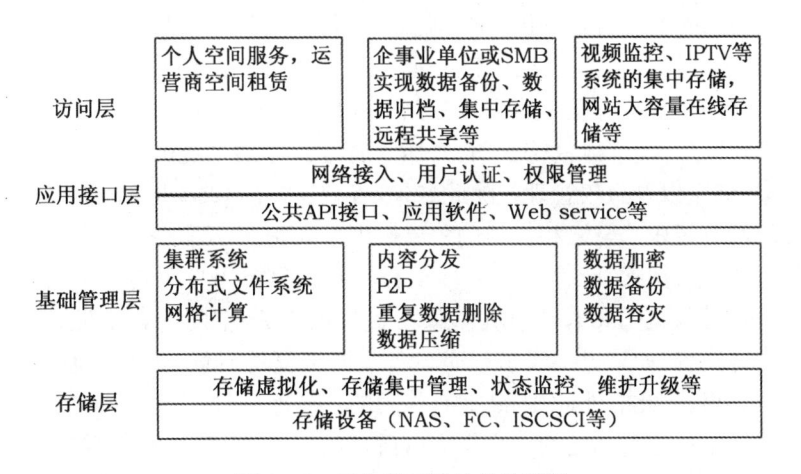

访问层	个人空间服务,运营商空间租赁	企事业单位或SMB实现数据备份、数据归档、集中存储、远程共享等	视频监控、IPTV等系统的集中存储,网站大容量在线存储等
应用接口层	网络接入、用户认证、权限管理		
	公共API接口、应用软件、Web service等		
基础管理层	集群系统 分布式文件系统 网格计算	内容分发 P2P 重复数据删除 数据压缩	数据加密 数据备份 数据容灾
存储层	存储虚拟化、存储集中管理、状态监控、维护升级等		
	存储设备(NAS、FC、ISCSCI等)		

图3—3 云存储系统的结构模型

1. 存储层

存储层是云存储最基础的部分。云存储中的存储设备往往数量庞大且分布地域很广,彼此之间通过广域网、互联网或者FC光纤通道网络连接在一起。存储设备之上是一个统一存储设备管理系统,可以实现存储设备的逻辑虚拟化管理、多链路冗余管理,以及硬件设备的状态监控和故障维护。

2. 基础管理层

基础管理层是云存储最核心的部分。基础管理层通过集群、分布式文件系统和网格计算等技术,实现云存储中多个存储设备之间的协同工作,使多个存储设备可以对外提供同一种服务,并提供更大、更强、更好的数据访问性能。CDN 内容分发系统、数据加密技术保证云存储中的数据不会被未授权的用户所访问,同时,通过各种数据备份和容灾技术等措施可以保证云存储中的数据不会丢失,保证云存储自身的安全和稳定。

3. 应用接口层

应用接口层是云存储最灵活多变的部分。不同的云存储运营单位可以根据实际业务类型,开发不同的应用服务接口,提供不同的应用服务。比如视频监控应用平台、IPTV 和视频点播应用平台、网络硬盘引用平台,远程数据备份应用平台等。

4. 访问层

任何一个授权用户都可以通过标准的公用应用接口来登录云存储系统,享受云存储服务。云存储运营单位不同,云存储提供的访问类型和访问手段也不同。

3.1.7 云存储的发展现状

在云存储的概念还没有提出的时候,当我们想要在网络上存储信息或者与其他用户共享文件时,早期可以通过邮件添加附件的功能,但是添加的附件有大小限制,一般最多也就几十兆,同时使用上也不灵活,提取文件不方便,无法满足用户需求,到后期网盘的出现尽管解决了一部分问题,但是可存储的容量仍无法满足用户日益增长的存储需求。云计算技术的出现提高了网盘的性能,目前的网盘服务网站提供的是几个 GB 的免费存储容量,同时数据可以互相分享,随时随地通过不同种类的终端获取信息,既高效又便捷。

随着云存储技术的不断发展,很多 IT 界巨头纷纷推出基于云存储的不同服务。例如,在谷歌的应用平台,用户通过 Gmail 用户名登陆,就可使用应用平台里面的各种功能,用户只需要打开 Google Docs 网页,通过 Google Docs 就可以进行文档编辑和修改,并将编辑完成的文档保存在 Google Docs 服务所提供的个人存储空间中。无论身在何处,我们都可以再次登录 Google Docs,打开保存在云存储系统中的文档。通过云存储系统的权限管理功能,还能轻松实现文档的共享、传送以及版权管理。除此之外,谷歌还推出 Google Music Beta 服务,允许用户保存多达 20000 首音乐。与之相抗衡的苹果推出了 iCloud 云服务,它是一个整合型云服务产品,包含了云计算、云搜索、云存储等多种整合功能。只要用户手边有一台 iOS5 操作系统的苹果设备,就可以开启 iCloud,任意在苹果所提供的 5GB 空间中备份照片、应用、日历、文章、邮件、电子书等内容,如果更换设备或是设备需要恢复的时候,只要再通过 iCloud 就可以获取这些备份的内容,除此之外,iCloud 拥有强大的音乐库,通过在 iTunes 购买的音乐都可以存储到 iCloud。以全球超过 2 亿的用户作为后盾,iCloud 将所有 iOS 终端集合起来成为一个新型的社交网络。

纵观国外云存储的应用发展趋势以及借鉴各大服务商的成功案例,国内云存储行业也正加速升温,各大 IT 服务商纷纷推出各种云存储服务。国内的网盘服务发展蓬勃,酷盘、金山快盘、华为 Dbank 网盘等免费网盘企业大幅扩张业务。而拥有全国最多用户数量的腾讯旗下的 WEBQQ 平台以云存储为基础,在平台上整合了用户常用的应用程序,只要打开 WEBQQ,几乎所有的日常电脑操作都可以在其中完成。目前国内的云存储服务大多是以自身设计的云平台去抢夺用户市场,所以国内的竞争还是很激烈的。

3.1.8 大数据和云存储之间的关系

云存储是指云计算架构中的储存部分,本质上,云计算与大数据的关系是静与动的关系;云计算强调的是计算,这是动的概念;而数据则是计算的对象,是静的概念。如果结合实际的应用,前者强调的是计算能力,或者看重的是存储能力;但是这样说,并不意味着两个概念就如此泾渭分明。大数据需要处理大数据的能力(数据获取、清洁、转换、统计等能力),其实就是强大的计算能力;另一方面,云计算的动也是相对而言,比如基础设施即服务中的存储设备提供的主要是数据存储能力,所以可谓是动中有静。

如果数据是财富,那么大数据就是宝藏,而云计算就是挖掘和利用宝藏的利器!没有强大的计算能力,数据宝藏终究是镜中花;没有大数据的积淀,云计算也只能是杀鸡用的宰牛刀!

3.2 虚拟化的云存储技术

现在企业的办公条件在不断地提升,每个企业都需要计算机来进行办公,网络已成为获取信息等不可缺少的物质之一,企业也在这种大环境下减少成本的前提下提高工作质量,现如今在互联网中出现了一种词语"云技术",那么企业如何应用云技术来完成日常的工作呢?

所谓"云技术",是通过网络将庞大的计算处理程序自动分拆成无数个较小的子程序,再由多个服务器组成的庞大的搜索系统,通过这项技术,网络服务提供者可在数秒内,达成处理千万次甚至上亿次的信息处理,达到和超级计算机同样强大的的网络服务效能。

3.2.1 什么是虚拟化

1. 虚拟化的定义

虚拟化,是指通过虚拟化技术将一台计算机虚拟为多台逻辑计算机。在一台计算机上同时运行多个逻辑计算机,每个逻辑计算机可运行不同的操作系统,并且应用程序都可以在相互独立的空间内运行而互不影响,从而显著提高计算机的工作效率。

虚拟化使用软件的方法重新定义划分 IT 资源,可以实现 IT 资源的动态分配、灵活调度、跨域共享,提高 IT 资源利用率,使 IT 资源能够真正成为社会基础设施,服务于各行各业中灵活多变的应用需求。

通俗来讲就是指计算机元件在虚拟的基础上而不是真实的基础上运行,虚拟化技术可以扩大硬件的容量,简化软件的重新配置过程,允许一个平台上同时运行多个操作系统(OS),并且应用程序都可以在相互独立的空间内运行而互不影响,从而显著提高计算机的工作效率。

2. 虚拟化的作用

虚拟化技术可以扩大硬件的容量,简化软件的重新配置过程。CPU 的虚拟化技术可以单 CPU 模拟多 CPU 并行,允许一个平台同时运行多个操作系统,并且应用程序都可以在相互独立的空间内运行而互不影响,从而显著提高计算机的工作效率。

虚拟化技术与多任务以及超线程技术是完全不同的。多任务是指在一个操作系统中多个程序同时并行运行,而在虚拟化技术中,则可以同时运行多个操作系统,而且每一个操作系统中都有多个程序运行,每一个操作系统都运行在一个虚拟的 CPU 或者是虚拟主机上;而超线程技术只是单 CPU 模拟双 CPU 来平衡程序运行性能,这两个模拟出来的 CPU 是不能分离的,只能协同工作。

虚拟化技术也与 VMware Workstation 等同样能达到虚拟效果的软件不同,是一个巨大的技术进步,具体表现在减少软件虚拟机相关开销和支持更广泛的操作系统方面。

虚拟化的主要目的是对 IT 基础设施进行简化。它可以简化对资源以及对资源管理的访问。

消费者可以是一名最终用户、应用程序、访问资源或与资源进行交互的服务。资源是一个提供一定功能的实现,它可以基于标准的接口接受输入和提供输出。资源可以是硬件,例如服务器、磁盘、网络、仪器;也可以是软件,例如 Web 服务。

IT 基础设施的总体管理也可以得到简化,因为虚拟化降低了消费者与资源之间的耦合程度。因此,消费者并不依赖于资源的特定实现。利用这种耦合关系,管理员可以在保证管理工作对消费者产生最少影响的基础上实现对 IT 基础设施的管理。管理操作可以手工完成,也可以半自动地完成,或者通过服务级协定(SLA)驱动来自动完成。

3.2.2 虚拟化在云存储中的应用

虚拟化技术能够为企业带来更大的成本减少,并且还可以提高其员工的工作效率。现在企业中还在延续着使用台式计算机的使用模式,这种模式相对于企业来讲,成本高、维护费用高、噪音大,需要的人力也不小,而且对于现在社会提倡的节能减排也没有明显的效果。而虚拟化技术不单单从成本上减少了很多,而且从噪音上、节能减排上都有非常明显的减少,而且从维护成本来计算也大大降低了人工费用,仅仅需要 1~2 名技术人员就可以完全对企业的计算机进行远程操控,减少了他们走来走去的时间,提高了员工的工作效率。

我们从以下几个方面来对虚拟技术进行相关评估:

1. 使用习惯、感受

企业大量的分散的 PC 采用集中式运算结合虚拟化技术进行集中式的管理确实为我们企业提供了很好的解决方案。不过我们知道计算资源是不可缺少的,不过是存在的位置不同而已,我们放在终端上还是服务器上都是无法减少的。假设我们当今每个人桌面的计算资源相当于 CPU 双核 2.0 内存 2G,在这种环境下我们已经习惯了的用户体验转移到服务器上,100 个用户的并发那就要求服务器提供 400(=100×2×2)的 CPU 运算能力和 200G 的内存才可以满足用户习惯了的体验环境(冗余未计算内)。如果我们的企业有 500 个用户呢,或者是 1000 个用户呢? 实际上我们不可能为我们的用户提供如此的计算能力,那么也就从这个单方面就必须牺牲用户的体验了。其二,在每个用户都要去服务器端下载它所用的操作系统对带宽压力是巨大的,用户越多这个因素就越明显,所以这个因素也需要企管人员重点考虑。用户的体验没以前好了,会不会对 IT 人员的工作推进造成影响呢?

2. 设备和软件兼容性

我们习惯了即插即用的外设设备,新的系统会不会对日常的工作习惯造成影响呢,如果有了影响是如何避免的呢? 我们的 IT 管理人员的工作量是增加了还是降低了,效率是提高了还是降低了? 需要我们企管人员具体考量。

3. 成本

企业花费的每一分钱都会具体考虑投入产出比,一个好的管理工具要推广,最起码它能够给企业在一段时间内带来成倍以上的收益才给与考虑。集中式的虚拟化方案带来的投入成本主要是虚拟化软件授权费用,正版操作系统的授权,正版办公软件的授权,客户机的采购费用,网络设备的换代费用,新的存储设备增加费用,服务器集群的硬件和软件采购费用,甚至有一些网络改造的费用。由于新的技术对管理人员的技术要求提高,相应就会有技术人员的培训学习费用,新增管理人员费用。由于设备的成倍增加带来的还有机房改造电力消耗的各种费用。考虑到各种费用的总和,计算出的单点改造成本,还要考虑到日后虚拟化平台升级费用和兼容性是否能匹配企业内部的系统升级。然后才可以制定一个完整的财务规划来应对整个项目的开支和升级。这个计划就需要整个集团公司所有部门一起参与协调。

下面可以通过一组图片来详细解释上述的问题:

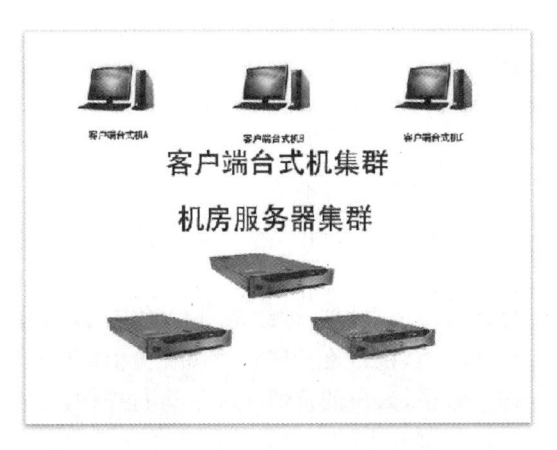

图 3-4 现在企业中网络办公化常用的布局模式

图 3-4 中所描述的其实就是我们现在各个企业中常见的办公模式,而且这种模式对于信息时代在不断变化的当今社会,已经完全被淘汰了,这种模式只能为企业增加更多的硬件成本负担,增加人员的工作强度,增加台式机机箱带来的噪音以及耗电量的增加。

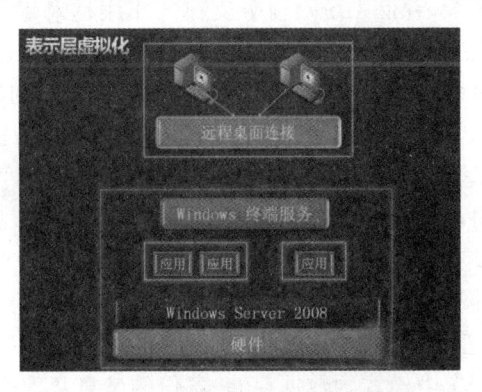

图 3-5 虚拟化的布局模式

从图 3-5 中可以看到我们其实在远程客户端仅仅需要一台零客户端显示器的一体机就可以了,这样我们 IT 工作人员的工作量就大大降低了,也不会再去跑到员工的工位上为其进行维护和维修,即使是新来的员工,只需要配备一台零客户端显示器的一体机,安排申请一个员工账号,这样新员工就可以开始办公和工作了,所有一体机上的应用软件以及操作系统,IT 工作人员都可以在自己的位子上通过指定的网络程序对指定员工的虚拟机器进行维护。既减少了硬件成本,又降低了台式计算机带来的噪音,而且节省了多台台式计算机带来的耗电量。

3.3 主要应用领域

3.3.1 金融行业下分析云存储

1. 在金融银行业云存储带来的优势

根据 IT 市场研究公司 Gartner 的一项最新调查显示,金融服务行业对云银行的态度发生了快速的转变。据该公司的调查发现,云计算成为全球金融服务行业首席信息官最优先考虑的平台。而且 39% 的受访者预计,到 2015 年,所在公司超过一半的交易将通过云基础设施和 SaaS 运行。

在欧洲、中东和非洲,44% 的金融服务业内的首席信息官预计,到 2015 年,所在机构一半以上的交易将通过云计算基础设施支持;33% 的受访者预计,大部分交易将通过 SaaS 处理。

云银行最具吸引力的好处就是能够以一种经济可行的方式,部署一种"冠军挑战者"的模式。通过算法操作进行运行和决策,银行逐步取代人员在价值链中的作用,知识产权也越来越多地集中于这些算法中。该报告说,人员的价值不在于运行操作,而在于改善算法运行。

许多银行正开始使用云计算服务来满足其技术要求中一个很关键、很敏感的方面:灾难恢复。因为依赖云计算的银行可以在由第三方管理的服务器上租用空间,而不是在组织内部管理服务器硬件。云计算服务有望为银行节省资金、缩短恢复时间,但是到目前为止,迟迟没有得到采用,规模较小的银行在充当开路先锋。

2. 云存储在金融行业下发展的方向

银行业 IT 系统日趋复杂,存储系统对业务支撑的作用越来越大,也使得银行存储系统管理日趋复杂,系统维护要求越来越高。存储系统管理作为 IT 管理新的工具,正在发挥着越来越重要的作用,尤其是存储系统的安全运营管理面临着更加严峻的挑战。

当前,中国银行企业部分建立了统一的服务台,采购了 OpenView、Unicenter、Tivoli、CiscoWorks 等网络和系统管理工具,基本配置了对网络、主机的故障管理功能。由于旧有体制、文化、管理水平等因素制约,中国银行企业在 IT 管理的组织结构、管理流程和服务质量上与国外最佳实践相比还存在较大差距。对于业务数据的保护还处于相对较低的水平,这就为存储系统的管理、数据备份、恢复、同城(异地)容灾建设提出了很高的要求。

金融行业数据中心核心业务存储备份系统建设的目标是,采用目前成熟、先进的存储网络(SAN)技术,构建基于数据集中模式的数据存储、备份的信息基础架构;在此基础架构上设立数据中心,实现多个关键应用系统实时数据的存储和备份,确保各应用系统在因误操作而引发数据错误时具备快速、可靠的恢复手段;保障各种关键性业务应用达到更高的连续性水平,为今后业务的长期快速发展,提供有力的技术支持和保证。

总之,我国银行业信息化建设正沿着更高、更远的纵深方向发展,而国内大、中、小银行对 IT 系统的需求也将随着时代的变迁跨越"技术"这个层面,而逐步转向对"业务咨询和 IT 系统整合管理"方面的较高层次的需求。同时,这一趋势也将为诸如宇信易诚、HP、IBM 等全方位 IT 服务方案商提供更为广阔的市场空间,从而带动我国 IT 服务业随之迅速崛起。

3.3.2 云存储未来在视频监控系统中的发展历程、趋势和应用前景

1. 监控系统下的云技术和云存储的发展历程

近两年来,电信和网通在全国各地建设了很多不同规模的"全球眼"、"宽视界"网络视频监控系统。"全球眼"或"宽视界"系统的终极目标是建设一个类似话音网络和数据服务网络一样的,遍布全国的视频监控系统,为所有用户提供远程(城区内的或异地的)的实时视频监控和视频回放功能,并通过服务来收取费用。但由于目前城市内部和城市之间网络条件限制,视频监控系统存储设备规模的限制,"全球眼"或"宽视界"一般都能在一个城市内部,甚至一个城市的某一个区县内部来建设。假设我们有一个遍布全国的云存储系统,并在这个云存储系统中内嵌视频监控平台管理软件,建设"全球眼"或"宽视界"系统将会变成一件非常简单的事情。

系统的建设者只需要考虑摄像头和编码器等前端设备,为每一个编码器、IP 摄像头分配一个带宽足够的接入网链路,通过接入网与云存储系统连接,实时的视频图像就可以很方便地保存到云存储中,并通过视频监控平台管理软件实现图像的管理和调用。用户不仅可以通过电视墙或 PC 来监看图像信号,还可以通过手机来远程观看实时图像。网络监控的诞生解决了传统监控效果的难题,改变了传统的连接方式,更简单更便捷,但同时衍生出更庞大的存储需求和更高的带宽满足,以目前最基本的 720P 效果为例,每路视频压缩到较低码率也要每小时 3G 容量需求,一个月监控录像就要 2TB 左右的容量。那么试想一下,如果需要几百上千路这样的高清监控,如此庞大的视频文件,有如潮水般地冲击着存储系统,不仅对存储设备的容量,对读写性能、可靠性都提出了更高要求。监控云存储的出现,突破传统存储方式的性能和容量瓶颈,使云存储提供商能够联结网络中大量各种不同类型的存储设备形成异常强大的存储能力,实现性能与容量的线性扩展,让海量数据的存储成为了可能,从而让企业拥有相当于整片云的存储能力,成功解决存储难题。

借助厂家提供的监控云存储服务,企业有望摆脱在硬件存储设备上的巨额投入,减少在系统维护上的人力支出,快速减轻财政压力,提升企业竞争力。届时,用户只需支付少量的储存费用,就能把超大容量的数据存在云端,并根据需要设置相关权限,随时随地共享给需要共享的人员,在减少数据传输的时间的同时,借助厂家更为出色的加密技术,避免传输过程中造成的丢包、泄密等事故的产生,全面保证数据的安全性。

2. 云存储未来在视频监控系统中发展的趋势

云存储已经成为未来存储发展的一种趋势,目前,云存储厂商正在将各类搜索、应用技术和云存储相结合,以便能够向企业提供一系列的数据服务,但是,未来云存储的发展趋势,主要还是要从安全性、便携性及数据访问等角度进行发展。

(1)安全性

从云计算诞生,安全性一直是企业实施云计算首要考虑的问题之一,同样,在云存储方面,安全仍是首要考虑的问题。对于想要进行云存储的客户来说,安全性通常是首要的商业考虑和技术考虑。但是许多用户对云存储的安全要求甚至高于它们自己的架构所能提供的安全水平。即便如此,面对如此高的不现实的安全要求,许多大型的可信赖的云存储厂商也在努力满足它们的要求,构建比多数企业数据中心安全得多的数据中心,并通过可与 NSA(美国国家安全局)媲美的加密层和保护层来保护存储中的数据。如今,用户通常发现云存储具有更少的安全漏洞,而且云存储所提供的安全性水平比用户自己的数据中心所能提供

的安全水平还要高。

(2) 便携性

一些用户在考虑托管存储的时候还要考虑数据的便携性。一般情况下这是有保证的,一些大型服务提供商所提供的解决方案承诺其数据便携性可媲美最好的传统本地存储。有的云存储结合了强大的便携功能,可以将整个数据集传送到你所选择的任何媒介,甚至是专门的存储设备。

(3) 性能和可用性

过去的一些托管存储和远程存储总是存在着延迟时间过长的问题。同样地,互联网本身的特性就严重威胁服务的可用性。最新一代云存储有突破性的成就,体现在客户端或本地设备高速缓存,将最经常使用的数据保持在本地,从而有效地缓解互联网延迟问题。通过本地高速缓存,即使面临最严重的网络中断,这些设备也可以缓解延迟性问题。这些设备还可以让经常使用的数据看起来像本地存储那样快速反应。通过一个本地 NAS 网关,云存储甚至可以模仿中端 NAS 设备的可用性、性能和可视性,同时将数据予以远程保护,且这种数据保护水平只有少数企业才能做到。性能方面的另一个问题是,当数据变化率太高的时候,这些解决方案可能会消耗太多的互联网带宽,而且这可能会使你的云存储解决方案产生隐含成本。即使如此,厂商们仍将继续努力实现容量优化和 WAN(广域网)优化,从而尽量减少数据传输延迟性。

(4) 数据访问

另一个常见的疑虑是如果执行大规模数据请求或数据恢复操作,那么云存储是否可提供足够的访问性。如同我们先前所讨论的,一些厂商可以将大量数据传输到任何类型的媒介,可将数据直接传送给企业,且其速度之快相当于复制粘贴操作。此外,一些厂商还可以提供一套组件,在完全本地化的系统上模仿云地址,让本地 NAS 网关设备继续正常运行而无需重新设置。如果大型厂商构建了更多的地区性设施,那么数据传输时间将更加缩短。更重要的是,即使你的本地数据发生了灾难性的损失,厂商们也可以将数据再重新传输。

3. 云存储未来在视频监控系统中的应用前景

云存储可以实现存储完全虚拟化,大大简化应用缓解,节省客户建设成本,同时提供更强的存储和共享功能。安防监控技术发展到今天经历了三个阶段:模拟化、数字化、网络化。与之相适应,监控数据存储也经历了多个阶段:VCR 模拟数据存储、DVR 数字数据存储,到现在的集中网络存储,以及近期出现的云存储技术。应行业发展需求:SAN 存储技术得以快速推广应用。今天,VCR 已经基本被完全取代,DVR 存储价格便宜、技术成熟、使用方便,通过遥控器和键盘就可以操作,但是由于其可靠性和共享性较差,目前广泛应用于小规模、分布式系统中。随着监控规模的扩大,在 DVR 模式下出现了扩展存储模式,即编码器外挂存储设备,主要采用 SATA、USB、SCSI 等存储协议扩展,适用于中小规模的部署,监控视频数据通过 RAID 技术在可靠性上得到了一定保证。但该模式一般是直连的,不能共享且扩展能力较低,不适合大规模数据存储。

为满足大规模监控项目需求,SAN 存储区域网络技术得以快速推广应用。SAN 集中网络存储即存储系统部署在视频存储服务器后面,服务器连接编解码器,通过存储协议下载数据,写到存储设备上。服务器和存储设备通过标准存储协议(SCSI、iSCSI、NAS、FC)连接,这种方式适合大中型监控系统。该方式中基于以太网存储模式(iSCSI、NAS)有更好的扩展能力和可管理型,可实现数据集中存储、空间统一管理共享,具备较高性价比。

例如:存储与应用相结合的 NVR 流媒体存储技术的例子。IP 网络存储方案以其高性价比在监控中被广泛使用,但是这类方案有其天然缺陷,比如:存储服务器性能瓶颈和单点故障风险,循环覆盖造成的文件碎片和掉电断网引起的文件丢失、系统不稳定等等,这些问题在大规模的监控系统中往往会引起严重的应用事故。

针对此类问题,出现了一种与应用相结合的 NVR 流媒体网络视频监控存储技术。其存储系统可从前端直接获取数据流,但整个系统彻底摆脱存储服务器,消除了潜在的故障风险,同时存储系统全面管理数据流,具有更多的优势。如邦诺的 NVR 存储系统性能提高了一倍,同时可以消除文件碎片,解决掉电断网导致的系统不稳定问题,集成录像、检索、回放功能,实现快速精确检索、高效回放,支持断网录像和 P 级海量卷等。NVR 存储系统更适合海量视频监控数据存储。

3.3.3 中小企业云存储发展的前景

过去的企业信息化建设往往要购买服务器、存储和网络设备等,而中小企业很难花重金购建这些高端设备,这时候,基于互联网的服务交付软件的出现,使得企业进行信息化建设的费用大大降低,企业无需再购买繁杂的 IT 设备,就可以实现信息化管理。云服务使中小企业更好地将精力集中在业务上,而那些足以媲美大企业级别的 IT 技术,则可以使他们随时获取、按需使用、随时扩展,并且使用户终端的功能大大简化。"因此,可以说中小企业对云计算服务是相当渴望的。"

云服务在节省成本方面的确效果显著,但尽管如此,目前很多中小企业对云计算概念还不是很认同。因此李智认为,要想企业认可云计算,解决方案提供商必须为用户解决三个方面的问题:首先,客户需要的是一套完整的管理软件,这不是简单的 OA 软件功能或者绩效管理功能,而是可以互相集成的管理模块;其次,用户需要他们所使用的软件支持快速开发,毕竟企业业务在不断变化,一个在线交付的软件也必须能够根据业务的变化而随时变化;第三,企业需要实时服务,响应慢是它们难以接受的。但目前的问题是,云计算服务市场规模还相对较小,云计算服务商的解决方案不尽相同,现阶段包括互联网在内的一些外部环境也不是很完美。所以很多用户对云计算并不是很认同,甚至有些反感。但这并不妨碍一些思想意识前沿的中小企业已经开始应用云服务,而他们从中也确实获得了不小的益处。

云计算分为"公有云"、"私有云",还有两者混搭的"混合云"。如果说现有的各个私有云模式对大型企业来说多少有些"新瓶装旧酒"的嫌疑,那么对于中小型企业而言,公有云算得上是时代的恩赐了。因为在过去,小公司人力资源不足,IT 预算吃紧,那种动辄数百万美元的 IT 设备所带来的生产力对它们而言真是如梦一般遥远。而如今,云计算为他们送来了大企业级的技术,不用花天价,用起来也很方便。随着云计算日趋走向成熟,越来越多的中小企业开始不同程度地与云计算的"亲密接触"。不难想象,未来小型企业出于越来越多的技术需求会更加依赖于云计算,而与此同时内部 IT 基础设施的成本和复杂程度也会逐渐降低。但我们也要看到,由于云计算在整个 IT 业界来说还是一个较新的模式,在技术、安全、稳定性方面还不是很完善,在中国,还有很多用户对这种模式持怀疑的态度。所以本文对中小企业的分析还不足,下一步希望研究分析中小企业中云存储的应用与发展。

习题精选

1. 什么是大数据？什么是云存储？
2. 云存储系统的结构模型有哪些？
3. 简述大数据和云存储之间的关系。
4. 什么是虚拟化？简述虚拟化布局模式和企业中常规的办公模式的区别。

第四章 电子技术概述

电子技术是根据电子学的原理,运用电子元器件设计和制造某种特定功能的电路以解决实际问题的科学,包括信息电子技术和电力电子技术两大分支,信息电子技术又包括模拟(Analog)电子技术和数字(Digital)电子技术。电子技术现如今已经深深地渗透到日常生活生产的各个方面。

1. 工业领域中的应用

在传统的工业中,电子技术应用主要是交直流电动机。

直流电动机具有较强的调速功能,为其供电的可控整流电源或者是直流电源多数采用的是电力电子装置。但随着电力电子变频技术迅速发展并成熟,交流电机的调速性能得到了很大的提升,逐步取代直流电机占据市场的主要地位。

交流电机广泛应用于不同载荷的轧钢机和数控机床上,发挥着重要的作用。为了避免在设备启动中引起电流冲击,一些不需要采用电力电子装置的设备也开始广泛采取该装置设备。同时,在电镀装置中也安装使用了整流电源,冶金工业中的高频、中频感应加热电源也广泛使用电力电子技术。

2. 交通领域中的应用

电子技术在交通领域中的应用主要为交通系统应用。电力机车目前正在由传统直流电机传动向交流电机传动转变,主要采用 GTO(可关断晶闸管)控制器件,整流和逆变用 PWM(脉冲宽度调制)控制,所以可使输入电流为正弦波。

电机技术还可以用于汽车的发动机。在现代汽车上,机械式或机电混合式燃油喷射系统已趋于淘汰,电控的燃油喷射装置因其性能卓越而被广泛应用。通过电子喷油装置可以自动地保证发动机始终在最佳工作状态,使其输出功率在一定的条件下最大限度地节油和净化空气。同时通过实验获得最佳的工作条件,并输入存储器中,当发动机开始工作时,根据传感器测得的空气流量、排气管中的含氧量等参数,按照事先编号的运算程序运行,可控制发动机在最佳工况下运行。

3. 医学中的应用

电子技术在医学中的应用主要有电子病历、生物芯片、便携式医疗电子检测仪、远程诊疗系统等。电子病历是电子技术和网络技术的结合,可以为医疗机构提供适时的医疗信息,是系统化的居民健康档案,也可以为医疗责任提供证据;利用传感器的生物芯片,可以对人体进行DNA 的检测,快速处理相关信息,如亲子鉴定等;便携式医疗电子检测仪可以通过微控制器,连接医疗机构网络,实现医生对患者的后期诊疗观察,有利于医疗效果的发挥;同时,利用医学与网络技术、微电子技术等,可以达到医学的远程诊疗,实现医学资源的共享,有利于偏远地区的医学诊疗。

4. 广播电视领域

广播电视业是一个技术密集的行业，它伴随着现代电子技术的产生而产生，随着现代电子技术的发展而发展。以数字技术、卫星技术、光传输技术和网络技术为代表的新技术正在给广播电视的发展带来革命性的变化。技术的发展决定着广播电视的节目制作质量、传输质量和覆盖范围，这些因素都是广播电视业竞争发展的手段。

5. 国防领域

很多新技术的第一次提出或使用都是其在军事上的应用。全球军事工业的兼并与重组浪潮造就了一批超大规模的国防电子企业。国防事业的发展很大程度上依赖于国防电子企业的发展，而国防电子企业的发展又依赖于电子技术的进步。这些企业以电子和信息技术的优势迎合了新军事变革的需要，也改变了整个国防电子工业的布局。目前，机载、星载、舰载和陆基传感器（包括射频和光电传感器）是许多国家获得情报优势的主要手段，通信网络技术和武器系统综合技术则是实施联合作战和军队转型的基础和必要条件。信息网络将连接和支持各种武器平台，它是"网络中心战"的基础和核心，而电子信息设备在各种武器装备中的渗透基本实现了武器装备的信息化，使战争形态发展成系统与系统的较量，体系与体系的对抗。

4.1 电子技术发展历程

电子技术是19世纪末、20世纪初开始发展起来的新兴技术，20世纪发展最迅速，应用最广泛，成为近代科学技术发展的一个重要标志。进入21世纪，人们面临的是以微电子技术（半导体和集成电路为代表）、电子计算机和因特网为标志的信息社会，高科技的广泛应用使社会生产力和经济获得了空前的发展。现代电子技术在国防、科学、工业、医学、通讯（信息采集、处理、传输和交流）及文化生活等各个领域中都起着巨大的作用。

现在的世界，电子技术无处不在。收音机、彩电、音响、VCD、DVD、电子手表、数码相机、微电脑、大规模生产的工业流水线、因特网、机器人、航天飞机、宇宙探测仪，可以说，人们现在生活在电子世界中，一天也离不开它。

电子技术的发展始终伴随着电子元器件的不断进步，因此可以说电子元器件发展史其实就是一部浓缩的电子发展史。

4.1.1 第一代电子产品以电子管为核心

1883年，爱迪生为了寻找电灯泡的最佳灯丝材料，在真空灯泡内部的碳丝附近放了一节铜丝希望能够阻止碳丝蒸发。但是实验失败了，可爱迪生却无意中发现没有连接在电路中的铜丝因为接收到碳丝发射的热电子产生了微弱的电流。虽然爱迪生没有再去研究这个现象，但却为此申请了专利"爱迪生效应"。

1904年11月16日，世界上第一只电子管，在英国物理学家弗莱明的手下诞生了，弗莱明为此获得了这项发明的专利权。人类第一只电子管的诞生，使得"爱迪生效应"产生了实用价值，标志着世界从此进入了电子时代。图4-1为弗莱明和电子管。

1906年，德福雷斯特在重复弗莱明的实验时，突然灵机一动，他把一根导线弯成"Z"型，然后小心翼翼地把它安装到灯丝与金属屏极之间的位置，形成电子管的第三个极。德福雷斯特极其惊讶地发现，"Z"型导线装入真空管内之后，只要把一个微小的变化电压加到它的身上，就能在金属屏极上接收到一个与输入信号变化规律完全相同但强度大大增强的电流！德福雷

图 4-1 弗莱明和电子管

斯特马上意识到,这表明第三个电极对屏极电流有控制作用。这个发现非同寻常,因为只要屏极电流的变化比信号的变化大,就意味着信号被放大了,而这正是许多发明家梦寐以求的目标。真空三极管就这样诞生了,使人类第一次实现了电信号的放大,为无线电话通信奠定了基础。它的诞生,是人类通向信息时代之路上划时代的大事。从此以后,这种被封在"小玻璃瓶"中的电子元器件被广泛运用于各种电子产品领域。图 4-2 为德福雷斯特和他发明的三极管。

图 4-2 德福雷斯特和他发明的三极管

电子管的问世推动了无线电子产业的发展,在 20 世纪 60 年代以前,电子管在电视机、收音机以及扩音机等电子产品中处于无可取代的地位,并且电子管在音响领域一直占有统治地位,它不仅仅应用于放大器,也应用于各种音响设备中。电子管的统治时代历时 40 余年,其实并不算长,人们不能回避电子管笨重、能耗大、寿命短、噪声大、制造工艺复杂、不稳定等缺点,所以人们一直在寻找新的电子器件来取代它。

4.1.2 晶体管开启固体电子技术时代

晶体管的发明,最早可以追溯到 1929 年,当时工程师丁·利连费尔德就已经取得一种晶体管的专利。但是,限于当时的技术水平,制造这种器件的材料达不到足够的纯度,而使这种晶体管无法制造出来。

1947 年 12 月,美国新泽西州的贝尔实验室里,3 位科学家——威廉·肖克利、约翰·巴顿和沃特·布拉顿成功地研制出一种点接触型锗晶体管,人类应用电子技术的历史从此改变。

约翰·巴顿和沃特·布拉顿于 1948 年 6 月 17 日提出了专利申请,并在 1950 年 10 月 3 日获得美国第 2524035 号专利。但点接触型的锗晶体管噪声较大,放大倍数有限,也不能控制较高功率,阻碍了它的使用范围。

图 4—3　晶体管之父——威廉·肖克利和他的伙伴们

到了 1950 年,威廉·肖克利开发出双极性接面晶体管并用硅代替锗,为此,他获得了美国第 2569347 号专利。现在大部分电子设备中采用的仍是这种面结型晶体管,也就是现在俗称的晶体管。

在点接触型晶体管开发成功的同时,结型晶体管论就已经提出,但是结型晶体管材料的真正出现是人们能够制备超高纯度的单晶以及能够任意控制单晶的导电类型以后。1954 年,结型硅晶体管诞生。此后,人们提出了场效应晶体管的构想。图 4—4 所示为第一只晶体管和历代晶体管的变迁。

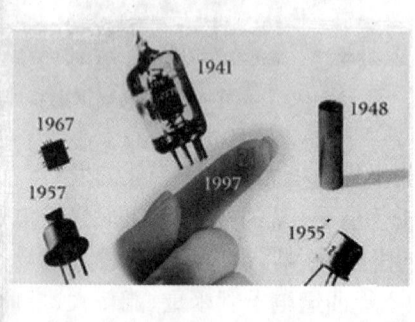

图 4—4　第一只晶体管与历代晶体管的变迁

第一款采用晶体管技术并商业化装置于 1953 年上市的,是一款助听器。1955 年,高纯硅的工业提炼技术已成熟,用硅晶片生产的晶体管收音机也问世。正因第一个晶体管是在圣诞节前夕发明的,而且对人们的生活发生如此巨大的影响,所以被称为"献给世界的圣诞节礼物"。

从历史的角度来看晶体管发明具有革命的意义,它代表着固体电子技术时代的到来,进而推动了全球范围内的半导体电子工业。

由于社会发展的需要，电子装置变的越来越复杂，这就要求了电子装置必须具有可靠性、速度快、消耗功率小以及质量轻、小型化、成本低等特点。由于晶体管彻底改变了电子线路的结构，集成电路以及大规模集成电路应运而生，这样制造像高速电子计算机之类的高精密装置就变成了现实。作为主要部件，它及时、普遍地首先在通讯工具方面得到应用，并产生了巨大的经济效益。

4.1.3 第一代集成电路应运而生

英国雷达研究所的科学家达默，他在1952年的一次会议上提出：可以把电子线路中的分立元器件集中制作在一块半导体晶片上，一小块晶片就是一个完整电路，这样一来，电子线路的体积就可大大缩小，可靠性大幅提高，这就是初期集成电路的构想。

在晶体管发明十年后的1958年9月12日，基尔比研制出世界上第一块锗集成电路，成功地实现了把电子器件集成在一块半导体材料上的构想，并通过了德州仪器公司高层管理人员的检查。

这一天，集成电路取代了晶体管，为开发电子产品的各种功能铺平了道路，并且大幅度降低了成本，开创了电子技术历史的新纪元。2000年已77岁高龄的基尔比因为发明集成电路而获得当年的诺贝尔物理学奖。

图4-5　集成电路之父——杰克·基尔比与第一块集成电路

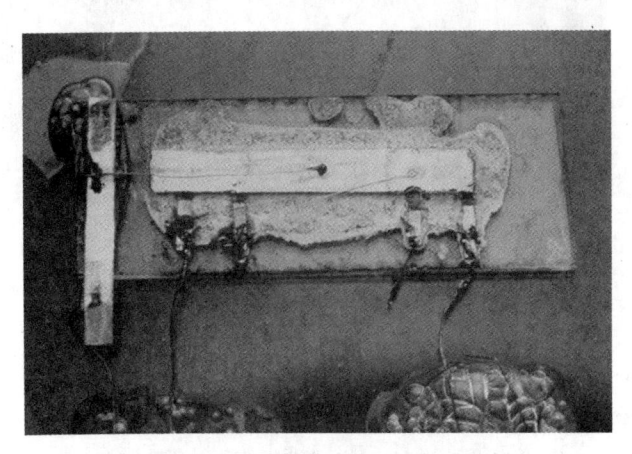

图4-6　第一块集成电路微观图

1958年，34岁的杰克·基尔比加入德州仪器公司。说起当初为何选择德州仪器，基尔比轻描淡写道:"因为它是唯一允许我差不多把全部时间用于研究电子器件微型化的公司,给我提供了大量的时间和不错的实验条件。"也正是德州仪器这一温室,孕育了基尔比无与伦比的成就。

1959年7月,另一位科学界和商业界奇才罗伯特·诺伊斯研究出一种二氧化硅的扩散技术和PN结的隔离技术,并创造性地在氧化膜上制作出铝条连线,使元件和导线合成一体,从而为半导体集成电路的平面制作工艺、为工业大批量生产奠定了坚实的基础。

图4-7　罗伯特·诺伊斯和谷歌纪念其84周年诞辰专门替换了其网站LOGO

与基尔比在锗晶片上研制集成电路不同,诺伊斯把眼光直接盯住硅——地球上含量最丰富的元素之一,商业化价值更大,成本更低。自此大量的半导体器件被制造并商用,风险投资开始出现,半导体初创公司涌现,更多功能更强、结构更复杂的集成电路被发明,半导体产业由"发明时代"进入了"商用时代"。

在这个"商用时代"还诞生了诺伊斯最大的成就:1968年诺伊斯离开了曾经有半导体行业"黄埔军校"之称的仙童公司(此公司孕育出包括英特尔、AMD、美国国家半导体等当今半导体行业著名公司),与戈登·摩尔、安迪·格罗夫共同创建了英特尔(Intel)公司。

4.1.4　小规模集成电路

1960年出现了第一块小规模集成电路(SSI IC),在一块硅片上包含10~100个元件或1~10个逻辑门。如图4-8所示的74LS00芯片包含了四个二输入与非门,当有输入为0时,输出为1。

图4-8　小规模集成电路

1962年,美国RCA公司研制出MOS场效应晶体管。与双极集成电路相比,MOS集成电路的功耗低、结构简单、集成度和成品率高,但工作速度较慢。由于它们各具优劣势,且各自有适合的应用场合,双极集成工艺和MOS集成工艺便齐头平行发展。

1964年,英特尔(Intel)创始人之一戈登·摩尔提出著名的"摩尔定律"——当价格不变时,集成电路上可容纳的元器件的数目,每隔18~24个月便会增加一倍,性能也将提升一倍。

这种趋势已经持续了超过半个世纪,2013 年底开始放缓。

随着集成电路的集成度提高,功耗问题日益突出,普通 MOS 工艺已不能满足大规模和超大规模集成系统制造的需要,1963 年,F. M. Wanlass 和 C. T. Sah 首次提出 CMOS 技术。虽然 CMOS 工艺比较复杂,且早期性能也较差,但 CMOS 器件的功耗极低,集成度高。如今,有 95% 以上的集成电路芯片都是基于 CMOS 工艺。

1966 年美国无线电公司研制出 CMOS 集成电路,并研制出第一块门阵列(50 门),成为中规模集成电路(MSI IC),为现如今的大规模集成电路发展奠定了坚实基础,具有里程碑意义。

图 4—9 中规模集成电路

在半导体发展史上,集成电路的出现具有划时代的意义:它的诞生和发展推动了铜芯技术和计算机的进步,使科学研究的各个领域以及工业社会的结构发生了历史性变革。

集成电路从小规模集成电路迅速发展到大规模集成电路和超大规模集成电路,从而使电子产品向着高效能低消耗、高精度、高稳定、智能化的方向发展。

4.1.5 大规模集成电路和超大规模集成电路

1971 年,Intel 推出 1kb 动态随机存储器(DRAM),标志着大规模集成电路时代的到来。

1971 年,诺伊斯所在的 Intel 采用 MOS 工艺成功地在一块 12 平方毫米的芯片上集成了 2 300 个晶体管,制成了一款包括运算器、控制器在内的可编程序运算芯片,也就是我们现在所说的中央处理单元(CPU),又称微处理器,这也是世界上第一款微处理器——4004,图 4—10 为 400x 系列微处理器。

图 4—10 400x 系列 CPU

1974年，美国无线电公司推出第一个CMOS微处理器1802，是8位微处理器。它拥有16个16位的寄存器文件，可以使用SEP指令，能够设置任何一个寄存器成为程序计数器。

RCA 1802是应用在太空中的第一款处理器，也被认为是第一块抗辐射微处理器。20世纪70年代这款处理器被应用在探测器和卫星中，其中包括著名的Viking、Galileo和Voyager，它的低功耗和高可靠性，可以在超出地球大气层的苛刻条件下运行。

Voyager 1中使用了3颗1802处理器，现在距离地球102英里，是距离地球最远的人造项目，它已经离开我们的太阳系很久，正朝着星际空间前行。被用于"旅行者1号"太空探测器中。

同年，Intel也推出了第二处理器8080——世界上第一种8位的微处理器，作为代替电子逻辑电路的器件被用于各种应用电路和设备中。第二代微处理器均采用NMOS工艺，集成了约9000个晶体管，平均的指令执行时间为1祍～2祍，采用汇编语言、BASIC等语言编程，用于单用户操作系统。

1978年，64KB动态随机存储器诞生，不足0.5平方厘米的硅片上集成了14万个晶体管，标志着超大规模集成电路(VLSI)时代的来临。

1978年Intel公司生产出了第一款16位微处理器8086，它是第三代微处理器的起点。8086的最高主频速度为8MHz，具有16位数据通道，内存寻址能力为1MB。同时Intel还生产出与之相配合的数学协处理器i8087，这两种芯片使用相互兼容的指令集。这些指令集统一称为x86指令集。Intel公司以后生产的CPU都兼容原来的x86指令。

1979年Intel推出5MHz 8088微处理器，8086和8088在芯片内部均采用16位数据传输，所以都称为16位微处理器。8088的工作频率有6.66MHz、7.16MHz和8MHz几种，集成了大约29000个晶体管。

1981年美国IBM公司将8088芯片用于研制的个人计算机(PC)中，推出全球第一台PC，个人计算机的概念开始在全世界范围内发展起来。从8088应用到IBM PC机上开始，个人计算机开始走进了人们的工作和生活，它也标志着一个新时代的开始。

图4—11 16位微处理器时代的标志——80286

1984年，赛灵思发明第一块FPGA(现场可编程逻辑门阵列)，可以自行定义模式，改变了传统集成电路的开发和验证的模式，为IC无厂模式开发提供了基础。相比ASIC更快速、灵活的开发特性，使其得到越来越多的青睐。

1985年，Intel公司已经成为了一流的芯片研制公司，10月17日Intel正式发布了划时代的产品——80386DX，该款CPU内部包含27.5万个晶体管，时钟频率为12.5MHz，后来逐步提高到20MHz、25MHz和33MHz，最后还有少量40MHz的产品。

80386DX 的内部和外部数据总线是 32 位的,地址总线也是 32 位的,这标志着 CPU 进入了 32 位微处理器时代。由于 32 位微处理器的强大运算能力,PC 的应用扩展到很多领域,如商业办公和计算、工程设计和计算、数据中心、个人娱乐等领域。80386 使 32 位 CPU 成为了 PC 工业的标准。

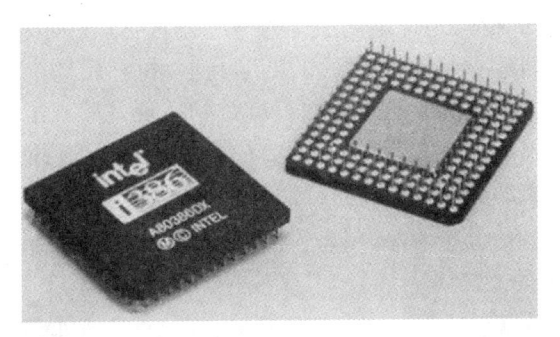

图 4—12　32 位微处理器时代的标志——80386DX

1993 年随着集成了 1000 万个晶体管的 16M FLASH 和 256M DRAM 的研制成功,进入了特大规模集成电路(ULSI IC)时代。至今整个芯片仍然处于 ULSI 阶段,并将向巨大规模集成电路 GLSI 过度。

1999 年,全球半导体市场出现转折,从相对饱和的 PC 战场转向应用更广阔、更乐观的消费电子市场,半导体公司不断开辟新的红海,一批 IC 设计新贵同时诞生,蝴蝶效应带动了汽车、医疗、便携等众多新兴领域的发展。随着产业分工不断细化,集成电路行业可分为集成电路设计、制造、封装及测试等子行业。至今进入 21 世纪以来,除了传统的 3C 市场外,物联网、无人驾驶、智能家居、大数据、人工智能、机器人(300024)、VRAR、可穿戴等新兴市场崭露头角,对集成电路催生出新的需求。

同时期,纳米技术逐步走向市场,带来了更多可能。90nm、65nm、40nm、28nm、22nm、14nm、7nm……制造工艺不断突破。2016 年 10 月,劳伦斯伯克利国家实验室的一个团队打破了物理极限,将现有的最精尖的晶体管制程从 14nm 缩减到了 1nm。不过,理论跟实际的差距还是很大的,1nm 制程晶体管还处于实验室阶段。

物理学有一句名言"视界之外(光锥之内)是命运",通俗翻译的意思也可以延伸为"我们目视所及之外的未知只能交给命运来决定",用这句话来形容科技未来的发展是相当合适的。

4.2　主要应用领域

4.2.1　无线充电技术

无线充电技术(Wireless charging technology;Wireless charge technology),源于无线电能传输技术,小功率无线充电常采用电磁感应式(如对手机充电的 Qi 方式,但中兴的电动汽车无线充电方式采用的是感应式),大功率无线充电常采用谐振式(大部分电动汽车充电采用此方式)由供电设备(充电器)将能量传送至用电的装置,该装置使用接收到的能量对电池充电,并同时供其本身运作之用。

由于充电器与用电装置之间以磁场传送能量,两者之间不用电线连接,因此充电器及用电的装置都可以做到无导电接点外露。

1. 无线充电技术的历史发展

1890年,塞尔维亚裔美籍物理学家兼电气工程师尼古拉·特斯拉就已经做了无线输电试验,实现了交流发电。磁感应强度的国际单位制也是以他的名字命名的。特斯拉构想的无线输电方法,是把地球作为内导体、地球电离层作为外导体,通过放大发射机以径向电磁波振荡模式,在地球与电离层之间建立起大约8Hz的低频共振,再利用环绕地球的表面电磁波来传输能量。但因财力不足,特斯拉的大胆构想并没有得到实现。后人虽然从理论上完全证实了这种方案的可行性,但世界还没有实现大同,想要在世界范围内进行能量广播和免费获取也是不可能的。因此,一个伟大的科学设想就这样胎死腹中。

图4-13 特斯拉与他的大胆构想

2007年6月7日,麻省理工学院的研究团队在美国《科学》杂志的网站上发表了研究成果。研究小组把共振运用到电磁波的传输上而成功"抓住"了电磁波,利用铜制线圈作为电磁共振器,一团线圈附在传送电力方,另一团在接受电力方。传送方送出某特定频率的电磁波后,经过电磁场扩散到接受方,电力就实现了无线传导。这项被他们称为"无线电力"的技术经过多次试验,已经能成功为一个两米外的60瓦灯泡供电,如图4-14所示。这项技术的最远输电距离还只能达到2.7米,但研究者相信,电源已经可以在这范围内为电池充电。而且只需要安装一个电源,就可以为整个屋里的电器供电。

图4-14 利用共振原理送电实验装置

2014年2月,电脑厂商戴尔加盟了A4WP阵营,当时,阵营相关高层就表示,会对技术进行升级,支持戴尔等电脑厂商的超极本进行无线充电。市面上的传统笔记本电脑,大部分电源功率超过了50瓦,不过超极本使用了英特尔的低功耗处理器,将成为第一批用上无线充电的笔记本电脑。在此之前,无线充电技术,一直只和智能手机、小尺寸平板等"小"移动设备有关。不过,无线充电三大阵营之一的A4WP("无线充电联盟")日前宣布,其技术标准已经升级,所支持的充电功率增加到50瓦,意味着笔记本电脑、平板等大功率设备,也可以实现无线充电。

图4-15　戴尔的无线充电笔记本

2. 无线充电技术的基本原理

　　无线充电技术所采用的方法不尽相同,目前主要应用的原理有电磁感应式、磁场共振和无线电波三种。

(1)电磁感应式

　　初级线圈一定频率的交流电,通过电磁感应在次级线圈中产生一定的电流,从而将能量从传输端转移到接收端,其原理如图4-16所示。

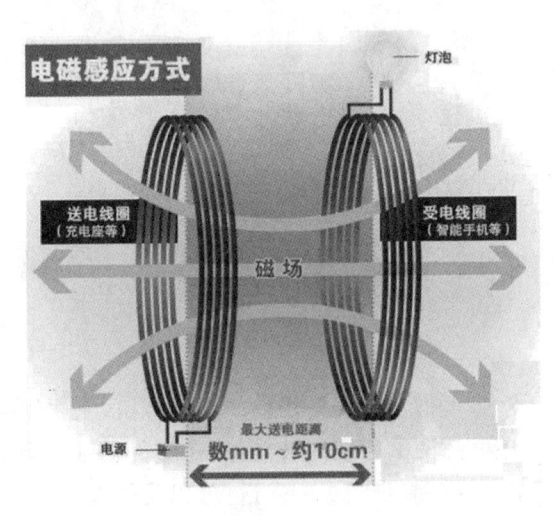

图4-16　基于电磁感应技术的无线充电

　　目前最为常见的充电解决方案就采用了电磁感应,事实上,电磁感应解决方案在技术实现上并无太多神秘感,中国本土的比亚迪公司,早在2005年12月申请的非接触感应式充电器专利,就使用了电磁感应技术,汽车的无线充电原理如图4-17所示。

(2)磁场共振式

　　由能量发送装置,和能量接收装置组成,当两个装置调整到相同频率,或者说在一个特定的频率上共振,它们就可以交换彼此的能量,是目前正在研究的一种技术,由麻省理工学院物

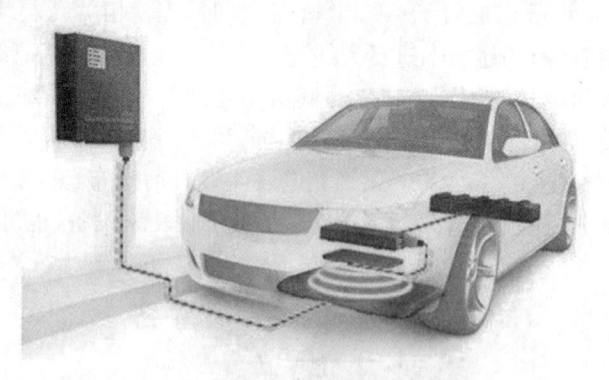

图4-17 汽车充电原理图

理教授马林·索尔贾希克带领的研究团队利用该技术点亮了两米外的一盏60瓦灯泡,并将其取名为"WiTricity"。该实验中使用的线圈直径达到50cm,还无法实现商用化,如果要缩小线圈尺寸,接收功率自然也会下降。

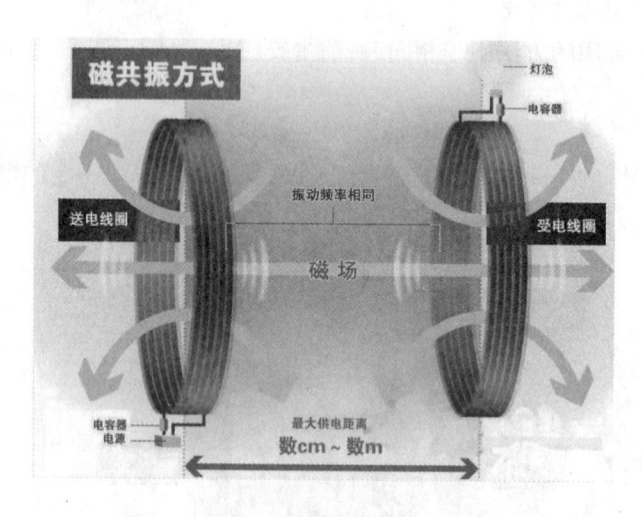

图4-18 基于磁场共振技术的无线充电

(3)无线电波式

这是发展较为成熟的技术,类似于早期使用的矿石收音机,主要由微波发射装置和微波接收装置组成,可以捕捉到从墙壁弹回的无线电波能量,在随负载做出调整的同时保持稳定的直流电压。此种方式只需一个安装在墙身插头的发送器,以及可以安装在任何低电压产品的"蚊型"接收器。

(4)电磁耦合式

电场耦合方式的无线供电技术与"电磁感应方式"及"磁场共振方式"不同,电场耦合方式利用通过沿垂直方向耦合两组非对称偶极子而产生的感应电场来传输电力,图4-18为其原理图。

3. 无线充电的主流技术

主流的无线充电标准有五种:Qi标准、Power Matters Alliance(PMA)标准、Alliance for Wireless Power(A4WP)标准、iNPOFi技术、Wi-Po技术。

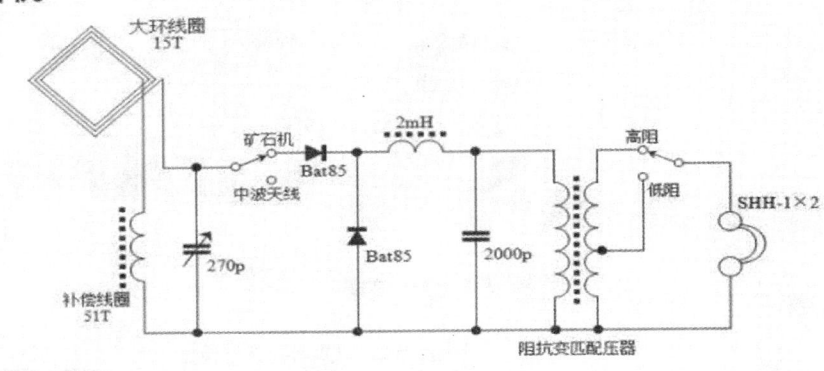

图 4-19　矿石收音机的内部结构

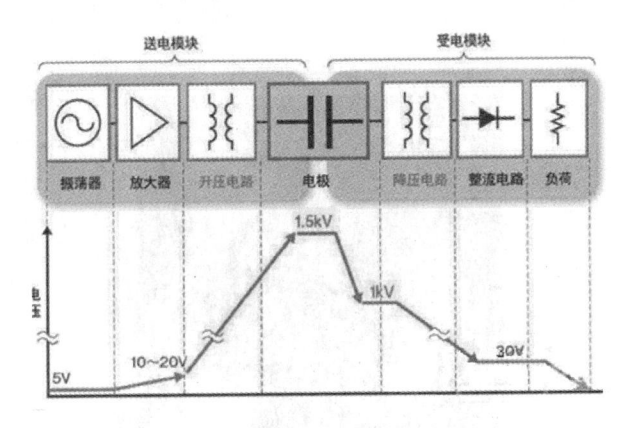

图 4-20　基于电磁耦合技术的无线充电

(1) Qi 标准

Qi 是全球首个推动无线充电技术的标准化组织——无线充电联盟(Wireless Power Consortium,简称 WPC)推出的"无线充电"标准,具备便捷性和通用性两大特征。首先,不同品牌的产品,只要有一个 Qi 的标识,都可以用 Qi 无线充电器充电。其次,它攻克了无线充电"通用性"的技术瓶颈,在不久的将来,手机、相机、电脑等产品都可以用 Qi 无线充电器充电,为无线充电的大规模应用提供可能。

市场比较主流的无线充电技术主要通过三种方式,即电磁感应、无线电波以及共振作用,而 Qi 采用了最为主流的电磁感应技术。Qi 的应用产品主要是手机,这是第一个阶段,以后将发展运用到不同类别或更高功率的数码产品中。

(2) Power Matters Alliance 标准

Power Matters Alliance 标准是由 Duracell Powermat(金霸王电池无线充电器)公司发起的,已经有 AT&T、Google 和星巴克三家公司加盟了 PMA 联盟(Power Matters Alliance 缩写)。PMA 联盟致力于为符合 IEEE 协会标准的手机和电子设备,打造无线供电标准,在无线充电领域中具有领导地位。

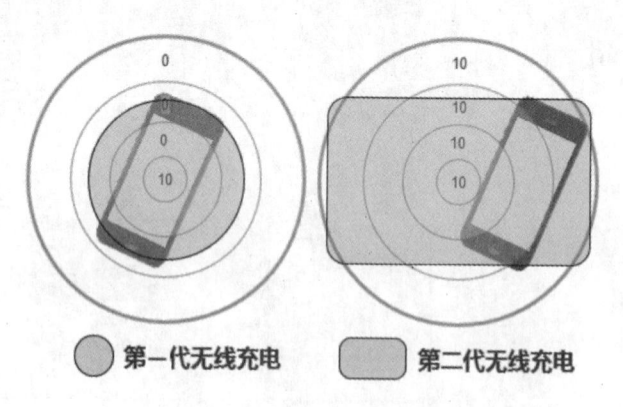

图 4—21 Qi 无线充电范围

Duracell Powermat 公司推出过一款 WiCC 充电卡采用的就是 Power Matters Alliance 标准。WiCC 比 SD 卡大一圈，内部嵌入了用于电磁感应式非接触充电的线圈和电极等组件，卡片的厚度较薄，插入现有智能手机电池旁边即可利用，利用该卡片可使很多便携终端轻松支持非接触充电。

图 4—22 WiCC 充电卡外观

(3) A4WP 标准

A4WP 是 Alliance for Wireless Power（无线电源联盟）标准的简称，由美国高通公司、韩国三星公司以及前面提到的 Powermat 公司共同创建的无线充电联盟创建。该联盟还包括 Ever Win Industries、Gill Industries、Peiker Acustic 和 SK Telecom 等成员，目标是为包括便携式电子产品和电动汽车等在内的电子产品无线充电设备设立技术标准和行业对话机制。

(4) iNPOFi 技术

iNPOFi（"invisible power field"，即"不可见的能量场"）无线充电是一种新的无线充电技术。其无线充电系列产品采用智能电传输无线充电技术，具备无辐射、高电能转化效率、热效应微弱等特性。

iNPOFi 智能无辐射技术与现有其他的无线充电技术相比，iNPOFi 采用电场脉冲模式，不产生任何辐射，中国泰尔实验室测试结果显示，辐射增加值近乎零。在高效方面，泰尔试验室还测定，该技术的产品，充电传输效率高达 90% 以上，彻底改变了传统无线充电最高 70% 以下电转换低效率问题。

在智能管理方面,采用芯片适配管理技术,其中包括:自动开启、关闭充电过程;自动适配需要的电压、电流,管理充电过程,以确保较高的充电效率;并可以使用一个统一的充电板,为任何品牌、型号的电子产品,进行安全、便利、高效的充电。在安全性方面,同时考虑到了各种弱电充电中的安全性问题,如静电 ESD 保护、防过充、防冲击等,甚至若受电设备自身电源管理出现问题时,可以通过 iNPOFi 芯片自动熔断保护电子设备不被损坏。

值得一提的是,对于智能设备厂商而言,iNPOFi 以一颗极小的芯片为核心,实现了超微化设计,仅有 1/4 个五毛硬币大小,可以方便地集成到任何设备中,也可以集成到各种形态的可穿戴设备中。这是传统电磁原理的产品无法达到的。

图 4—23　中国大陆首款采用 iNPOFi 技术的产品

(5) Wi-Po 技术

Wi-Po 技术,为 Wi-Po 磁共振无线充电技术,利用高频恒定幅值交变磁场发生装置,产生 6.78MHz 的谐振磁场,实现更远的发射距离。

该技术通过蓝牙 4.0 实现通讯控制,安全可靠,并且可以支持一对多同步通信,同时还具有过温、过压、过流保护和异物检测功能。该技术由于使用的载体为空间磁场,能量不会像电磁波那般发射出去,所以不会对人体造成辐射伤害。

Wi-Po 磁共振无线充电可应用于手机、电脑、智能穿戴、智能家居、医疗设备、电动汽车等各种场景。

4. 无线充电技术的优点

(1) 小巧:利用无线磁电感应充电的设备可做到隐形,设备磨损率低,应用范围广,公共充电区域面积相对的减小,但减小的占地面积份额不会太大。

(2) 方便:技术含量高,操作方便,可实施相对来说的远距离无线电能的转换,但大功率无线充电的传输距离只限制在 5 米以内,不会太远。

5. 无线充电技术的缺点

(1) 成本高:虽然设备技术含量高,但设备的经济成本投入较高,维修费用大。

(2) 效率低:因实现远距离大功率无线磁电转换,所以设备的耗能较高。随着无线充电设备的距离和功率的增大,无用功的耗损也就会越大。

(3)能源转换次数多:无线充电技术设备本身实现的是二次能源转换,也就是将网电降压(或直接)变为直流电后再进行一次较高频率的开关控制交流变换输出。由于大功率的交→直→交电流转换是进行电能的二次性无线传输原因,所以电磁的空间磁损率太大。

4.2.2 智能手机

作为移动通信终端之一的手机,又称移动电话,是当今人们社会生活的必备品之一。随着通信产业的不断发展,移动终端已经由原来只具备单一的通话功能向具有进行语音、数据、图像、音乐和多媒体传递功能进行演变。

移动终端大体可以分成两种:一种是传统手机(feature phone);一种是智能手机(smart phone)。智能手机除了具有传统手机的基本功能(包括语音通话、短消息等),还具有以下特点:开放的操作系统、硬件和软件可扩充性,以及支持第三方的二次开发。相对于传统手机,智能手机更像一个能够装入口袋中的微型计算机,它强大的功能和便捷的操作等特点受到了人们的青睐,成为手机市场的主流。

2017年4月,国内智能手机市场整体销量约为3552万台。其中,华为以808.3万台的销量位列第一,市场份额占比达到22.8%。OPPO、vivo分列第二、第三。对于OPPO来说,2017年4月的手机销量约为587.1万台,而vivo则为564.6万台,二者之间的差距比较小。并且,OPPO和vivo的市场份额占比,更是超过了30%。苹果凭借着iPhone 7、iPhone 7 plus等机型,在中国智能手机市场获得了412.7万台的销量,市场份额占比为11.6%,位列第四。而第五位的小米手机获得了396.7万台的销量,和苹果的差距非常小。

1. 智能手机的整体结构

智能手机可以被看作袖珍的计算机。它有处理器、存储器、输入输出设备(键盘、显示屏、USB接口、耳机接口、摄像头等)及I/O通道。手机通过空中接口协议和基站通信,既可以传输语音,也可以传输数据。

(1)智能手机的外部结构

智能手机的外部结构如图4-24所示,不同生产厂家的外部结构略有不同,但一般都要包括可触摸液晶显示屏、后盖、前置/后置摄像头、扬声器、麦克风、电源按键、耳机插孔、USB插孔、音量按钮、闪光灯等。现在很多品牌的手机也都加入了"指纹识别器"以提升手机对个人隐私的保护。

(2)智能手机的内部结构

打开手机的外壳,拆开电路板等元件,可以看清智能手机的内部结构,如图4-25所示。要注意,并非所有品牌手机用户都可以自行打开手机的后盖,在有需要打开后盖时最好先咨询手机品牌的经销商或售后部门。

智能手机的主电路板是手机中最重要的部件,它位于智能手机的内部,与各部件之间通过数据软线或触点相连接。主电路板可以说是手机的核心部件,它负责手机信号的输入、输出、处理、手机信号的发送,以及整机的供电、控制等工作。图4-26为智能手机主电路板。

不同品牌的智能手机电路板的设计会有所不同,有的智能手机只有一块电路板,有的智能手机除了有主电路外,还有副电路板。副电路板一般连接接口、摄像头等附件。

从图4-26中可以看出,智能手机的主电路板上安装的都是贴片元器件,排列十分紧密,并且电路板上的主要芯片都采用BGA形式焊接在电路板上。

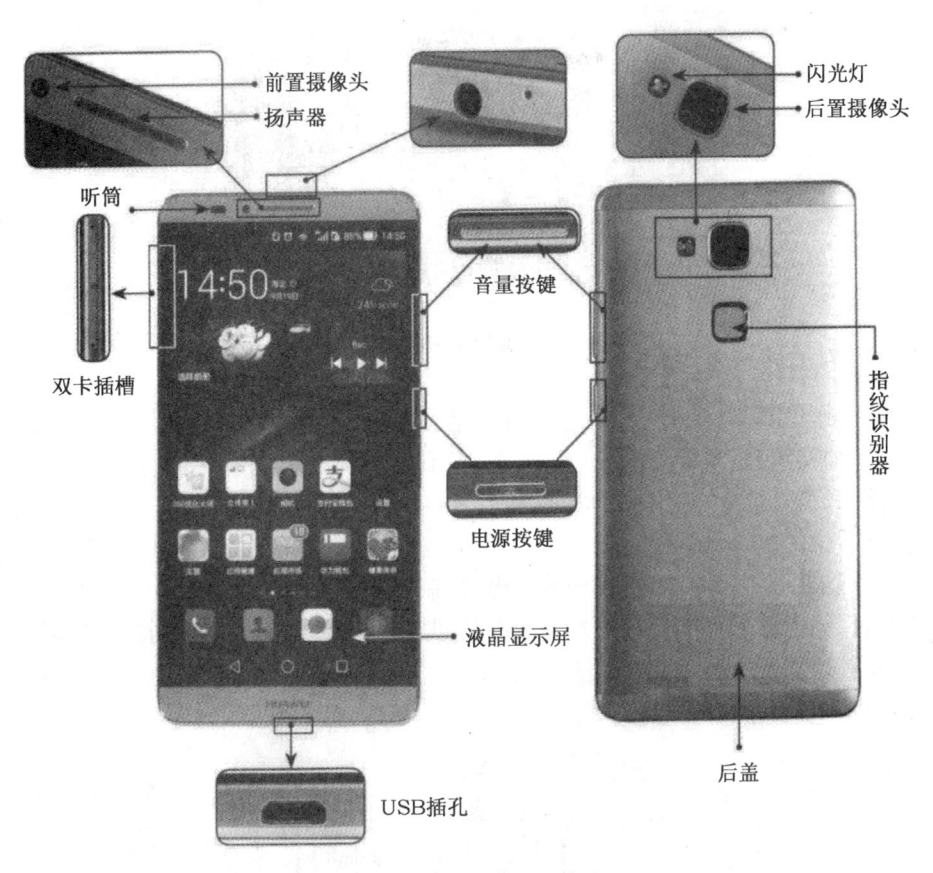

图 4—24　智能手机的外部结构

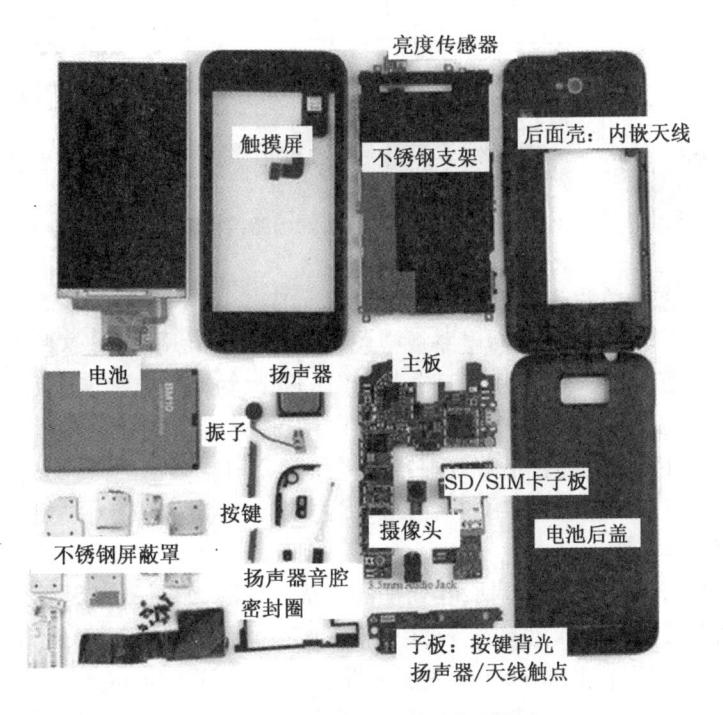

图 4—25　智能手机的内部结构

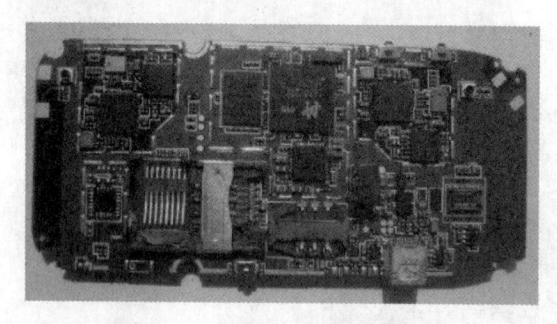

图 4-26 智能手机的主板电路

BGA 的全称是 Ball Grid Array(球栅阵列结构的 PCB),它是集成电路采用有机载板的一种封装法。它的特点是:封装面积少;功能加大,引脚数目增多;PCB 板熔焊时能自我居中,易上锡;可靠性高;电性能好,整体成本低等。

(3)智能手机的电路结构

电路是智能手机的核心,负责手机的供电、控制以及手机各种功能的实现。智能手机的电路主要包括:射频电路、语音电路、处理器及存储器电路、电源及充电电路、操作及屏显电路、接口电路,以及其他功能电路(如蓝牙、天线、收音、传感器、振动器、摄像头电路等),如图 4-27 所示。后面将对智能手机的重要芯片做简单介绍。

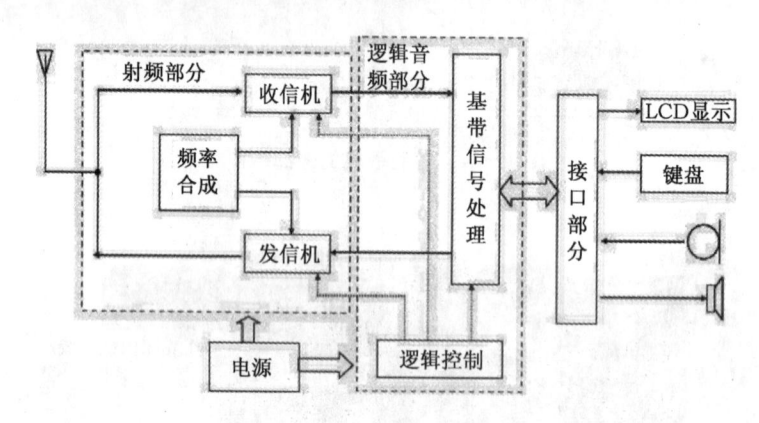

图 4-27 智能手机的电路结构

2. 智能手机的重要芯片

电路板是智能手机的核心部件,电路板中包括很多手机专用芯片,这些芯片包括:射频芯片、射频功放芯片、处理器芯片、电源管理芯片、存储芯片、触摸屏控制芯片等。

(1)智能手机的硬件系统结构

智能手机的硬件系统结构包括双处理器结构和单处理器结构两种,单处理器结构的智能手机已很难满足用户对高性能、多功能的需求,因而双处理器结构成为手机的主流结构,本书仅介绍双处理器结构。

双处理器结构智能手机主要包括:主处理器和从处理器,如图 4-28 所示。主处理器运行开放式操作系统以及操作系统之上的各种应用,负责整个系统的控制;从处理器负责基本无线通信,主要包括 DBB(Digital Baseband,数字基带芯片)和 ABB(Analog Baseband,模拟基带),完成语音信号和数字语音信号调制解调、信道编码解码和无线 Modem 控制。

主处理器也叫 AP(Application Processor,应用处理器),从处理器也叫 BP(Baseband Processor,基带处理器),它们之间通过串口、总线或 USB 等方式进行通信,不同手机芯片生产集成厂家采用的集成方式都不一样,目前市面上仍以串口通信为主。

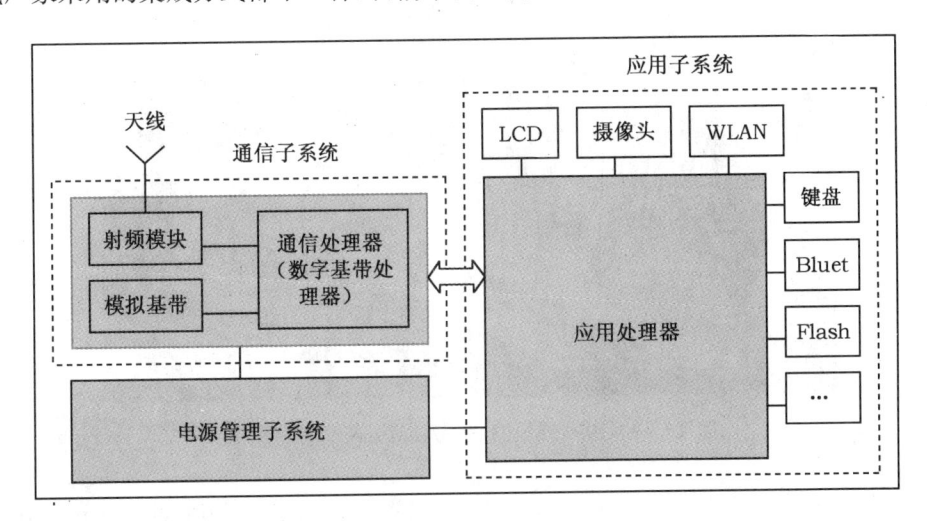

图 4—28 双处理器结构

从根本来说,智能手机只是在传统手机的基本硬件结构中 BP 的部分增加一定的外围电路,如音频芯片、LCD 控制、摄像机控制器、扬声器、天线等,就构成了一个完整的智能手机的硬件结构。

(2)射频芯片

所谓射频(RF,Radio Frequency),即能够辐射到空间的频率在 300KHz 到 300GHz 的电磁波信号。在手机中,射频芯片负责射频收发、频率合成、功率放大;而基带芯片负责信号处理和协议处理。简单地说,射频芯片起到一个发射机和接收机的作用。有的射频芯片还为处理器芯片提供 26MHz 的系统时钟信号,确保整个手机电路的同步。

(3)射频功放芯片

射频功率放大器芯片的作用主要是对射频信号进行放大,使得有足够的功率发射给基站。射频功率放大器是智能手机中耗电量较大的元件之一,它内部主要集成了滤波器、放大器、匹配电路、功率检测、偏压控制等电路。

如图 4—29 所示为射频处理器、基带处理器和天线构成的芯片组。从电脑的角度出发,可以把射频、基带、天线芯片组成的电路理解成一个相对于处理器外置的 Modem(调制解调器),通过通讯接口与应用处理器连接。电话也好、短信也好、上网也好,都是通过这个 Modem 传输数据。Modem 的种类,决定你的手机支持网络、执行的标准、可用的速度、通讯的稳定性和带宽等等。

这个组合后的电路很大程度决定了手机信号的好坏、上网速度的快慢。有些厂商把这部分和应用处理器封装在一起,相当于内置 Modem 了,就是所谓的"单芯片"解决方案。

(4)中央处理器芯片

中央处理器(Center Processing Unit,CPU)芯片是智能手机的核心部件,手机中的微处理器类似计算机中的中央处理器,它是整台智能手机的控制中枢系统,也是逻辑部分的控制核心。微处理器通过运行存储器内的软件及调用存储器内的数据库,达到对手机整体监控的目

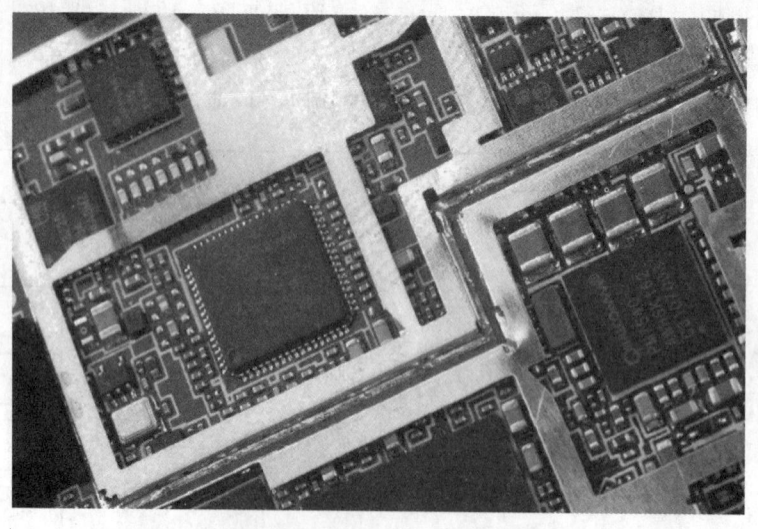

图 4—29　射频处理器、基带处理器和天线芯片组

的。凡是要处理的数据都要经过 CPU 来完成,手机各个部分的管理等都离不开微处理器这个司令部的统一、协调指挥。随着集成电路生产技术及工艺水平的不断提高,手机中微处理器的功能越来越强大,如在微处理器中集成先进的数字信号处理器(DSP)等。处理器的性能决定了整部手机的性能。目前智能手机处理器厂商主要有:德州仪器、Intel、高通、三星、Marvell、英伟达、华为等。如图 4—30 所示为手机处理器芯片。

图 4—30　处理器芯片

因为手机的高度集成化,所以手机的 CPU 从功能上来说不同于电脑上的 CPU,手机的应用处理器可以理解为 CPU、芯片组、显卡、数字声卡、视频加速卡、浮点加速单元的一个结合体。我们的电脑有各种插槽、各种接口,可以扩展设备、扩展功能,手机的应用处理器也可以,它是通过各种标准接口实现的,有供显示用的标准接口、有供音频用的标准接口、也有给通讯、蓝牙、FM、数字电视、外接储存卡等用的标准接口,很多接口标准和我们的电脑是完全一样的。所以,应用处理器基本就决定了手机的主要功能和性能档次。

(5)管理手机供电的电源管理芯片

电源管理芯片(Power Management Integrated Circuits)是在智能手机系统中承担对电能

的变换、分配、检测及其他电能管理职责的芯片。同时,还可以对电池充电进行管理和控制,如图 4—31 所示。

图 4—31　电源管理芯片

(6)储存信息的存储芯片

智能手机的存储器有多种:Flash 存储器、RAM 随机存储器、ROM 只读存储器等,其中,手机存储器主要用来存储手机的主程序、字库、用户程序、用户数据等,如图 4—32 所示。

图 4—32　存储芯片

RAM 随机存储器主要用于存储智能手机运行时的程序和数据,需要执行的程序或者需要处理的数据都必须先装入 RAM 内。

ROM 只读存储器是指只能从该设备中读取数据而不能往里面写数据的存储器。ROM 中的数据是由手机制造商事先编好固化在里面的一些程序,使用者不能随意更改。ROM 主要用于检查手机系统的配置情况,并提供最基本的输入输出(I/O)程序。

Flash 存储器是一种长寿命的非易失性(在断电情况下仍能保持所存储的数据信息)存储器,数据删除不是以单个的字节为单位,而是以固定的区块为单位。由于 Flash 存储器断电时仍能保存数据,它通常被用来保存设置信息,如用户对手机的设置信息等。

(7)管理声音的音频处理器芯片

智能手机的音频处理器主要处理手机的声音信号,它主要负责接收和发射音频信号,是实现手机听见对方声音的关键元件。音频处理器对基带信号进行解码、D/A 转换等处理后输出音频信号。如图 4—33 所示为音频处理器芯片。

图 4-33 音频处理器芯片

4.2.3 发光二极管

发光二极管简称为 LED(Light Emitting Diode),如图 4-34 所示。LED 被称为第四代光源,具有节能、环保、安全、寿命长、低功耗、低热、高亮度、防水、微型、防震、易调光、光束集中、维护简便等特点,可以广泛应用于各种指示、显示、装饰、背光源、普通照明等领域。常用于照明、广告灯、指引灯、屏幕。

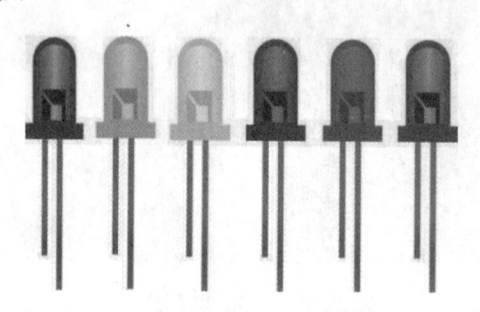

图 4-34 发光二极管外观

与白炽灯泡和氖灯相比,发光二极管工作电压很低(有的仅一点几伏);工作电流很小(有的仅零点几毫安即可发光);抗冲击和抗震性能好,可靠性高,寿命长;通过调制通过的电流强弱可以方便地调制发光的强弱。由于有这些特点,发光二极管在一些光电控制设备中用作光源,在许多电子设备中用作信号显示器。

LED 具有电光转化效率高(接近 60%)、绿色环保、寿命长(可达 10 万小时)、工作电压低(3V 左右)、反复开关无损寿命、体积小、发热少、亮度高、坚固耐用、易于调光、色彩多样、光束集中稳定、启动无延时等优点,但也存在起始成本高、显色性差、大功率 LED 效率低、恒流驱动(需专用驱动电路)等缺点。

1. 发光二极管的发展历程及现状

发光二极管早在 1962 年出现,早期只能发出低光度的红光,之后发展出其他单色光的版本,时至今日能发出的光已遍及可见光、红外线及紫外线,光度也提高到相当的光度。而用途也由初时作为指示灯、显示板等;随着技术的不断进步,发光二极管已被广泛地应用于显示器、电视机采光装饰和照明。

随着行业的继续发展,技术的飞跃突破,应用的大力推广,LED 的光效也在不断提高,价格不断走低。新的组合式管芯的出现,也让单个LED管(模块)的功率不断提高。通过行业的不断努力研发,新型光学设计的突破,新灯种的开发,产品单一的局面也有望在进一步扭转。控制软件的改进,也使得LED照明使用更加便利。这些逐步的改变,都体现出了LED发光二极管在照明应用的前景广阔。

20世纪90年代LED技术的长足进步,不仅是发光效率超过了白炽灯,光强达到了烛光级,而且颜色也从红色到蓝色覆盖了整个可见光谱范围,这种从指示灯水平到超过通用光源水平的技术革命导致各种新的应用,诸如汽车信号灯、交通信号灯、室外全色大型显示屏以及特殊的照明光源。

随着发光二极管高亮度化和多色化的进展,应用领域也不断扩展。从下边较低光通量的指示灯到显示屏,再从室外显示屏到中等光通量功率信号灯和特殊照明的白光光源,最后发展到高光通量通用照明光源。2000年是时间的分界线。在2000年已解决所有颜色的信号显示问题和灯饰问题,并已开始低、中光通量的特殊照明应用,并且随着亮度提高和价格下降而逐步实现。

2. 发光二极管基本原理

LED是半导体二极管的一种,可以把电能转化成光能。发光二极管与普通二极管一样是由一个PN结组成,也具有单向导电性。当给发光二极管加上正向电压后,从P区注入到N区的空穴和由N区注入到P区的电子,在PN结附近数微米内分别与N区的电子和P区的空穴复合,产生自发辐射的荧光。

不同的半导体材料中电子和空穴所处的能量状态不同。当电子和空穴复合时释放出的能量多少不同,释放出的能量越多,则发出的光的波长越短。常用的是发红光、绿光或黄光的二极管。发光二极管的反向击穿电压大于5伏。

发光二极管的核心部分是由P型半导体和N型半导体组成的晶片,在P型半导体和N型半导体之间有一个过渡层,称为PN结。在某些半导体材料的PN结中,注入的少数载流子与多数载流子复合时会把多余的能量以光的形式释放出来,从而把电能直接转换为光能。PN结加反向电压,少数载流子难以注入,故不发光。当它处于正向工作状态时(即两端加上正向电压),电流从LED阳极流向阴极时,半导体晶体就发出从紫外到红外不同颜色的光线,光的强弱与电流有关。

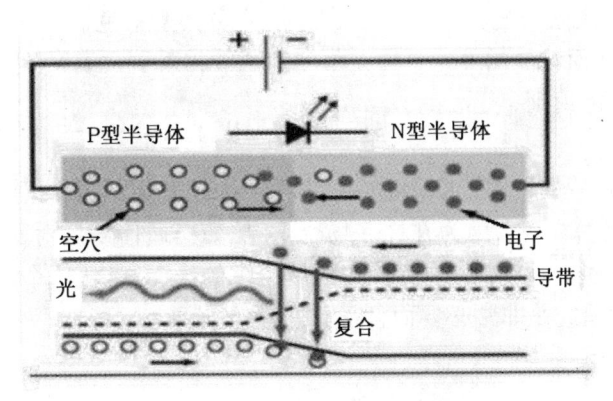

图4—35 发光二极管的发光原理

发光二极管主要的技术指标有:

(1) 极性

发光二极管的两根引线中较长的一根为正极,应接电源正极。有的发光二极管的两根引线一样长,但管壳上有一凸起的小舌,靠近小舌的引线是正极。

(2) LED 单向导通性

LED 只能往一个方向导通(通电),叫做正向偏置(正向偏压),当电流流过时,电子与空穴在其内复合而发出单色光,这叫电致发光效应,而光线的波长、颜色跟其所采用的半导体材料种类与掺入的元素杂质有关。当以如图所示方式接入电路,LED 灯管就会被点亮。

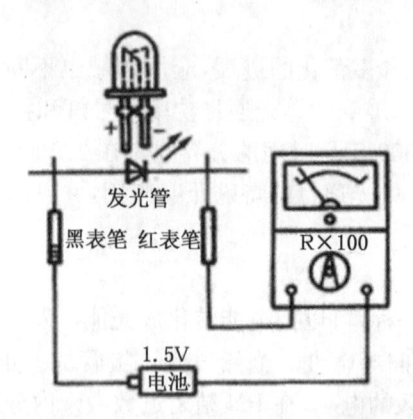

图 4—36 发光二极管的电路连接

(3) 参数

LED 的光学参数中重要的几个方面就是:光通量、发光效率、发光强度、光强分布、波长。

① 发光效率和光通量

发光效率就是光通量与电功率之比,单位一般为 lm/W。发光效率代表了光源的节能特性,这是衡量现代光源性能的一个重要指标。

② 发光强度和光强分布

LED 发光强度是表征它在某个方向上的发光强弱,由于 LED 在不同的空间角度光强相差很多,随之而来我们研究了 LED 的光强分布特性。这个参数实际意义很大,直接影响到 LED 显示装置的最小观察角度。比如体育场馆的 LED 大型彩色显示屏,如果选用的 LED 单管分布范围很窄,那么面对显示屏处于较大角度的观众将看到失真的图像。而且交通标志灯也要求较大范围的人能识别。

③ 波长

对于 LED 的光谱特性我们主要看它的单色性是否优良,而且要注意到红、黄、蓝、绿、白色 LED 等主要的颜色是否纯正。因为在许多场合下,比如交通信号灯对颜色就要求比较严格,不过据观察我国的一些 LED 信号灯中绿色发蓝,红色的为深红,从这个现象来看我们对 LED 的光谱特性进行专门研究是非常必要而且很有意义的。

3. 发光二极管的主要应用

(1) LED 显示屏

自 20 世纪 80 年代中期,就有单色和多色显示屏问世,起初是文字屏或动画屏。90 年代初,电子计算机技术和集成电路技术的发展,使得 LED 显示屏的视频技术得以实现,电视图像直接上屏,特别是 90 年代中期,蓝色和绿色超高亮度 LED 研制成功并迅速投产,使室外屏的应用大大扩展,面积在 100~300m 不等。目前 LED 显示屏在体育场馆、广场、会场甚至街道、商场都已广泛应用,美国时代广场上的纳斯达克全彩屏最为闻名,如图 4—37 所示,该屏面积为 120 英尺×90 英尺,相当于 1005m,由 1900 万只超高亮蓝、绿、红色 LED 制成。

图 4—37　时代广场的 LED 显示屏

此外,在证券行情屏、银行汇率屏、利率屏等方面应用也占较大比例,近期在高速公路、高架道路的信息屏方面也有较大的发展。发光二极管在这一领域的应用已成规模,形成新兴产业,且可期望有较稳定的增长。

(2)交通信号灯

航标灯采用 LED 作光源已有多年,目前的工作是改进和完善。道路交通信号灯近几年来取得了长足的进步,技术发展较快,应用发展迅猛,我国目前每年有 4 万套左右的订单,而美国加州在去年一年内就用 LED 交通信号灯更换了五万套传统光源的信号灯,根据使用效果看,寿命长、省电和免维护效果是明显的。目前采用 LED 的发光峰值波长是红色 630nm、黄色 590nm、绿色 505nm。应该注意的问题是驱动电流不应过大,否则夏天阳光下的高温条件将会影响 LED 的寿命。

应用于飞机场作为标灯、投光灯和全向灯的 LED 机场专用信号灯也已获成功并投入使用,多方反映效果很好。它具有自主知识产权,获准两项专利,可靠性好,节省用电,免维护,可推广应用到各种机场,替代已沿用几十年的旧信号灯,不仅亮度高,而且由于 LED 光色纯度好,特别鲜明,易于信号识别。

铁路用的信号灯由于品种系列较多,要求光强和视角也各不相同,目前正加紧研制中,估计会逐步研制成功并陆续投入应用,从数量看,也是一个颇大的市场。

(3)汽车用灯

超高亮 LED 可以做成汽车的刹车灯、尾灯和方向灯,也可用于仪表照明和车内照明,它在耐震动、省电及长寿命方面比白炽灯有明显的优势。用作刹车灯,它的响应时间为 60ns,比白炽灯的 140ms 要短许多,在典型的高速公路上行驶,会增加 4~6m 的安全距离。

(4)液晶屏背光源

LED 作为液晶显示的背光源,它不仅可作为绿色、红色、蓝色、白色,还可以作为变色背光源,已有许多产品进入生产及应用阶段。最近,手机上液晶显示屏用 LED 制作背光源,提升了产品的档次,效果很好。采用 8 个蓝色、24 个绿色、32 个红色 LuxeonLED 制成的 15in(1in≈2.5cm)液晶屏的背光源,可达到 120W,2500 lm,亮度 18000nits(尼特,cd/m^2)。22 液晶屏背光源也已制成,仅为 6mm 厚,不但混色效果好,显色指数也达到 80 以上。

(5)灯饰

用超高亮度 LED 做成的单色、多色乃至变色的发光柱配以其他形状的各色发光单元,装饰高大建筑物、桥梁、街道及广场等景观工程效果很好,呈现一派色彩缤纷、星光闪烁及流光异彩的景象。已有不少单位生产 LED 光柱达万米以上。

(6)照明光源

作为照明光源的 LED 光源应是白光。由于 LED 光源无红外辐射,便于隐蔽,再加上它还具有耐振动、适合于蓄电池供电、结构固体化及携带方便等优点,将在特殊照明光源方面会有较大发展。作为民间使用的草坪灯、埋地灯已有规模生产,也有用作显微镜视场照明、手电、外科医生的头灯、博物馆或画展的照明以及阅读台灯。

习题精选

1. 什么是电子技术?你认为电子技术对人类最大的影响是什么?
2. 集成电路是什么?有哪些分类?请针对每一项分类举出应用实例。
3. 无线充电技术有哪些原理?你认为哪种更有前景?
4. 列举无线充电技术的标准,并利用网络、书籍等资源找出每项标准的具体应用实例。
5. 智能手机的智能体现在哪里?为什么能够做到这些?
6. 分组对智能手机的外观、功能、价格等做调查,结合调查结果畅想未来手机的发展趋势。
7. LED 的应用除文中提到的之外,还有哪些?
8. 电子技术的应用非常丰富,请分组搜集本书中未提及的电子技术应用实例,并进行交流。

第五章 通信技术概述

本章介绍通信技术的基础知识,包括通信技术的发展历程、主要技术特点和主要应用领域等内容。通信技术已经渗透到国民经济的各个领域,影响着社会的方方面面,了解常见的通信技术的基础知识,是当代大学生必备的基本技能。

5.1 通信技术发展历程

通信(Communication),指人与人或人与自然之间通过某种行为或媒介进行的信息交流与传递,从广义上指需要信息的双方或多方在不违背各自意愿的情况下采用任意方法、任意媒质,将信息从源头准确安全地传送到目的地。通信在不同的环境下有不同的解释,在出现电波传送通信后通信(Communication)被解释为信息的传递,是指由一地向另一地进行信息的传输与交换,其目的是传输消息。自从人类存在开始,通信就已经存在。通信的目的一直没有发生过改变,变化的只是通信的方式。

在各种各样的通信方式中,利用"电"来传递消息的通信方法称为电信(Telecommunication),这种通信具有迅速、准确、可靠等特点,且几乎不受时间、地点、空间、距离的限制,因而得到了飞速发展和广泛应用。现代科学水平的飞速发展,相继出现了无线电、固定电话、移动电话、互联网甚至视频电话等各种通信方式。通信技术拉近了人与人之间的距离,提高了经济的效率,深刻地改变了人类的生活方式和社会面貌。

从古到今,人类利用各种方式来传递信息,时至今日,通信已经完全融入了人们的日常生活中。接下来我们就回顾一下人类在通信领域的发展历程。

5.1.1 古代通信

1. 我国古代通信

在远古时期,我国使用击鼓传递信息(类似现在击鼓传花的游戏),最早出现在原始社会末期。到西周时候,我国已经有了比较完整的邮驿制度。春秋战国时期,随着政治、经济和文化的进步,邮驿通信逐渐完备起来。三国时期,曹魏在邮驿史上最大的建树是制定《邮驿令》。隋唐邮传事业发达的标志之一是驿的数量的增多,如图 5-1 所示。我国元朝时期,邮驿又有了很大发展。清代邮驿制度改革的最大特点是"邮"和"驿"的合并。清朝中叶以后,随着近代邮政的建立,古老的邮驿制度就逐渐被淘汰了。

"烽火"是我国古代用以传递边疆军事情报的一种通信方法,始于商周,延至明清,相习几千年之久,其中尤以汉代的烽火组织规模为大。在边防军事要塞或交通要冲的高处,每隔一定距离建筑一个高台,俗称烽火台。高台上有驻军守候,发现敌人入侵,白天燃烧柴草以"燔烟"

图 5—1　唐代邮驿令

报警,夜间燃烧薪柴以"举烽"(火光)报警。在我国历史上,还有一个为了讨得美人欢心而随意点燃烽火,最终导致亡国的"烽火戏诸侯"的故事,如图 5—2 所示。

图 5—2　烽火戏诸侯

"风筝通信",我们今天娱乐用的风筝,在古时候曾作为一种应急的通信工具,发挥过重要的作用。传说早在春秋末期,鲁国巧匠公输盘(即鲁班)就曾仿照鸟的造型"削竹木以为鹊,成而飞之,三日不下",这种以竹木为材制成的会飞的"木鹊",就是风筝的前身。到了东汉,蔡伦发明了造纸术,人们又用竹篾做架,再用纸糊之,便成了"纸鸢"。五代时人们在做纸鸢时,在上面拴上了一个竹哨,风吹竹哨,声如筝鸣,"风筝"这个词便由此而来。最初的风筝是为了军事上的需要而制作的,它的主要用途是用作军事侦察,或是用来传递信息和军事情报。到了唐代以后,风筝才逐渐成为一种娱乐的玩具,并在民间流传开来。

"飞鸽传书",大家都比较熟悉,信鸽在长途飞行中不会迷路,源于它所特有的一种功能,即可以通过感受磁力与纬度来辨别方向。信鸽传书确切的开始时间,现在还没有一个明确的说法,但早在唐代,信鸽传书就已经很普遍了。五代王仁裕《开元天宝遗事》一书中有"传书鸽"的记载:"张九龄少年时,家养群鸽。每与亲知书信往来,只以书系鸽足上,依所教之处,飞往投之。九龄目为飞奴,时人无不爱讶。"此后的宋、元、明、清诸朝,信鸽传书一直在人们的通信生活中发挥着重要作用。如图 5—3 所示。

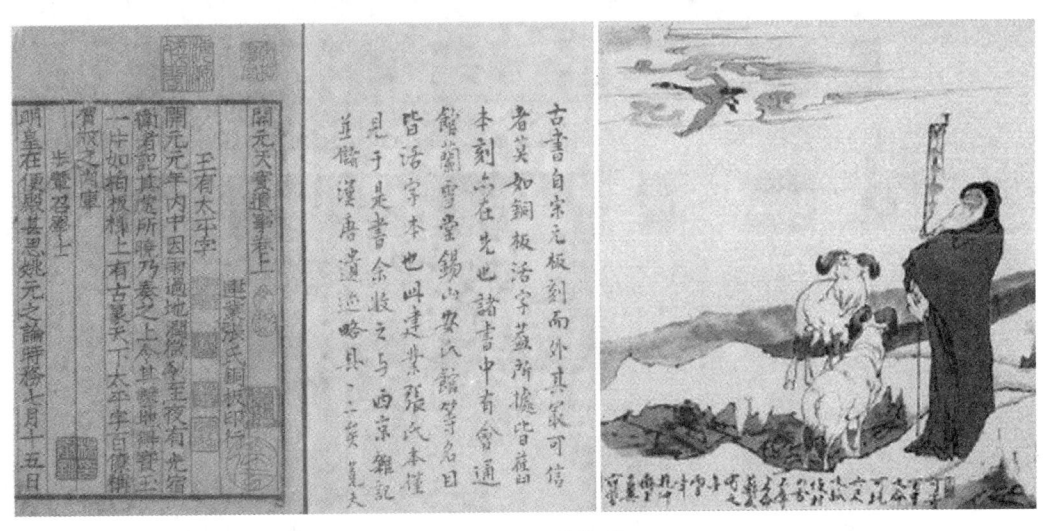

图 5—3 飞鸽传书

2. 外国古代通信

现在大家非常熟悉的一项体育项目——马拉松长跑,就是为了纪念一位2000多年前为传送捷报而牺牲的英雄设立的。公元前490年,希腊军队在马拉松平原击退波斯王大流士一世军队的入侵。传令兵菲迪皮茨一口气从马拉松镇跑到首都雅典报告喜讯,当他跑完42.195千米的路程,赶到雅典广场说完捷报之后,就精疲力竭,倒地而死。为了纪念这位战士的英雄事迹,1896年,在世界第一届奥运会上,他跑过的距离被作为一个长跑比赛项目列入运动会,如图5—4所示。

图 5—4 菲迪皮茨跑马拉松

在西方船舶上使用信号旗通信至今已有400多年的历史。旗号通信的优点是十分简便,因此,即使当今现代通信技术相当发达,这种简易的通信方式仍被保留下来,成为近程通信的一种重要方式。在进行旗号通信时,可以把信号旗单独或组合起来使用,表示不同的意义。通常悬挂单面旗表示最紧急、最重要或最常用的内容,如图5—5所示。

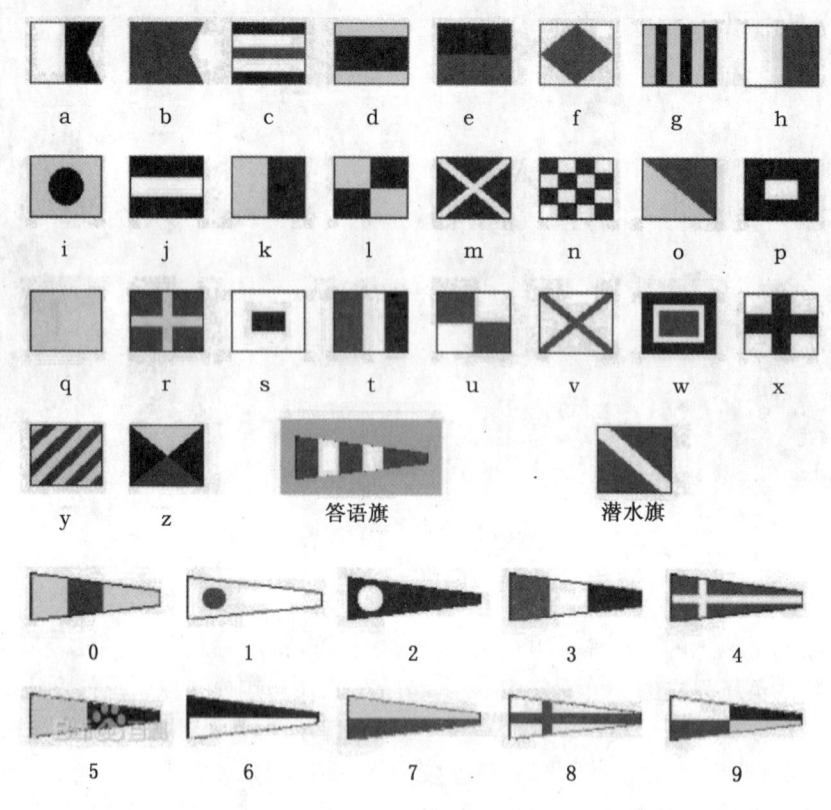

图 5-5 信号旗

1661年英国亨利·比绍普发明和使用了第一个有日期的邮戳,为后来通信的时效性开创了新纪元,而在 1840 年 5 月 6 日,英国发行了世界上第一枚邮票——"黑便士",票面为黑色,上面印有维多利亚女王头像,面值为一便士,如图 5-6 所示。

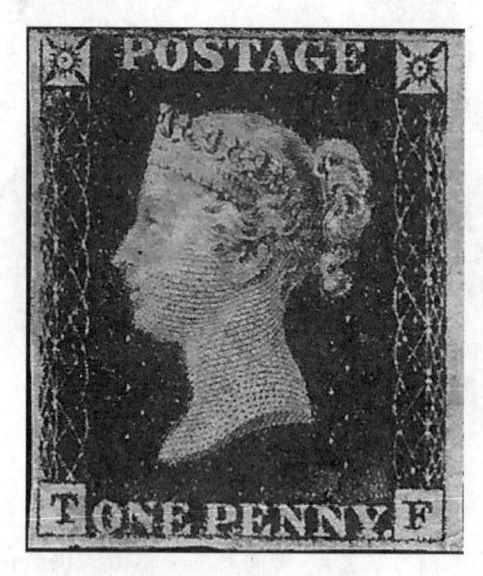

图 5-6 黑便士邮票

5.1.2 近现代通信

19世纪中叶以来,随着人类在电磁学的快速发展,人类通信领域产生了根本性的巨大变革。近现代通信就是以电磁技术为起始,是人类电磁通信和数字通信时代的开始。利用电磁技术,通信实现了质的飞跃,是近现代通信起始的标志,其代表性的事件如下:

在1837年9月4日,美国画家塞缪尔·莫尔斯制造出了世界上第一台电报机。它的发报装置很简单,是由电键和一组电池组成。按下电键,便有电流通过。按的时间短促表示点信号,按的时间长些表示横线信号。它的收报机装置较复杂,是由一只电磁铁及有关附件组成的。当有电流通过时,电磁铁便产生磁性,这样由电磁铁控制的笔也就在纸上记录下点或横线。这台发报机的有效工作距离为500米,如图5-7所示。

图5-7 莫尔斯电报机

1875年,亚历山大·贝尔发明了世界上第一台电话机,并于1876年申请了发明专利(尽管有部分人对电话的发明者尚存争议)。1878年在相距300km的波士顿和纽约之间进行了首次长途电话实验,并获得了成功,如图5-8所示。利用该专利技术,发明者创办了世界闻名的贝尔电话公司,通过技术的垄断,贝尔从中获得了巨大的商业利益。

图5-8 亚历山大·贝尔拨打电话

1889 年美国人 A. B. 史端乔发明了步进制电话交换机的关键部件三磁铁上升旋转型选择器。1892 年第一个史端乔步进制电话局投入使用，如图 5—9 所示。

图 5—9　步进制电话交换机

电报和电话开启了近现代通信历史，但当时这些发明的影响都局限于小范围的应用，而更大规模、更快速度的应用则出现在第一次世界大战之后。

1899 年伽利尔摩·马可尼成功地自英海岸多佛市（DOVER）东北角的一个名叫南福伦（South Foreland）的悬崖灯塔内，和距离 45 公里的法国永莫锐（WIMEREAU）完成无线电报通信。图 5—10 所示的就是当时马可尼使用的火花发射机。

图 5—10　火花发射机

1906 年，美国物理学家费森成功地研究出无线电广播，改变了以为只能点对点传播信息的局限，开启了点对多点传播的方式。

1925 年，约翰·洛吉·贝尔德(John Logie Baird)在伦敦的一次实验中"扫描"出木偶的图像看作是电视诞生的标志，他被称作"电视之父"。电视的应用使人类开始利用通信技术传递多媒体图像。

1930 年，人类发明了超短波通信技术。1931 年，利用超短波跨越英吉利海峡通话得到成功。1934 年在英国和意大利开始利用超短波频段进行多路(6～7 路)通信。

第二次世界大战以来，随着计算机技术的发明和普及，通信技术更是搭上了"顺风车"，迎来了飞速发展的机会。各类电子元器件、光纤、收音机、广播电视、数字通信逐渐走进了千家万户。

1956年，人类建设了欧美长途海底电话电缆传输系统。

1957年，人类发明了电话线数据传输技术。

1964年，地球同步卫星发射成功，如图5－11所示，为跨洋电视传输提供了很好的平台。

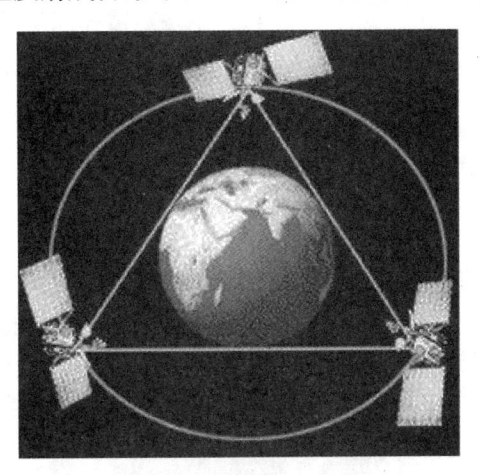

图5－11 地球同步卫星

1967年，大规模集成电路诞生，一块米粒大小的硅晶片上可以集成一千多个晶体管电路，为通信的小型化奠定了基础。

1969年，互联网的前身，美国军方的ARPANET问世，由于处在冷战时期，ARPANET主要是基于这样的指导思想：网络必须经受得住故障的考验而维持正常的工作，一旦发生战争，当网络的某一部分因遭受攻击而失去工作能力时，网络的其他部分应能维持正常的通信工作。作为Internet的早期骨干网，ARPANET的试验奠定了Internet存在和发展的基础，其早期接入的节点如图5－12所示。

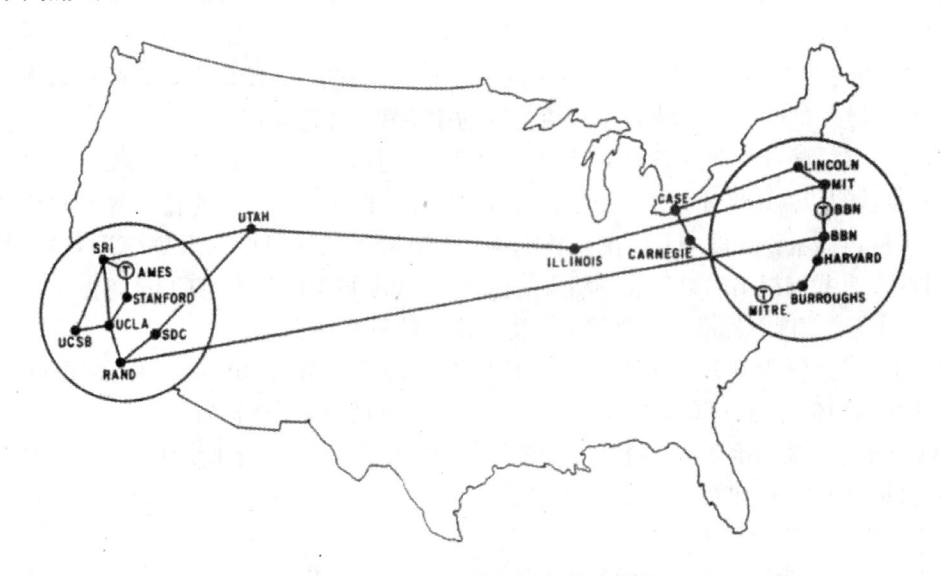

图5－12 早期APRANET接入节点

1972年，人们发明了光纤，从此信息传递的速度产生了质的飞跃。

5.1.3 当代通信

当代通信主要指的是移动通信和融合通信时代。这个时代的特征是，在全球范围内，形成以数字传输、基于TCP/IP协议为主的通信系统，传统的电话为主的通信网逐渐向其他网络延伸，逐步走向网络融合。以下列举几个发展的比较快的当代通信方式。

1. 移动通信

1G的发展。1978年底，美国贝尔试验室研制成功先进移动电话系统（AMPS），建成了蜂窝状移动通信网，大大提高了系统容量。1976年美国摩托罗拉公司的工程师马丁·库珀首先将无线电应用于移动电话。然而由于采用的是模拟技术，1G系统的容量十分有限。此外，安全性和干扰也存在较大的问题。再加上1G系统的先天不足，使得它无法真正大规模普及和应用，价格更是非常昂贵，成为当时的一种奢侈品和财富的象征。相信经历过那个年代的人们都还记得，风衣、墨镜、大哥大这样的打扮在20个世纪90年代的中国可是非常有派头的。与此同时，不同国家的各自为政也使得1G的技术标准各不相同，即只有"国家标准"，没有"国际标准"，国际漫游成为一个突出的问题。

2G的发展。即将迈入21世纪，通信技术也进入到了2G时代，和1G不同，2G采用的是数字传输技术。这极大的提高了通信传输的保密性。2G技术基本可被切为两种，一种是基于TDMA所发展出来的以GSM为代表，另一种则是CDMA规格，复用（Multiplexing）形式的一种。随着2G技术的发展，手机逐渐在人们的生活中变得流行，虽然价格仍然较贵，但并不再是奢侈品。诺基亚3110、摩托罗拉StarTAC等经典机型更是成为了一代人的记忆。

过渡的2.5G。2G到3G的发展并不像1G到2G那样平滑顺畅，由于3G是个相当浩大的工程，要从2G直接迈向3G不可能一下就衔接得上，因此出现了介于2G和3G之间的衔接技术——2.5G。我们所熟知的HSCSD、WAP、EDGE、蓝牙（Bluetooth）、EPOC等技术都是2.5G技术。2.5G功能通常与GPRS技术有关，GPRS技术是在GSM的基础上的一种过渡技术。GPRS的推出标志着人们在GSM的发展史上迈出了意义最重大的一步，GPRS在移动用户和数据网络之间提供一种连接，给移动用户提供高速无线IP和X.25分组数据接入服务。较2G服务，2.5G无线技术可以提供更高的速率和更多的功能。

3G的发展。随着移动网络的发展，人们对于数据传输速度的要求日趋高涨，而2G网络十几KB每秒的传输速度显然不能满足人们的要求。于是高速数据传输的蜂窝移动通讯技术——3G应运而生。目前3G存在3种标准：CDMA2000、WCDMA、TD-SCDMA。其中的TD-SCDMA是我国提出的第三代移动通信标准，以我国知识产权为主的、被国际上广泛接受和认可的无线通信国际标准。是我国电信史上重要的里程碑。

4G的发展。作为3G的延伸，4G近几年被人们所熟知，2008年3月，在国际电信联盟——无线电通信部门（ITU-R）指定一组用于4G标准的要求，命名为IMT-Advanced规范，设置4G服务的峰值速度要求在高速移动的通信（如在火车和汽车上使用）达到100Mbit/s，固定或低速移动的通信（如行人和定点上网的用户）达到1Gbit/s。4G技术包括TD-LTE和FDD-LTE两种制式（严格意义上来讲，LTE只是3.9G，尽管被宣传为4G无线标准，但它其实并未被3GPP认可为国际电信联盟所描述的下一代无线通讯标准IMT-Advanced，因此在严格意义上其还未达到4G的标准）。相对于前几代，4G系统不支持传统的电路交换的电话业务，而是全互联网协议（IP）的通信。4G将为用户提供更快的速度并满足用户更多的需求。

5G 的发展。2013 年 2 月,欧盟宣布,将拨款 5000 万欧元,加快 5G 移动技术的发展,计划到 2020 年推出成熟的标准。2014 年 5 月 8 日,日本电信营运商 NTTDoCoMo 正式宣布将与 Ericsson、Nokia、Samsung 等六间厂商共同合作,开始测试 5G 网络。预计在 2015 年展开户外测试,并期望于 2020 年开始运作。

我国在推动 5G 进展方面也是不遗余力,早在 2015 年,马凯副总理就明确中国力争 2020 年 5G 商用;2017 年 8 月,国务院印发《关于进一步扩大和升级信息消费持续释放内需潜力的指导意见》,再次要求中国力争 2020 年启动 5G 商用。政策的大力支持,也离不开运营商的大力推进和落实,多家运营商表态也是越来越积极。按照行业统计,我国 5G 实验将分两步实施。

5G 试验分两步实施:

(1) 2015~2018 年为技术研发阶段,由中国信息通信研究院牵头组织,运营企业、设备企业及科研机构共同参与;

(2) 2018~2020 年为产品研发阶段,由国内运营企业牵头组织,设备企业及科研机构共同参与。

移动通信经过数十年的快速发展,各个时代的移动通信终端也发生了很大的变化,从图 5-13 中可以看出,手机变得越来越美观,功能也变得越来越强大。

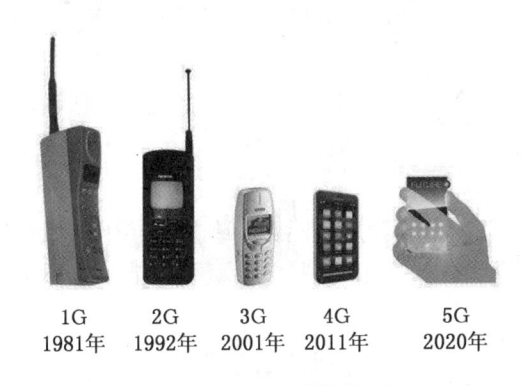

图 5-13 不同时代的手机

2. 融合通信

融合通信是以 IP 通信为基础,以 VoIP、视频通信、多媒体会议、协同办公以及即时通信等为核心业务能力的,无论用户在哪儿都可以接入到网络享有统一通信的各种服务;统一通信平台还可以使用户通过多样化的终端、以 IP 为核心的统一控制和承载网以及融合的业务平台实现各类通信的统一和用户体验的统一。统一通信能够适应不同行业甚至不同企业的通信需求,与企业的应用相结合,例如可以与 OA/CRM 系统、邮件和办公软件以及第三方应用的集成等。

最典型的融合通信的例子就是国家大力发展的三网融合。三网融合是指电信网、广播电视网、互联网在向宽带通信网、数字电视网、下一代互联网演进过程中,三大网络通过技术改造,其技术功能趋于一致,业务范围趋于相同,网络互联互通、资源共享,能为用户提供语音、数据和广播电视等多种服务。三网融合应用广泛,遍及智能交通、环境保护、政府工作、公共安全、平安家居等多个领域。以后的手机可以看电视、上网,电视可以打电话、上网,电脑也可以打电话、看电视。三者之间相互交叉,形成你中有我、我中有你的格局。如图 5-14 所示。

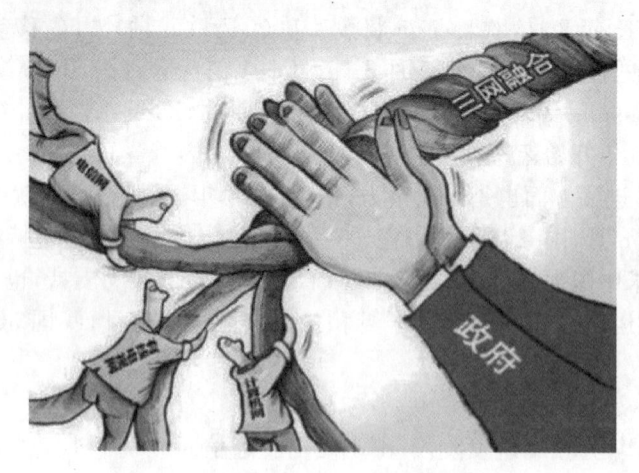

图 5—14 三网融合

三网融合具有以下的优点：
(1)信息服务将由单一业务转向文字、话音、数据、图像、视频等多媒体综合业务。
(2)有利于极大地减少基础建设投入,并简化网络管理、降低维护成本。
(3)将使网络从各自独立的专业网络向综合性网络转变,网络性能得以提升,资源利用水平进一步提高。
(4)三网融合是业务的整合,它不仅继承了原有的话音、数据和视频业务,而且通过网络的整合,衍生出了更加丰富的增值业务类型,如图文电视、VOIP、视频邮件和网络游戏等,极大地拓展了业务提供的范围。
(5)三网融合打破了电信运营商和广电运营商在视频传输领域长期的恶性竞争状态,各大运营商将在一口锅里抢饭吃,看电视、上网、打电话资费可能打包下调。

5.2 主要应用领域

通信技术和通信产业是 20 世纪 80 年代以来发展最快的领域之一。不论是在国际还是在国内都是如此。这是人类进入信息社会的重要标志之一。通信早已从最初简单的消息传递逐渐渗透到每个人的生活当中,可以说,今天的生活和通信技术的发展是密不可分的。本节主要介绍几个通信的主要应用领域。

5.2.1 海量通信的基础——光纤通信技术

光纤通信自问世以来,给整个通信领域带来了一场革命,它使高速率、大容量的通信成为可能。目前它已成为一种不可替代的、最主要的信息传输技术。未来光纤通信将是朝着光纤到户、全光网络的方向发展,最终会提供更多更好的信息服务。我国是一个通信的大国,光纤通信技术正朝着高速、超长距离、超大容量以及全光网的方向迅速发展。

1. 光纤技术发展历程

1966 年,美籍华人高锟博士和霍克哈姆发表论文,预见了低损耗的光纤能够应用于通信,敲开了光纤通信的大门。其中高锟也因为这一理论而获得 2009 年度的诺贝尔物理学奖。图 5—15 是年轻时期正在开展研究的高锟。

图5－15　年轻时期的高琨

1970年8月,美国康宁公司首次成功研制损耗为20dB/km的石英光纤。

1977年,美国芝加哥成功研制传输距离为7km、传输速率为44.736Mbit/s的光纤数字通信系统。

1979年,研制出多模长波光纤,衰减为1dB/km。

1986年,英国南普顿大学研制出掺铒光纤放大器(EDFA)。

1991年,朗讯公司研制出实用化的波分复用(WDM)系统。

1995年以后,国际上大容量的密集波分复用(DWDM)系统开始商用。

1998年,日本NEC公司在实验室实现了20Gbit/s的DWDM系统,距离为120km,可以传输4 000万路电话。

2001年,日本庆应大学研制出在校园网应用的塑料光纤。

21世纪初,北电、阿尔卡特和富士通的320Gbit/s系统和朗讯的400Gbit/s系统已经现场投入应用。

2. 我国光纤通信的发展趋势

我国从20世纪80年代开始发展光纤通信技术,目前已经成为了我国科技领域的重要研发方向,其技术设备水平在不断地进步中。结合信息科技领域的技术发展方向,对我国光纤通信的未来发展主要有以下几个方面:

(1)光网络智能化。作为信息技术的两大载体,计算机技术和通信技术对人们生活的影响十分重大,在提倡智能化的现代社会,实现光纤通信技术的智能化是科技工作者一直致力研发的方向。在通信技术中接入智能化载体的计算机技术,促使通信技术向智能化的方向进步。现代光网络系统在完成传输功能的同时,光网络智能化能够赋予其自动发现功能,连续控制功能和自我保护和恢复功能。未来,实现更高级高效的光网络智能化是光纤通信系统的重点研发防线之一。

(2)全光网络。光纤通信技术的最高发展阶段就是实现全光网络,这是光纤技术的最理想化实现形式。全光网络是光纤通信系统技术进步和革新的终极发展目标,未来的通信网络将会进入全光的阶段。

(3)光器件集成化。光器件集成化是光电子器件发展一直追求和实现的目标,将激光器、检测器、调制器等分散的芯片集成到一个芯片中,是实现光器件集成化的目标。光器件的集成化对全光网络的实现非常重要,是其核心技术之一。

3. 光纤技术特点

(1)信息传输容量大、质量高、速度快。与传统的铜芯同轴电缆相比,光纤传输的频带宽,可以提供宽频通信。所谓宽频通信有两个意义,第一是可以传输频带较宽的信号,第二是在一根导线内提供传输不同频带信号的多信道,目前一根光纤最多可提供3~16条信道,这样光纤宽频通信就大大地增加了通信容量。如图5—16所示。

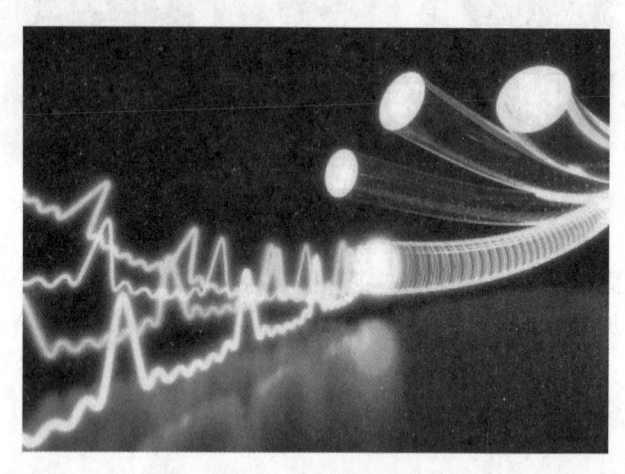

图5—16 光纤复用信号

(2)线路损耗低、抗干扰能力强、寿命长。光纤电缆传输抗干扰能力强,体积小,重量轻,保密性好,结构紧凑,线路损耗低。在实际使用中,通常把千百根光纤组合在一起并加以增强处理,制成像通常电缆一样的光纤缆,这样既提高了光纤的抗拉强度,又使光纤系统的通信容量大大增加。

(3)可以在同一条通路上进行双向传输。光纤传输是双向的,用户可以通过交互式信息网络系统与对方交流对话。光纤不仅可以在陆地上使用,而且已广泛用于海洋。跨越大西洋,北太平洋的海底光缆已投入使用,其他海底光缆也在敷设之中。这些越洋光缆几乎可把整个地球缠绕起来。

(4)材料费用低、价格便宜。光导纤维是由玻璃制成的,电线铜芯是铜制成的,铜自然比由砂子(石英)制成的玻璃贵。用光缆代替电缆,一千米可节约一吨铜的费用。

(5)易于安装、使用方便。光缆轻,体积小,因此易于施工,很容易装入密集的地下电缆管道,对于干、湿、冷和热等环境都较铜线有强得多的适应能力。在容量相同的情况下,光缆直径只有电缆的1‰到0.1‰,且安全性好,可靠性高,不易被窃听。

5.2.2 空间技术的基础——卫星通信技术

随着信息化时代的到来,全球个人移动通信和信息高速公路通信需求的迅速增长,要实现通信网的"无缝"覆盖,卫星通信是必不可少的通信手段。与传统的通信和传输方式相比,卫星通信在技术和成本上具有高可用性和高性价比的优势,它以其覆盖广、通信容量大、通信距离远、不受地理环境限制、质量优、经济效益高等优点,已成为信息化的主要支柱之一。

卫星通信是指利用人造地球卫星作为中继站转发无线电波,在两个或多个地球站之间进行的通信。它是微波通信和航天技术基础上发展起来的一门新兴的无线通信技术,所使用的无线电波频率为微波频段（300MHz～300GHz，即波段 1m～1min）。这种利用人造地球卫星在地球站之间进行通信的通信系统，称为卫星通信系统，而把用于现实通信目的的人造卫星称为通信卫星，其作用相当于离地面很高的中继站，因此，可以认为卫星通信是地面微波中继通信的继承和发展，是微波接力通向太空的延伸。卫星通信是空间通信的一种形式，它主要包括卫星固定通信、卫星移动通信和卫星直接广播三大领域。由于卫星通信具有覆盖面大、频带宽、容量大、适用于多种业务、性能稳定可靠、机动灵活、不受地理条件限制、成本与通信距离无关等优点。多年来，它在国际通信、国内通信、军事通信、移动通信和广播电视等领域得到了广泛应用。卫星通信示意图如图 5－17 所示。

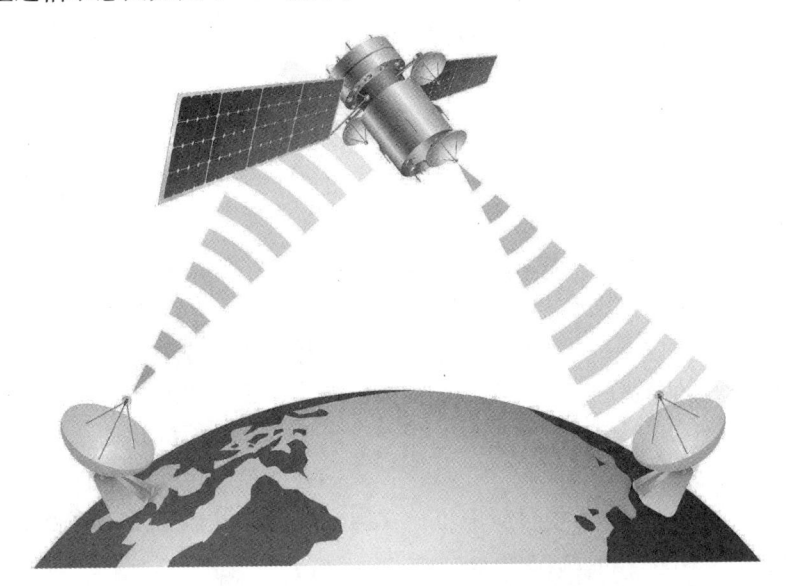

图 5－17　卫星通信

1. 国外卫星通信技术发展历程

1945 年 10 月，英国科学家阿瑟·克拉克发表文章，提出利用同步卫星进行全球无线电通信的科学设想。

1964 年 8 月美国发射的第三颗"新康姆"卫星定位于东经 155°的赤道上空，通过它成功地进行了电话、电视和传真的传输试验，并于同年用该卫星向美国转播了在日本东京举行的奥林匹克运动会实况。

1976 年，由 3 颗静止卫星构成的 MARISAT 系统成为第 1 个提供海事移动通信服务的卫星系统（舰载地球站 40W 发射功率，天线直径 1.2 米）。

1982 年，Inmarsat－A 成为第 1 个海事卫星移动电话系统。1988 年，Inmarsat－C 成为第 1 个陆地卫星移动数据通信系统。

1998 年，铱（Iridium）系统成为首个支持手持终端的全球低轨卫星移动通信系统。

2003 年以后，集成了卫星通信子系统的全球移动通信系统（UMTS/IMT－2000）。

2. 国内卫星通信技术发展历程

1970 年 4 月 24 日 21 时 35 分在甘肃酒泉东风靶场一举成功，由此开创了中国航天史的新纪元，使中国成为继苏、美、法、日之后世界上第五个独立研制并发射人造地球卫星的国家。卫星采用自旋稳定方式。电子乐音发生器是卫星的核心部分，它通过 20MHz 短波发射系统反复向地面播送"东方红"乐曲的前八小节。如图 5—18 所示。

图 5—18　东方红一号卫星

1984 年 4 月 8 日成功发射东方红二号卫星,开始了用我国自己的通信卫星进行卫星通信的历史。

东方红三号卫星由中国通信广播卫星公司经营,已于 1998 年初正式开始商业服务,主要用于电话、传真、数据传输、VSAT 网、电视等业务,服务对象遍布全国各地。

北斗导航试验卫星一号是我国自行研制的第一颗导航定位卫星——"北斗导航试验卫星",于 2000 年 10 月 31 日凌晨 0 时 02 分在西昌卫星发射中心发射升空,并准确进入预定轨道。第二发于 2000 年 12 月 21 日发射升空,第三发于 2003 年 5 月 25 日发射升空。后续每年都在完善北斗通信系统,截至 2016 年 3 月 30 日,中国在西昌卫星发射中心用长征三号甲运载火箭,成功发射了第二十二颗北斗导航卫星。我国已经基本建成覆盖全球的卫星导航系统。北斗卫星系统示意如图 5—19 所示。

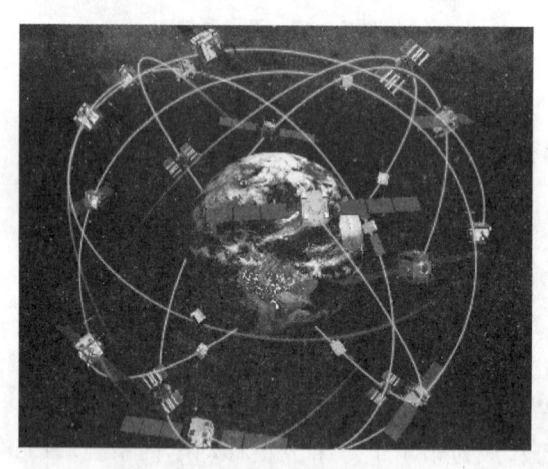

图 5—19　北斗卫星导航系统

北斗导航试验卫星是我国自行建立的第一代卫星导航定位系统。中国北斗卫星导航系统(BeiDou Navigation Satellite System,BDS)是中国自行研制的全球卫星导航系统。是继美国全球定位系统(GPS)、俄罗斯格洛纳斯卫星导航系统(GLONASS)之后第三个成熟的卫星导航系统。根据系统建设总体规划到 2020 年左右,建成覆盖全球的北斗卫星导航系统。

3. 卫星通信技术特点

与其他通信手段相比,卫星通信具有许多优点:

(1)电波覆盖面积大,通信距离远,可实现多址通信。在卫星波束覆盖区内一跳的通信距离最远为18000公里。覆盖区内的用户都可通过通信卫星实现多址联接,进行即时通信。多址通信如图5-20所示。

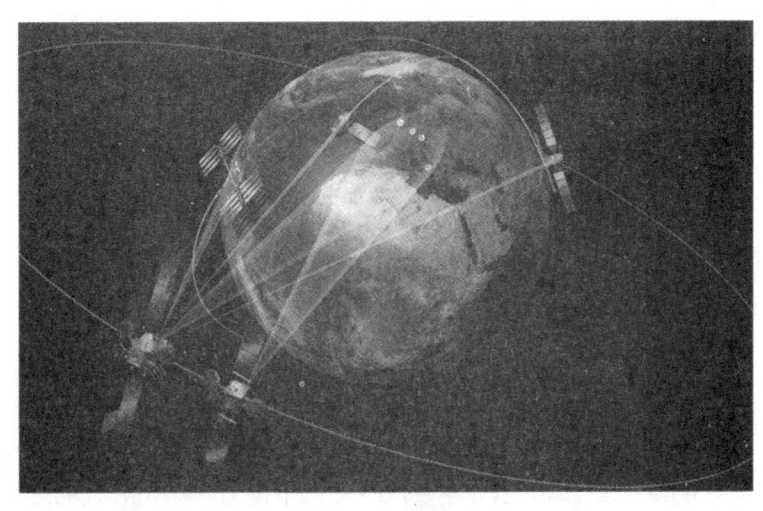

图5-20 卫星多址通信

(2)传输频带宽,通信容量大。卫星通信一般使用1~10千兆赫的微波波段,有很宽的频率范围,可在两点间提供几百、几千甚至上万条话路,提供每秒几十兆比特甚至每秒一百多兆比特的中高速数据通道,还可传输好几路电视。

(3)通信稳定性好、质量高。卫星链路大部分是在大气层以上的宇宙空间,属恒参信道,传输损耗小,电波传播稳定,不受通信两点间的各种自然环境和人为因素的影响,即便是在发生磁爆或核爆的情况下,也能维持正常通信。

当然卫星通信也存在不少缺点:

(1)传输时延大。在地球同步卫星通信系统中,通信站到同步卫星的距离最大可达40000km,电磁波以光速(3×10^8m/s)传输,这样,路经地球站→卫星→地球站(称为一个单跳)的传播时间约需0.27s。如果利用卫星通信打电话的话,由于两个站的用户都要经过卫星,因此,打电话者要听到对方的回答必须额外等待0.54s。

(2)回声效应。在卫星通信中,由于电波来回转播需0.54s,因此产生了讲话之后的"回声效应"。为了消除这一干扰,卫星电话通信系统中增加了一些设备,专门用于消除或抑制回声干扰。

(3)存在通信盲区。把地球同步卫星作为通信卫星时,由于地球两极附近区域"看不见"卫星,因此不能利用地球同步卫星实现对地球两极的通信,如图5-21所示。

尽管主要由于卫星通信的稳定性和安全性,使得卫星通信是军事通信的重要组成部分,一些发达国家和军事集团利用卫星通信系统完成的信息传递,约占其军事通信总量的80%。

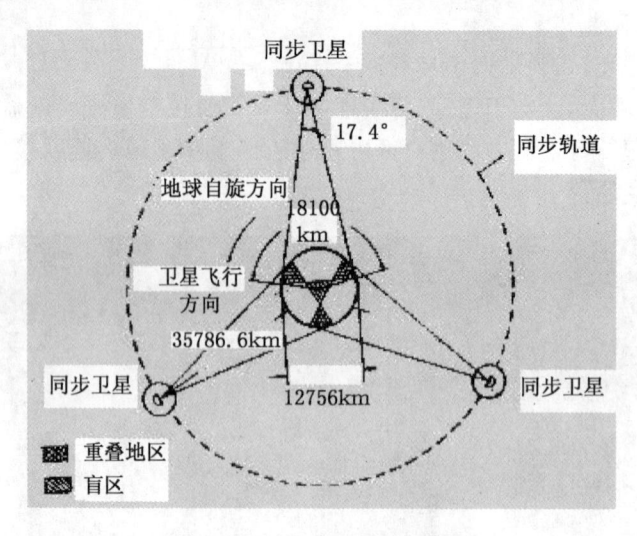

图 5-21 同步卫星两极盲区

5.2.3 短距通信的明星——无线局域网技术

在无线局域网 Wireless Local Area Networks(以下简写 WLAN)发明之前,人们要想通过网络进行联络和通信,必须先用物理线缆——铜绞线组建一个电子运行的通路,为了提高效率和速度,后来又发明了光纤。当网络发展到一定规模后,人们又发现,这种有线网络无论组建、拆装还是在原有基础上进行重新布局和改建,都非常困难,且成本和代价也非常高,于是 WLAN 的组网方式应运而生。

无线局域网的历史起源可以追溯到 50 年前,当时美军首先开始采用无线信号传输资料,并且采用相当高强度的加密技术。这项技术让许多学者得到了一些灵感,1971 年,夏威夷大学的研究员开创出了第一个基于封包式技术的被称作 ALOHNET 的无线电通讯网络,可以算是早期的无线局域网络(Wireless Local Area Network,WLAN)。这最早的 WLAN 包括了 7 台计算机,横跨四座夏威夷的岛屿。

1979 年,瑞士 IBM Ruesehlikon 实验室的 Gfeller,首先提出了无线局域网的概念,他采用红外线作为传输媒体,用以解决生产车间里的布线困难,避免大型机器的电磁干扰。但是由于传输速率小于 1 MB/s 而没有投入使用。

1980 年,加利福尼亚惠普实验室的 Ferrert,从事了一个真正意义上的无线局域网项目的研究。80 年代开始,无线局域网的迅速发展一方面为人们的工作和生活带来了极大的便利。

1. WLAN 技术应用场景

WLAN 的实现协议有很多,其中最为著名也是应用最为广泛的当属无线保真技术——Wi-Fi,它实际上提供了一种能够将各种终端都使用无线进行互联的技术。在实际应用中,WLAN 的接入方式很简单,以家庭 WLAN 为例,只需一个无线接入设备——路由器(如图 5-22 所示),一个具备无线功能的计算机或终端(手机或 PAD),没有无线功能的计算机只需外插一个无线网卡即可。

2. WLAN 技术的特点

(1)灵活性和移动性。在有线网络中,网络设备的安放位置受网络位置的限制,而无线局域网在无线信号覆盖区域内的任何一个位置都可以接入网络。无线局域网另一个最大的优点

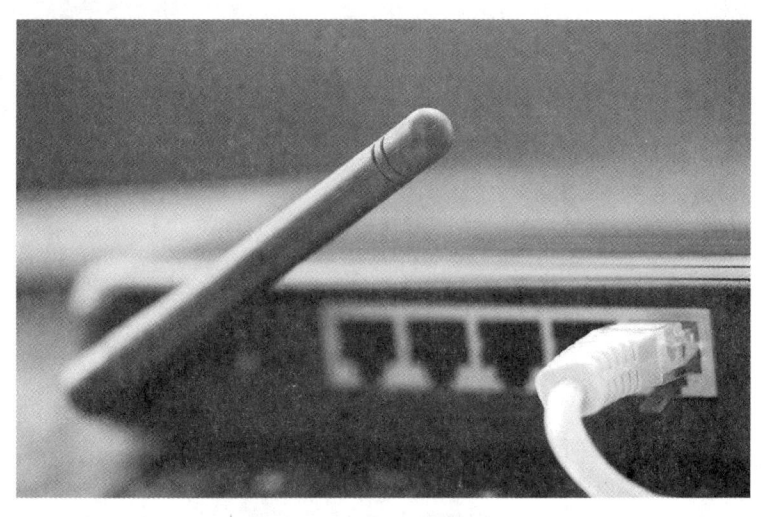

图 5—22　无线路由器

在于其移动性,连接到无线局域网的用户可以移动且能同时与网络保持连接。

(2)安装便捷。无线局域网可以免去或最大限度地减少网络布线的工作量,一般只要安装一个或多个接入点设备,就可建立覆盖整个区域的局域网络。

(3)易于进行网络规划和调整。对于有线网络来说,办公地点或网络拓扑的改变通常意味着重新建网。重新布线是一个昂贵、费时、浪费和琐碎的过程,无线局域网可以避免或减少以上情况的发生。

(4)故障定位容易。有线网络一旦出现物理故障,尤其是由于线路连接不良而造成的网络中断,往往很难查明,而且检修线路需要付出很大的代价。无线网络则很容易定位故障,只需更换故障设备即可恢复网络连接。

当然 WLAN 技术也存在一些不足之处:无线局域网在能够给网络用户带来便捷和实用的同时,也存在着一些缺陷。无线局域网的不足之处体现在以下几个方面:

(1)性能不足,无线局域网是依靠无线电波进行传输的。这些电波通过无线发射装置进行发射,而建筑物、车辆、树木和其他障碍物都可能阻碍电磁波的传输,所以会影响网络的性能。

(2)速率较低,无线信道的传输速率与有线信道相比要低得多。只适合于个人终端和小规模网络应用。

(3)安全性,本质上无线电波不要求建立物理的连接通道,无线信号是发散的。从理论上讲,很容易监听到无线电波广播范围内的任何信号,造成通信信息泄漏。

3. WLAN 的拓扑结构

WLAN 有两种主要的拓扑结构,即自组织网络(也就是对等网络,即人们常称的 Ad—Hoc 网络)和基础结构网络(Infrastructure Network)。

(1)自组织型 WLAN 是一种对等模型的网络,它的建立是为了满足暂时需求的服务。自组织网络是由一组有无线接口卡的无线终端,特别是移动电脑组成。这些无线终端以相同的工作组名、扩展服务集标识号(ESSID)和密码等对等的方式相互直连,在 WLAN 的覆盖范围之内,进行点对点,或点对多点之间的通信,自组织型拓扑结构如图 5—23 所示。

组建自组织网络不需要增添任何网络基础设施,仅需要移动节点及配置一种普通的协议。在这种拓扑结构中,不需要有中央控制器的协调。因此,自组织网络使用非集中式的 MAC 协

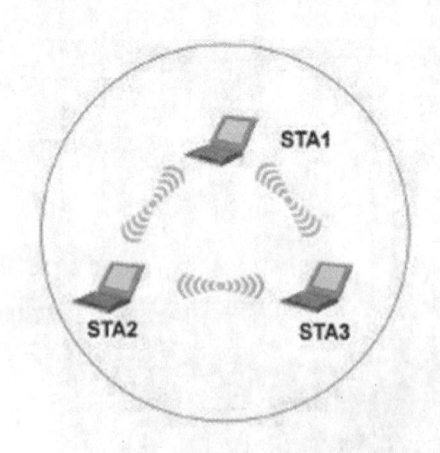

图 5-23 自组织型 WLAN 拓扑结构

议,例如 CSMA/CA。但由于该协议所有节点具有相同的功能性,因此实施复杂并且造价昂贵。

自组织 WLAN 另一个重要方面,在于它不能采用全连接的拓扑结构。原因是对于两个移动节点而言,某一个节点可能会暂时处于另一个节点传输范围以外,它接收不到另一个节点的传输信号,因此无法在这两个节点之间直接建立通信。

(2)基础结构型 WLAN 利用了高速的有线或无线骨干传输网络。在这种拓扑结构中,移动节点在接入点(AP)的协调下接入到无线信道,如图 5-24 所示。

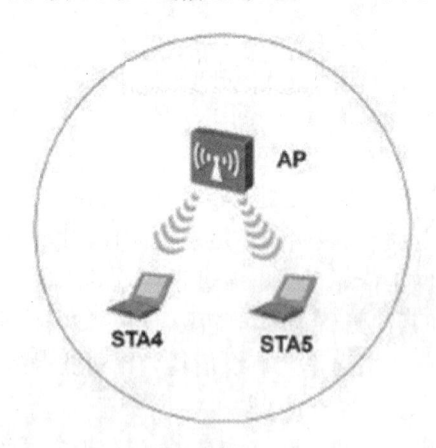

图 5-24 基础结构型 WLAN 拓扑结构

在基础结构无线网路中,存在许多接入点,其覆盖范围下的移动节点形成的蜂窝小区。基站在小区内可以实现全网覆盖。在目前的实际应用中,大部分无线 WLAN 都是基于基础结构网络。

习题精选

1. 什么是通信?
2. 列举一下我国古代在通信领域的主要成就。

3. 请简要说明一下什么是融合通信。
4. 卫星通信有哪些优缺点？
5. 请查阅资料简要说明一下光纤为什么能够传递信息？
6. 无线局域网技术具有哪些优点？
7. 结合自己的生活体会，说明一下未来5G移动通信将如何影响我们的生活。

第六章 物联网技术概述

本章介绍物联网技术的基础知识,包括物联网技术的发展历程以及未来的发展趋势、典型物联网的应用领域等内容。随着信息技术的发展,物联网技术已经渗透到每个人的日常生活的各个领域,给我们带来了非常好的用户体验,了解常见的物联网技术的基础知识,对于信息技术的理解和准确把握最新的技术发展有着非常重要的意义。

6.1 物联网发展历程

顾名思义,物联网(Internet of Things)就是物物相连的互联网。这有两层意思:其一,物联网的核心和基础仍然是互联网,是在互联网基础上的延伸和扩展的网络;其二,其用户端延伸和扩展到了任何物品与物品之间,进行信息交换和通信,也就是物物相息。物联网通过智能感知、识别技术与普适计算等通信感知技术,广泛应用于网络的融合中,也因此被称为继计算机、互联网之后世界信息产业发展的第三次浪潮。

6.1.1 物联网概念

1. 理念源自比尔·盖茨

物联网的理念最早出现于比尔·盖茨1995年《未来之路》一书。1999年,美国Auto-ID首先提出"物联网"的概念,即把所有物品通过射频识别等信息传感设备与互联网连接起来,实现智能化识别和管理。

2005年11月,国际电信联盟(ITU)发布了《ITU互联网报告2005:物联网》,报告指出,无所不在的"物联网"通信时代即将来临,世界上所有的物体从轮胎到牙刷、从房屋到纸巾都可以通过因特网主动进行交换,射频识别技术、传感器技术、纳米技术、职能嵌入技术将得到更加广泛的应用。2008年11月IBM提出"智慧地球"概念,即"互联网+物联网=智慧地球",以此作为经济振兴战略。

2009年8月,温家宝总理在无锡考察传感网产业发展时,明确指示要早一点谋划未来,早一点攻破核心技术,并且明确要求尽快建立中国的传感信息中心,或者叫"感知中国"中心。

2. 体系架构:感知层、网络层、应用层

现阶段,物联网是指在物理世界的实体中部署具有一定感知能力、计算能力和执行能力的各种信息传感设备,通过网络设施实现信息传输、协同和处理,从而实现广域或大范围的人与物、物与物之间信息交换需求的互联。

物联网的体系架构由感知层、网络层、应用层组成。感知层主要实现智能感知功能,包括信息采集、捕获和物体识别。网络层主要实现信息的传送和通信。应用层则主要包括各类应用,如监控服务、智能电网、工业监控、绿色农业、智能家居、环境监控、公共安全等,其体系架构如图 6-1 所示。

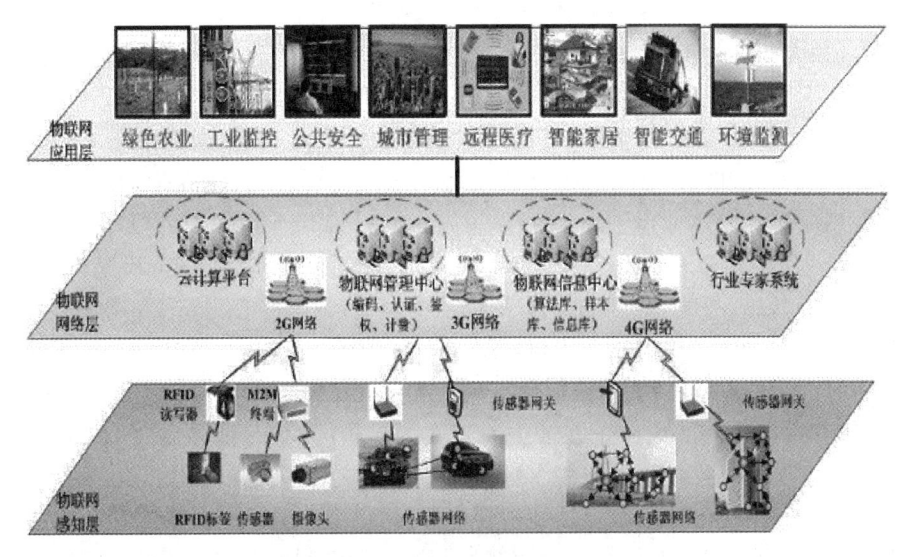

图 6-1 物联网体系架构

物联网的基本特征可概括为全面感知、可靠传送和智能处理。全面感知:利用射频识别二维码、传感器等感知、捕获、测量技术随时随地对物体进行信息采集和获取;可靠传送:通过将物体接入信息网络,依托各种通信网络,随时随地进行可靠的信息交互和共享;智能处理:利用各种智能计算技术,对海量的感知数据和信息进行分析并处理,实现智能化的决策和控制。

3. 物联网主要技术领域

物联网至少包括以下五个方面的技术领域:

(1)以 RFID 为代表的物品识别技术。物品识别技术是实现物联网的基础。RFID(Radio Frequency Identification,无线射频识别)是当前最被看好的物品识别技术。一个完整的 RFID 标签由 RFID 芯片、天线以及封装媒介所组合。RFID 标签技术将带动材料技术、芯片及封装技术、能源技术等产业的发展。

(2)传感与传动技术。物联网将实现人——物互动以及物——物互动,这就要求物体具备根据物理变化做出反应的能力。为赋予物体"智能"属性,传感与传动技术的应用将不可避免。传感与传动技术将带动的产业:传感与传动技术涉及领域极广,其技术需求将能够带动半导体、精密机械、电子元器件、光学、声学等多领域的进步。

(3)网络和通信技术。在物联网时代,由于所有物体都处于随时接受数据并传输数据的状态中,由此所产生的海量数据传输需求将不是现有网络技术所能应对,这将带动有线网络投资、无线网络升级、信息设备及软件、网络搜索等产业的发展。

(4)数据处理与存储。物联网时代所产生的数据量将是难以想象的庞大,将对数据处理与储存技术提出前所未有的挑战。数据处理及存储需求将带动包括"云计算"在内的计算机软硬件、半导体、电子元器件等产业的发展。

(5)以 3C 融合为代表的智能物体技术。3C 指的是计算机(Computer)、通讯(Communication)和消费类电子产品(Consumer Electrics)。现有人与物体的对话的应用主要体现在人与计算机之间的"人—机对话",在物联网时代,人与"物体"的对话将无处不在,3C 融合将得到进一步的发展和应用。3C融合可行的手段就是通过标准化的智能型无线技术（比如无线宽带），实现这些设备的无缝互连。智能物体的发展将是物联网对人类生活方式最直接的改进，其对电子产业产生巨大的推动作用，消费电子、家电、汽车等产业都将迎来巨大的需求。同时，对智能装置的研究将可能促使智能机器人得到大范围应用。

6.1.2 国外物联网发展现状

目前，物联网开发和应用仍处于起步阶段，发达国家和地区抓住机遇，出台政策进行战略布局，希望在新一轮信息产业重新洗牌中占领先机。日韩基于物联网的"U社会"战略、欧洲"物联网行动计划"及美国"智能电网"、"智慧地球"等计划相继实施；澳大利亚、新加坡等国也在加紧部署物联网发展战略，加快推进下一代网络基础设施的建设步伐。物联网成为"后危机"时代各国提升综合竞争力的重要手段。

1. 美国在物联网基础架构、关键技术领域已有领先优势

美国在物联网产业上的优势正在加强与扩大。国防部的"智能微尘"（SMART DUST）、国家科学基金会的"全球网络研究环境"（GENI）等项目提升了美国的创新能力；由美国主导的EPCglobal标准在RFID（射频识别）领域中呼声最高，典型的RFID标签如图6-2所示；德州仪器（TI）、英特尔、高通、IBM、微软在通信芯片及通信模块设计制造上全球领先；物联网已经开始在军事、工业、农业、环境监测、建筑、医疗、空间和海洋探索等领域投入应用。

图6-2 典型的RFID标签

2. 欧盟出台系列政策促进物联网技术研发和应用

欧盟将物联网技术（简称IOT）作为促进欧盟从工业社会向知识型社会转型的主要工具，致力于推动IOT在欧盟经济、社会、生活各领域的应用，提升欧盟在全球的数字竞争力。欧盟在RFID和物联网方面进行了大量研究应用，通过竞争和创新框架项目下的IOT政策支持项目推动并开展应用试点。2009年9月15日，欧盟发布《欧盟物联网战略研究路线图》，提出欧盟到2010年、2015年、2020年三阶段物联网研发路线图，并提出物联网在航空航天、汽车、医药、能源等18个主要应用领域和识别、数据处理、物联网架构等12个方面需要突破的关键技术。目前，除了进行大规模的研发外，作为欧盟经济刺激计划的一部分，欧盟物联网已经在智能汽车、智能建筑等领域进行应用。

3. 日本国家战略推动物联网发展

日本是世界上第一个提出"泛在"(源于拉丁语的 Ubiquitous,简称 U 网络,指无所不在的网络)战略的国家,2004 年日本政府在两期 E-Japan 战略目标均提前完成的基础上,提出了"U-Japan"战略,其战略目标是实现无论何时、何地、何物、何人都可受益于 IOT 的社会。物联网包含在泛在网的概念之中,并服务于 U-Japan 及后续的信息化战略。通过这些战略,日本开始推广物联网在电网、远程监测、智能家居、汽车联网和灾难应对等方面的应用,如图 6-3 所示。

图 6-3 日本物联网应用广泛

4. 韩国通过国家战略在物联网应用方面抢占先机

2004 年,韩国提出为期十年的 U-Korea 战略,目标是"在全球最优的泛在基础设施上,将韩国建设成全球第一个泛在社会"。2009 年 10 月 13 日,韩国通信委员会(KCC)通过了《基于 IP 的泛在传感器网基础设施构建基本规划》,将传感器网确定为新增长动力,据估算至 2013 年产业规模将达 50 万亿韩元。KCC 确立了到 2012 年"通过构建世界最先进的传感器网基础实施,打造未来广播通信融合领域超一流 IOT 强国"的目标。为实现这一目标,确定了构建基础设施、应用、技术研发、营造可扩散环境等四大领域、12 项课题。

6.1.3 我国物联网发展现状

1. 支持政策:国家战略性新兴产业

在无线传感领域的研究,中国早在 20 世纪 90 年代就已经开始,2004 年开始在军民两个领域展开标准化研究工作,2009 年以来开始积极推进产业化。2009 年 8 月 7 日,时任国务院总理温家宝视察中科院无锡微纳传感网工程技术研发中心,指示要迅速在无锡建立中国的"感知中国"中心。3 个月之后,在"让科技引领中国持续发展"讲话中,温家宝再次明确,物联网为五大重点扶持的新型科技领域之一。

目前,物联网已被列入国家战略性新兴产业规划,无锡则被列为国家重点扶持的物联网产业研究与示范中心。同时,上海、北京、浙江、广东、福建、山东、四川、重庆、黑龙江等地区纷纷出台物联网发展规划,三大运营商、广电、国家电网乃至产业链多家企业也已制定了物联网发展规划。部分城市物联网产业发展目标如图 6-4 所示:

2. 巨大的市场规模

2017 年 9 月 1 日中国经济信息社发布的《2016—2017 年中国物联网发展年度报告》中披

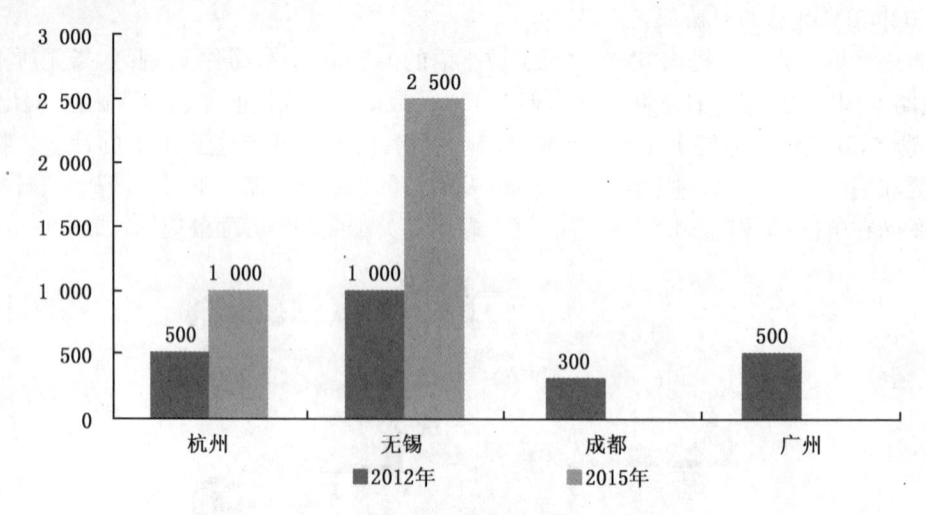

图 6-4 部分城市物联网产业发展目标

露,2016年我国物联网市场规模超过9000亿元,同比增速连续多年超过20%,并已初步建成涵盖传感芯片、网络、软件、应用服务在内的物联网产业体系,形成了环渤海、长三角、珠三角、中西部地区等四大区域的集聚发展的空间布局。预计到2017年末,将实现IOT网络覆盖直辖市、省会城市等主要城市。此外,物联网开源创新生态圈逐步成型,重点上市企业营收、盈利稳步增长。去年我国沪深板块重点36家物联网上市企业以及智慧医疗、智能家居、智慧交通三个细分领域重点上市企业营收总额达2775.40亿元,同比增长22.3%。预计到2020年,我国物联网产业规模将超过1.5万亿元,占据全球领先地位。

3. 业内巨头布局物联网市场

近一两年,国内互联网大佬百度、腾讯、京东、阿里纷纷着手布局物联网。阿里巴巴集团在北京公开推出了物联网整体战略——集合旗下阿里云、阿里智能、YunOS等事业群,联合打造面向物联网时代的服务平台,共同为企业和创业者赋能。百度的物联网布局还要早,前年百度公开宣布,将与ARM、MTK、科通芯城、TI、博通等产业领军战略合作伙伴一起,共同推动中国物联网产业的发展。事实上,布局物联网的科技巨头,除了阿里、华为、腾讯、百度等互联网大佬外,还有不少上市公司争相布局,积极拥抱物联网。

6.2 主要应用领域

物联网应用涉及国民经济和人类社会生活的方方面面,因此,"物联网"被称为是继计算机和互联网之后的第三次信息技术革命。信息时代,物联网无处不在。由于物联网具有实时性和交互性的特点,本节主要介绍几个物联网的主要应用领域。

6.2.1 零售行业物联网应用

国际零售商巨头沃尔玛商场在全球零售行业中享有的最大优势就是其配送系统效率最高。究其原因,无非是向科学技术积极要生产力,普遍采用射频识别技术标签(RFID)。同时,不断革新其持续快速补充货架的物流战略,不断引进和运用现代化供应链管理技术,货架持续保持令消费者近悦远来的足够商品数量、种类和质量,避免货物无故脱销和短缺,从而使沃尔玛在美国和世界各地的商场供应链的经济效益和服务效率大幅度提高,最终造就沃尔玛的今日辉煌。

1. 采用 RFID 技术成就最大优势

据美国托运人研究中心 2015 年底的一份研究报告指出,沃尔玛在其美国和世界各地的零售商场和配送中心普遍采用 RFID 标签技术以后,货物短缺和货架上的产品脱销发生率降低 16%,从而大幅度提高客户服务满意率。其实所谓 RFID 标签无非是在每一种,甚至每一件货物贴上技术含量远远超过条形码、并且信息独一无二的 RFID 标签。在货物进出通道口的时候,RFID 标签能够发出无线信号,把信息立即传递给无线射频机读器,传递到供应链经营管理部门的各个环节上。于是仓库、堆场、配送中心、甚至商场货架上的有关商品的存货动态一目了然。图 6−5 是沃尔玛常用的柔性 RFID 标签。

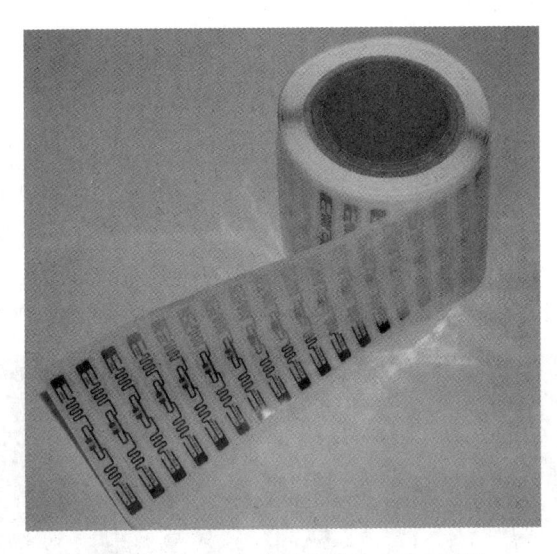

图 6−5 沃尔玛常用的柔性 RFID 标签

沃尔玛的这项 RFID 标签技术是在美国阿肯萨斯大学帮助下开发出来的,事实证明,在 RFID 标签技术和其他电子产品代码技术的大力支持下,避免了订货和货物发送的重复操作和遗漏,更不会出现产品或者商品供应链经营操作规程中的死角和黑箱。

仅仅在 2015 年,沃尔玛在原来的基础上又增加使用 5000 余万件 RFID 标签。RFID 技术标签的操作方式其实相当简便,只需要少数人管理,货物跟踪和存货搜索效率高得惊人,大幅度提高了存货管理水平,减少了库存和降低物流成本。沃尔玛商场的工作人员手持射频识别标签技术机读器,定时走进商场销售大厅或者货物仓库,用发射天线对着所有的货物一扫,各种货物的数量、存量等动态信息全部自动出现在机读器的荧光屏幕上,已经缺货和即将发生短缺的货物栏目会发出提示警告声光信号,无一漏缺。

令人佩服的是,分布在美国和世界各地的沃尔玛零售商场的 FRID 网络,可以通过卫星通讯网络技术实施全球一体化经营管理。也就是说,沃尔玛集团的各个零售商场,各家供货商、制造商、运输服务商和中间商等等的存货、销售和售后服务、金融管理等信息动态均被美国沃尔玛零售商总部全面掌握。

2. 智能补货自动下单

日前沃尔玛申请了一项物联网专利技术,能通过联网传感器系统来监控日用品的消耗。

这些传感器被附着在商品上,利用包括射频、内置蓝牙及条形码,来了解商品的使用情况,当产品用完或需要更换时,系统会自动重新订购。

具体而言,冰箱链接了沃尔玛的物联网系统后,当用户把食物放入到冰箱里时,系统会自动扫描食物上的标签,计算出食物种类、存储条件和保质期等。例如,用户把一瓶牛奶放入冰箱时,系统将记录牛奶的保鲜期,并在牛奶快过期时提醒用户尽快饮用或购买新牛奶。这一传感系统还能检测牙膏、洗衣粉等日常用品的使用情况,在所剩不多时自动购买新的。

通过收集消费者使用商品的信息,这个系统还能提供购买建议。如果你穿运动鞋很费鞋底,沃尔玛就会建议你购物鞋底更耐磨、售价更高的鞋款。一旦发现衣物的洗涤次数超过了制造商给出的使用期限,系统也会自动下单购买新的衣服。

6.2.2 食品行业物联网应用

"一袋粮"、"一颗菜"通过手机扫描包装上的二维码都可以知道这些食物来自哪里。如今,随着移动互联网的兴起,物联网技术开始普及。在食品行业中,基于物联网技术的食品溯源体系及技术也开始出现在消费者的日常生活中。

以粮食产品为例,由于我国的粮食有不同渠道、不同供应商,谷物的加工、处理以及设备信息也难于记录,造成了粮食的溯源困难。这几年国内不少食品加工企业通过无线射频技术和信息编码,对产品进行多平台的追溯,并通过软硬件的研发来显现多层次产品质量的追溯,是为了消费者买得放心,国家监管部门监管能够放心,食品溯源系统典型案例如图6—6所示。

图6—6 食品溯源系统

食品溯源系统关系着从种植养殖、生产、流通,以及销售和餐饮服务等多个环节,合格的溯源体系能够将食品的整个生产经营过程始终纳入有效监控中,从而有效处置不符合安全标准的食品,保证食品质量安全。

6.2.3 智能交通物联网应用

物联网早在21世纪初就被提出,近几年逐渐走进公众的视野,并渗透到日常生活的各个角落,应用在医疗、生产、管理、交通、教育等众多领域。汽车物联网,又称车联网,是物联网技术在交通与汽车领域的具体应用。利用先进的RFID传感技术、移动通讯技术,我们可以对道路和车辆进行全面、实时感知,并通过大数据与人工智能技术,完成智能化交通管理,真正连接车辆、道路设施与行人,形成协同智能交通体系。车联网可以优化道路资源配置,减少拥堵,全面提高道路安全,降低能源消耗及环境污染。

车联网是一个三层体系,分别是第一层的端系统,通过传感器采集信息;第二层的管系统,建立车、路、人之间的连接;第三层是云系统,负责将采集来的信息进行处理,生成指令,如图6-7所示。

图6-7　车联网组网模型

作为车联网体系的入口,传感器为智能交通系统提供了最实时的信息输入。目前,我国正积极建立道路传感网、电子监控及电子收费系统已实现大面积应用。无锡作为国家传感网创新示范区,是全国首批应用汽车电子标识的城市。无锡市区将完成10万枚汽车电子标识的安装和100处识读基站的建设工作,开展货车通行证管理、交通信息采集、非现场交通执法、停车门禁管理、公交信号优先控制等示范应用,全面测试评估汽车电子标识、读写设备和相关应用系统的稳定性、可靠性。车联网组网模型如图6-8所示。

图6-8　车联网组网模型

移动通讯技术是智能交通与车联网必不可少的组成部分,是连接道路设施、车辆与人的最根本技术。车联网和智能驾驶是未来交通产业新的增长点,而高速的5G通信技术是实现车联网的最主要技术。智能网联汽车串联了车与车、车与路、车与人以及车与网之间的连接,实现实时信息同步和共享,尽可能地避免交通事故。

6.2.4 智能家居物联网应用

来自国内外最新的数据显示,也许在不久的将来(2025年左右),物联网技术将无处不在,你很难再找到没有连接互联网的设备,哪怕是一个最普通的水壶。即便是今天,我们已经可以通过手机来操控电灯、空调甚至是汽车,这些智能家居正是利用了物联网技术以多样化的形式影响着我们的生活。在物联网与智能家居的综合应用上。随着信息技术的成熟和信息通信器材的价格走低,物联网将是智能家居产业发展过程中一个比较现实的突破口,物联网在智能家居中的应用已经得到长足的发展。物联网智能家居产品融合了自动化控制系统、计算机网络系统和信息通信技术于一体,将各种家庭设备通过智能家庭网络联网实现自动化,通过有线宽带和4G无线网络,实现对家庭设备的远程操控以及居家安防。物联网智能家居主要包括以下几个方面内容:

1. 家庭安防中心

家庭安防设备,如室内监控摄像头、红外报警探测器、烟雾探测器等,接入物联网之后,主人就可以在任何时刻任何地点了解家中的安全动态,也把设备托管给小区物业或者专业机构负责看管,大大提高了家庭财产的安全性。家庭安防中心典型示例如图6-9所示。

图6-9 家庭安防中心典型示例

2. 家庭数据中心

家庭里各类数据资料,如电影、音乐、游戏等,可以通过物联网,海量存储到网络数据服务器上,随时进行"云查看"。家庭云中心或将成为数字家庭环境的必需品,能和所有的IT产品无线关联,成为一个家庭彼此交互的工具,形成更大存储,更强显示,更多整合,更强的社会互联,成为家庭成员分享信息的重要中心。

3. 家庭娱乐中心

常用的家庭信息,如天气预报、咨询信息等可以通过连接入网的家庭终端设备及时了解到。娱乐的内容也是涵盖影视、音乐、游戏、通讯等众多应用,并且内容的来源需包含来自专业机构制作的、来自亲朋好友分享的、以及自己采集录制的三大部分,有的需付费,有的可分享,甚至还有的可以去收钱。

4. 家庭控制中心

家庭控制主机通过总线与各种类型的模块相连接,根据其内部的软件程序,向各种类型的模块发出各种指令。通过网络、电话、手机,无论你在哪,随时控制家里的设备,比如在办公室指挥家庭电器的操作运行，在下班回家途中，家里的饭菜已经煮熟，洗澡的热水已经烧好，个性化电视节目将会准点播放，家庭设施能够自动保修，冰箱里的食物能够自动补货……只有在连接家庭设备的同时，通过物联网与外部的服务连接起来，才能真正实现服务与设备互动。家庭控制中心典型示例如图6－10所示。

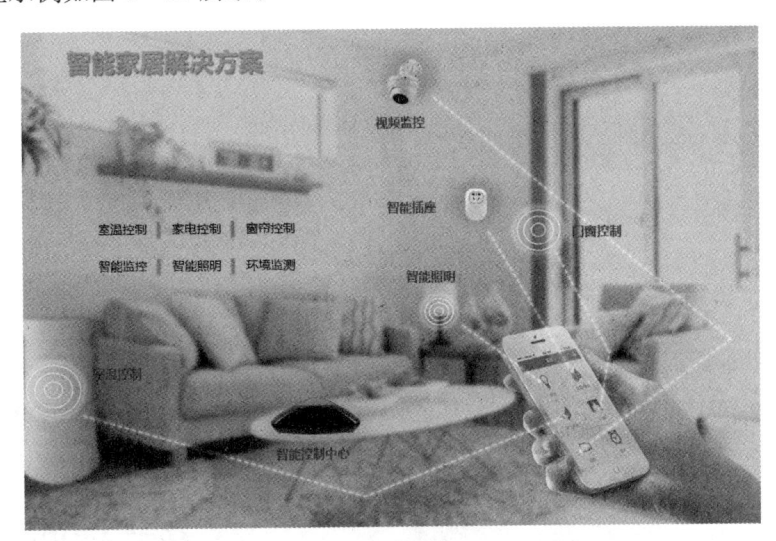

图6－10　家庭控制中心典型示例

针对未来物联网智能家居的发展趋势，有专家预测，物联网是继计算机、互联网与移动通信网之后的又一次信息产业浪潮，将发展成为一个上万亿元规模的高科技市场。物联网的发展将带来智能家居行业的技术革新。智能家居系统将向着高度智能化、高度灵活性和互操作性的方向发展，更具感知特性、更具智能化。

习题精选

1. 什么是物联网？
2. 物联网体系结构包括哪些层次？各层次的主要作用是什么？
3. 结合日常生活说明一下物联网技术能够用于哪些场合。
4. 请查阅资料简要说明一下电子标签的优点。
5. 物联网包含哪几个主要的技术领域？

第二篇

Office 办公软件

第七章 Word 文档排版

7.1 Word 2010 入门

Word 2010 是 Microsoft 公司开发的 Office 2010 办公组件之一,主要用于文字处理工作。适用于制作各种文档,如简历、公文、信函以及报刊等,并且可以在文档中插入图片、艺术字、表格等对象,从而编排出图、文、表并茂的文档。Word 2010 对以往版本做了一些改进。Microsoft Word 从 Word 2007 升级到 Word 2010,其最显著的变化就是使用"文件"按钮代替了 Word 2007 中的 Office 按钮,使用户更容易从 Word 2003 和 Word 2000 等旧版本中转移。另外,Word 2010 同样取消了传统的菜单操作方式,而代之以各种功能区。在 Word 2010 窗口上方看起来像菜单的名称其实是功能区的名称,当单击这些名称时并不会打开菜单,而是切换到与之相对应的功能区面板。利用功能区面板可以一目了然地掌握需要操作的信息,轻松上手。

7.1.1 启动和退出 Word 2010

1. 启动 Word 2010

在 Windows 中,启动 Word 2010 有多种方法,下面介绍几种常用的方法,用户可以根据个人习惯和实际需要选择其中的一种。

(1)"开始"菜单启动 Word 2010

单击 Windows 任务栏上的"开始"按钮,在弹出的"开始"菜单中,选择"所有程序"→"Microsoft Office"→"Microsoft Office Word 2010",即启动了 Word 2010。

(2)快捷方式启动 Word 2010

在桌面上创建 Microsoft Office Word 2010 的快捷方式,双击桌面上的快捷方式图标,即启动了 Word 2010。

(3)通过打开原有文档方式启动 Word 2010

双击任意一个已有的 Word 文档,双击某个 Word 文档,即启动了 Word 2010。

2. 退出 Word 2010

完成 Word 2010 编辑之后,应退出 Word 2010,退出 Word 2010 的方法有以下几种:

(1)单击 Word 2010 程序窗口右上角的"关闭"按钮。

(2)按【Alt+F4】键。

(3)双击 Word 2010 程序窗口左上角的"控制菜单"图标。

(4)选择"文件"→"关闭"命令。

图 7—1　开始菜单打开 Word 2010

图 7—2　桌面打开 Word 2010

图 7—3　从原有文档打开 Word 2010

图 7-4 关闭 Word 2010

(5)右击"标题栏"或"任务栏",在弹出的快捷菜单中选择"关闭"命令。

如果是没有保存过的文档,在退出时,屏幕上会弹出一个对话框,提示用户是否保存文档,如图 7-5 所示。

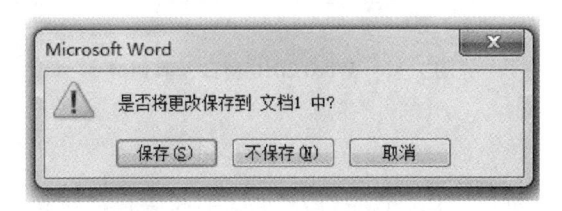

图 7-5 "是否保存修改"对话框

单击"保存"按钮,则保存该文档,并退出 Word 2010 程序;若单击"不保存"按钮,则不保存该文档而退出 Word 2010;若单击"取消"按钮,则取消退出操作,重新返回 Word 2010 编辑窗口。

3. Word 2010 窗口组成

Word 2010 界面包括了 9 个功能区,所谓"功能区"是水平区域,就像一条带子,启动 Word 2010 后分布在文档的顶部。您工作所需的命名将分组在一起,且位于选项卡中,如"开始"和"插入"。您可以通过单击选项卡来切换显示的命令集,如图 7-6 所示:

各个功能区的主要功能如下:

(1)标题栏:显示正在编辑的文档的文件名以及所使用的软件名。

(2)"文件"选项卡:基本命令(如"新建"、"打开"、"关闭"、"另存为…"和"打印"位于此处。

(3)快速访问工具栏:常用命令位于此处,例如"保存"和"撤销"。您也可以添加个人常用命令。

(4)功能区:工作时需要用到的命令位于此处。它与其他软件中的"菜单"或"工具栏"相同。

(5)"编辑"窗口:显示正在编辑的文档。

(6)"显示"按钮:可用于更改正在编辑的文档的显示模式以符合您的要求。

(7)滚动条:可用于更改正在编辑的文档的显示位置。

(8)缩放滑块:可用于更改正在编辑的文档的显示比例设置。

(9)状态栏:显示正在编辑的文档的相关信息。

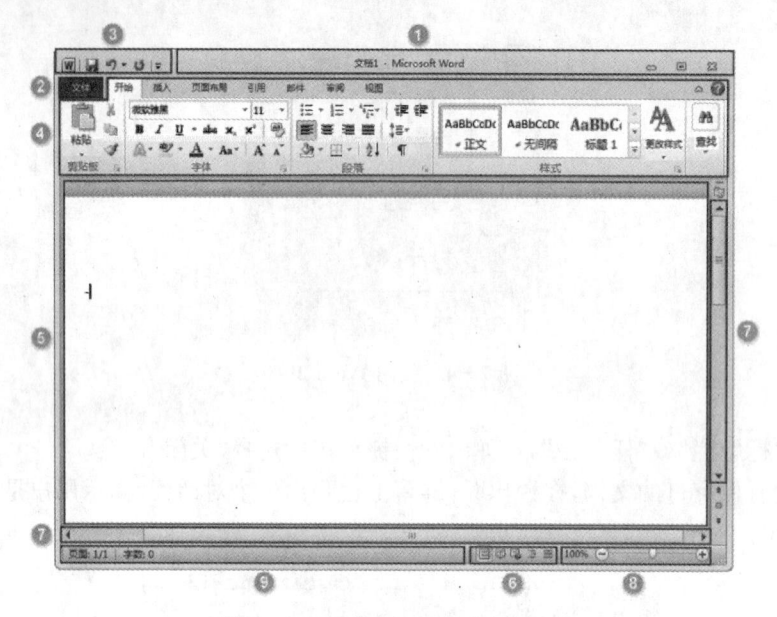

图 7-6　Word 2010 窗口及其组成

7.1.2　创建文档

启动 Word 2010 后,如果没有要指定打开的文档,将会自动建立一个名为"文档 1"的新文档。此时,可以在插入点处进行文字的输入与内容的编辑。

有时还需要同时创建和编辑多个文档,这时可以用以下方法来创建新文档。

启动 Word 2010 时,已经自动新建了一个空白文档。如果还要新建其他的文档,则依次点击"文件"选项卡→"新建"→"空白文档"→"创建"。如图 7-7 所示:

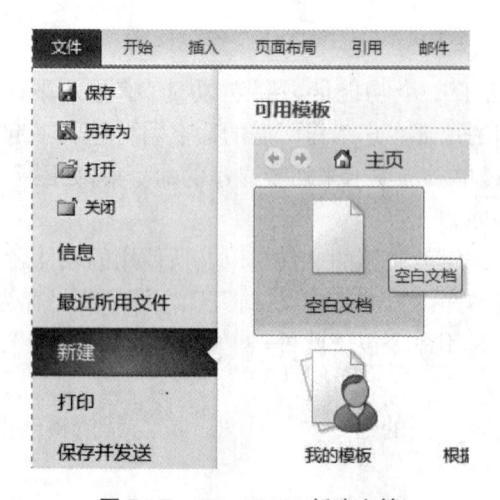

图 7-7　Word 2010 新建文档

按组合键【Ctrl+N】,即以默认模板创建一个空白的新文档。

7.1.3　输入文本

创建了"空白文档"之后,即可在编辑区输入文本。

1. 输入汉字

Windows 提供了多种中文输入法,当然,用户也可以根据需要安装其他的中文输入法,推荐安装搜狗拼音输入法和百度输入法。用户可以根据自己的喜好和习惯选择其中一种中文输入法进行文字的输入。可以使用快捷键【Ctrl】+【Shift】在不同的输入法之间切换。

2. 输入符号

(1)使用 PC 键盘输入常见的中文标点符号

当切换为中文输入法时,可直接用 PC 键盘输入常见的中文标点符号。例如,搜狗拼音输入法中逗号对应【,】键,句号对应【.】键,顿号对应【\】键,在这里要注意全角字符和半角字符的区别。

(2)使用中文输入法软键盘输入符号

右击输入法状态框上的"软键盘"按钮,弹出"软键盘"菜单,如图 7-8 所示。当软键盘被激活后,键盘上的符号就转换为软键盘上对应的符号,用户也可以单击软键盘上的按钮来输入符号,单击输入法状态框上的"软键盘"按钮,即可隐藏/显示软键盘。

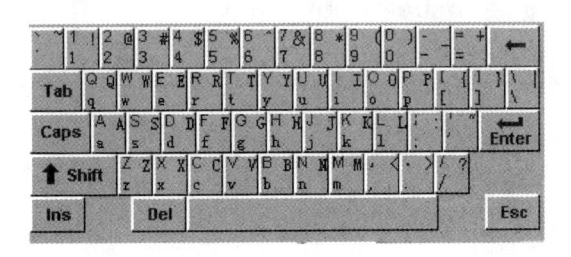

图 7-8 软键盘

(3)使用"插入"菜单输入符号

在编辑文档的过程中,有时需要输入一些特殊符号,例如,数学符号、图形符号等,这时就需要使用"插入"选项卡下的"符号"命令来实现。具体操作步骤如下:

①选择"插入"选项卡→"符号"组中的"符号"命令设置,如图 7-9 所示。

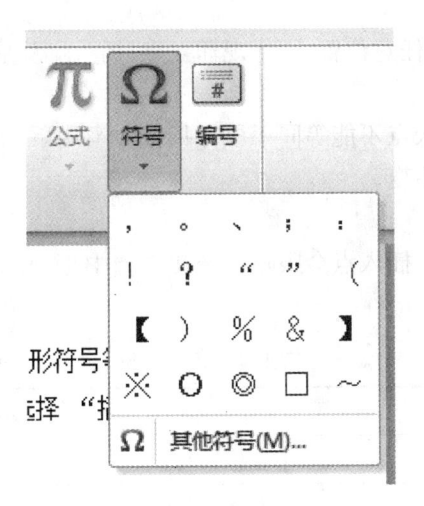

图 7-9 "符号"对话框

②在"符号"选项卡中,选择要插入的符号按钮,快速插入近期使用过的符号。所选符号即

插入在文档插入点位置。

③也可点击"其他符号",找到其他的符号,如图 7—10 所示。

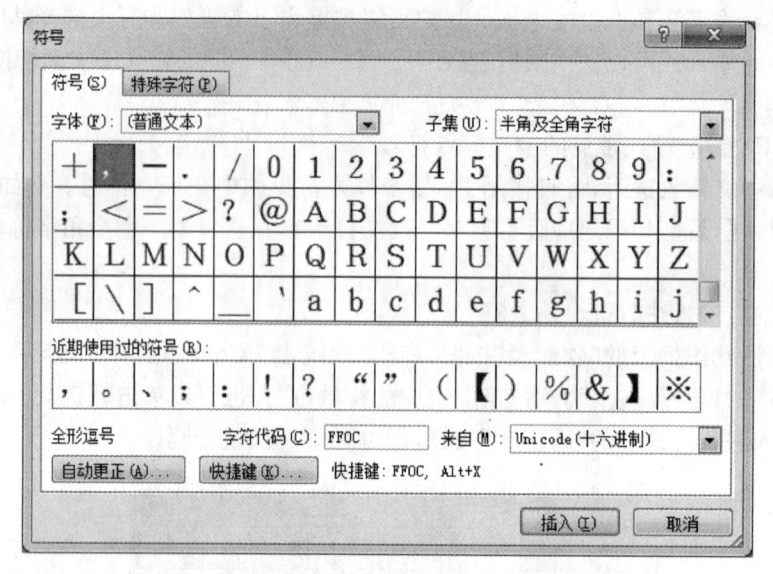

图 7—10 "插入其他符号"对话框

7.1.4 编辑文本

1. 插入点

文档窗口内有一个闪烁的"I"形标记被称为插入点,输入文本时,即从插入点开始,插入点所在处即为输入的文本将出现的位置。Word 2010 支持"即点即输"功能,用户在编辑区任意处单击鼠标左键,即可在此处插入文本。

若要移动插入点,可以通过鼠标和键盘实现。

(1)用鼠标移动插入点

鼠标单击编辑区文本的任意位置,即出现插入点,插入点总是位于两个字符(包括汉字)之间。

需要注意的一点是,插入点不能等同于鼠标指针。当用鼠标移动滚动条查看不同页面的文档内容时,插入点的位置不变。

(2)用键盘移动插入点

利用键盘移动插入点时,插入点会跟随按键在文档中移动。常见的插入点移动键及其功能如表 7—1 所示。

表 7—1　　　　　　　　　　常用插入点移动键

按　键	移动插入点
←	左移一个字符或汉字
→	右移一个字符或汉字
↑	上移一行
↓	下移一行

续表

按 键	移动插入点
PgUp	上移一屏
PgDn	下移一屏
Home	移至当前行首
End	移至当前行尾
Ctrl＋Home	移至文档开头
Ctrl＋End	移至文档结尾
Shift＋F5	返回前一次编辑位置

2. 插入与改写文本

（1）插入文本

Word 2010 默认的输入方式是插入方式，在插入状态下输入文本，插入点后面的文本会自动向右移，即输入的文本在插入点的前面。

（2）改写文本

Word 2010 另一种输入方式是改写方式，在改写状态下，插入点后面的文本将被新输入的文本所覆盖。

在 Word 2010 窗口底部的状态栏中，有一个"改写"按钮，可以在插入方式和改写方式之间切换。当"改写"按钮呈灰色状态时为插入方式，呈黑色时为改写方式。另外，也可以利用键盘进行两种方式的切换，按小键盘上的【Insert】键为改写方式，再按一下又回到"插入"方式，如图 7-11 所示。

图 7-11 改写文本

3. 删除文本

如果文字输错了，可以直接利用【Backspace】键或【Delete】键进行删除。【Backspace】键删除插入点之前的一个字符，【Delete】键删除插入点之后的一个字符。

另外，如果要删除大量文本，可先将要删除的文本选定，然后按【Backspace】键或【Delete】键将其删除；或单击右键，再单击快捷菜单中的"剪切"命令；或直接输入新的内容覆盖原有内容；或单击"常用工具栏"中的"剪切"按钮。

4. 移动与复制文本

对于文档中短距离的移动或复制文本，可以采用鼠标左键直接拖放法。

对于跨文档、跨屏幕的移动或复制文本，应先将所要移动或复制的文本复制到剪贴板中，然后用"粘贴"命令将文本粘贴到目标处。具体步骤如下：

（1）选定要移动或复制的文本。

（2）若要移动文本，应先将文本剪切到剪贴板上，可使用以下四种方法中的任意一种。

单击常用工具栏上的 剪切 按钮。

按下快捷键【Ctrl＋X】。

右击选定的文本,在弹出的快捷菜单中选择"剪切"命令。

(3)若要复制文本,应先将文本复制到剪贴板上,可使用以下四种方法中的任意一种。

单击常用工具栏上的 复制 按钮。

按下快捷键【Ctrl+C】。

右击选定的文本,在弹出的快捷菜单中选择"复制"命令。

(4)将插入点置于目标位置,目标位置可以在本文档中,也可以在其他文档中。

(5)将剪贴板上的内容粘贴到目标位置,可使用以下四种方法中的任意一种。

单击常用工具栏上的 粘贴 按钮。

按下快捷键【Ctrl+V】。

右击选定的文本,在弹出的快捷菜单中选择"粘贴"命令。

5. 选取文本

选取文本的目的是为了对它进行复制、剪切、删除、移动、格式化等操作。

(1)鼠标拖动选取

在要选定文字的开始位置按住鼠标左键拖动到结束位置时松开,或者按住【Shift】键,在要选定文字的结束位置单击,这样也可以选中文字。这种方法对于选取连续的字、句、行、段都适用。

(2)一行的选取

将鼠标指针移到该行左侧选择条内,当鼠标变成一个斜向右上方的箭头,然后单击,就可以选中一行。

(3)连续多行的选取

将鼠标指针移到该行左侧选择条内,当鼠标变成一个斜向右上方的箭头,然后向上或向下拖动,可选中连续的多行。

若配合【Shift】键,同样可以选取多行。

(4)句的选取

按住【Ctrl】键,单击文档中的任一地方,鼠标单击处的整个句子就被选取。

若要选中多句,先按住【Ctrl】键,在第一个要选中的句子的任意位置按下左键,然后拖动鼠标到最后一个句子的任意位置松开左键,就选中了多句。

(5)段的选取

将鼠标指针移到该行左侧选择条内,当鼠标变成一个斜向右上方的箭头,双击可以选定一段。

在一段中的任意位置三击鼠标左键,也可以选定整个段落。

(6)多段的选取

将鼠标指针移到该行左侧选择条内,当鼠标变成一个斜向右上方的箭头,双击并拖动至终止段,可实现多段的选取。

(7)矩形选取

按住【Alt】键,在要选取的开始位置按下左键,然后拖动鼠标就可以拉出一个矩形区域。

同时按住【Alt+Shift】键,然后按住鼠标左键拖动,就可以调整所选定的矩形区域的大小。

(8)全文选取

选取全文可使用以下 3 种方法的任意一种：

将鼠标指针移到该行左侧选择条内，当鼠标变成一个斜向右上方的箭头，三击鼠标左键，可以选定整个文档。

先按住【Ctrl】键，然后将鼠标指针移到该行左侧选择条内，当鼠标变成一个斜向右上方的箭头，单击即选定整个文档。

按快捷键【Ctrl+A】。

6. 撤销与恢复

撤销与恢复是相对应的操作，撤销是取消上一步的操作，而恢复就是把撤销操作再重复回来。若有时不小心误删了某些文字，可以利用"撤销"命令，就可以恢复出之前的文字。

在"快速启动工具栏"上，单击"撤销"和"恢复"这两个按钮来实现。

如果要撤销多次操作，可单击"撤销"按钮旁边的下拉按钮，即弹出下拉列表框，列表框中列出了目前能撤销的所有操作，用户可从中选择多步操作来撤销。

7.1.5 查找和替换文本

1. 查找

使用"查找"命令可以帮助用户在文档中找到指定的内容及所在位置，还可以判定文档中是否存在指定的内容。使用查找命令的步骤如下：

(1) 打开"查找和替换"对话框

用户可以通过以下三种方法中的一种打开对话框，对话框如图 7-12 所示。

选择"开始"选项卡→"编辑"组中的按钮。

按快捷键【Ctrl+F】。

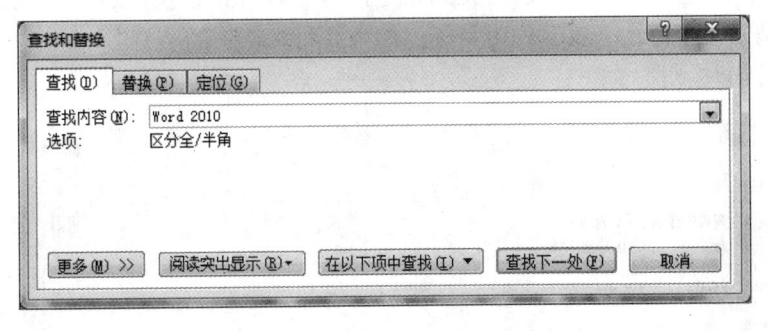

图 7-12　"查找和替换"对话框

(2) 常规查找

在"查找内容"文本框中输入要查找的字符串。

单击"查找下一处"按钮，则在文档中查找指定的字符串，找到的目标字符串呈反白显示。如果要继续查找下一个字符串，则再次单击"查找下一处"按钮。如果不想继续查找，可单击"取消"按钮，则关闭"查找和替换"对话框。

(3) 高级查找

在"查找和替换"对话框中，单击"更多"按钮，常规"查找和替换"对话框就展开为高级"查找和替换"对话框，如图 7-13 所示。

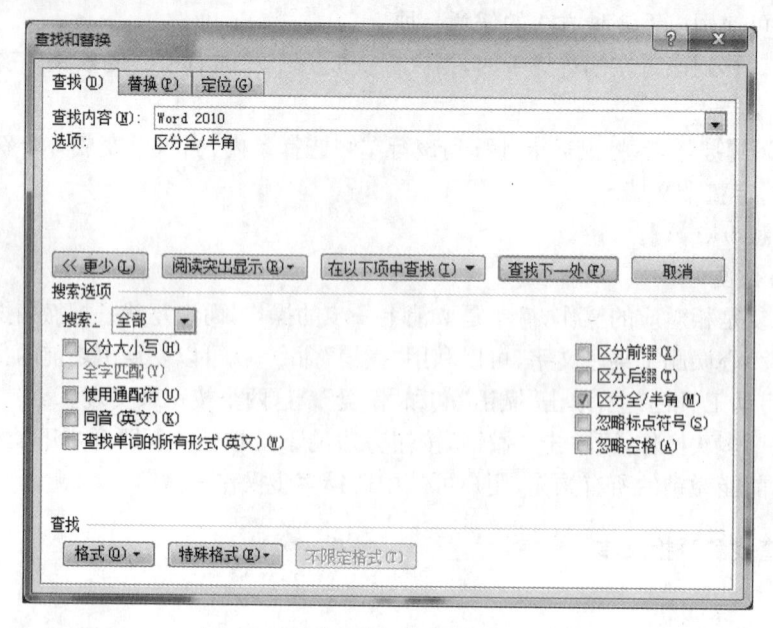

图 7-13　高级"查找和替换"对话框

2. 替换

选择"开始"选项卡→"编辑"组中的 替换 按钮；或者按快捷键【Ctrl+H】；都可以打开"查找和替换"对话框，如图 7-14 所示。

在"查找内容"文本框中输入查找内容，例如"计算机"。在替换为文本框中输入替换内容，例如"通信"。单击"查找下一处"按钮，找到指定内容后，单击"替换"按钮，查找到的"计算机"即替换成"通信"，接着继续查找下一个目标。如果要将文档中的所有"计算机"替换成"通信"，可单击"全部替换"按钮。

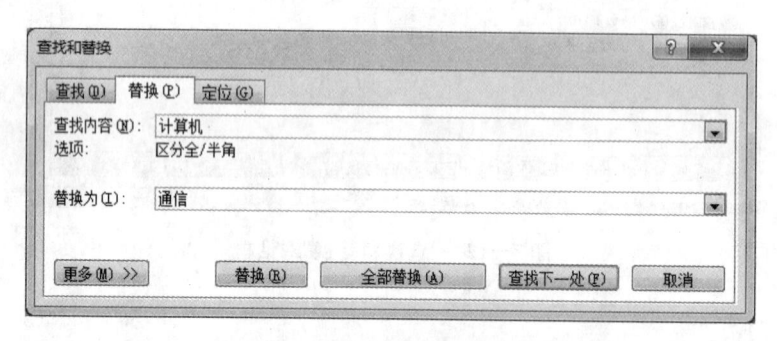

图 7-14　"替换"选项卡

7.1.6　文档的保存

保存文档的步骤如下：

(1)单击"快速访问工具栏"中的"保存"按钮 ，或者选择"文件"菜单中的"保存"命令，或者按快捷键【Ctrl+S】，都可打开"另存为"对话框。

(2)在"保存位置"列表框中，选择文档要保存的文件夹与磁盘。

(3)在"文件名"列表框中,对文档的名称进行输入。
(4)在"保存类型"列表框中,选择保存文档的类型。Word 默认的文档类型是(＊.docx)。
(5)确认文档保存的位置、类型和名称后,单击"保存"按钮。

7.2 文档的编排

编排文档的目的是为了美化文档。文档的编排包括三个方面:字符格式编排(又叫字符格式化)、段落格式编排(段落格式化)、页面编排。

7.2.1 设置字符的格式

字符格式化的内容包括设置字符的字体、字形、大小、颜色、间距、效果等。在 Word 2010 中主要通过三种方法实现字符格式化。

1. 使用"浮动工具栏"快速设置字符

浮动工具栏是 Word 2010 中一项极具人性化的功能,当 Word 2010 文档中的文字处于选中状态时,如果用户将鼠标指针移到被选中文字的右侧位置,将会出现一个半透明状态的浮动工具栏,如图 7-15 所示。该工具栏中包含了常用的设置文字格式的命令,如设置字体、字号、颜色、居中对齐等命令。将鼠标指针移动到浮动工具栏上将使这些命令完全显示,进而可以方便地设置文字格式,如果不需要在 Word 2010 文档窗口中显示浮动工具栏,可以在"Word 选项"对话框中将其关闭。

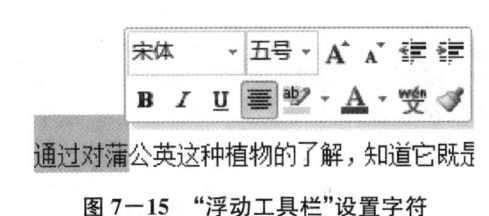

图 7-15 "浮动工具栏"设置字符

2. 使用"字体"对话框

"浮动工具栏"只能对字符作一般的格式化,若要对字符进行更复杂的格式化,则需要用到"字体"对话框。

打开"字体"对话框可以通过以下两种方法:

选择"开始"选项卡→在"字体"下拉列表框中设置字体和字号。如图 7-16 所示。

右键单击文档任意处,在弹出的快捷菜单中单击"字体"命令,即打开"字体"对话框,如图 7-17 所示。"字体"对话框包括"字体"、"高级"2 个选项卡。

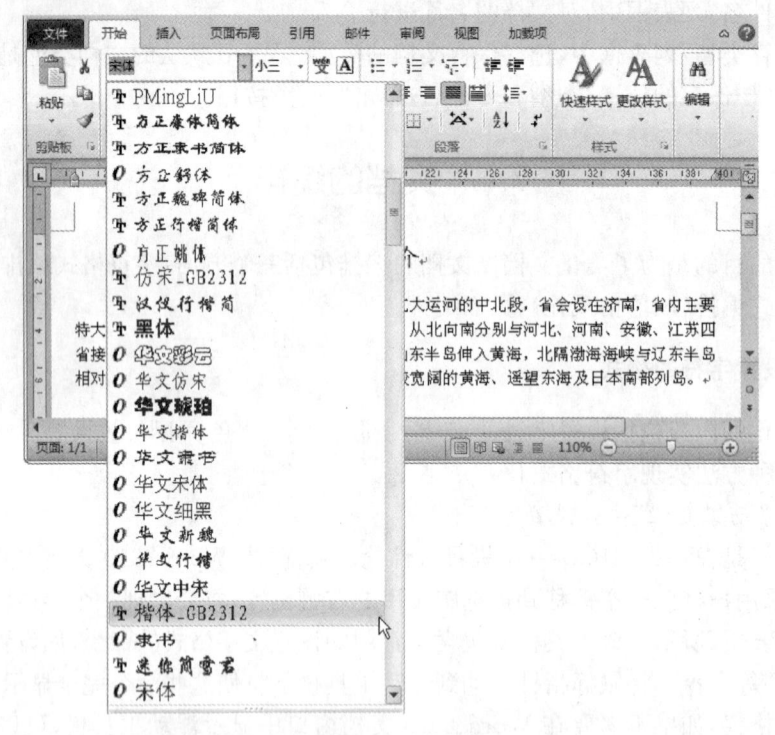

图7—16 "字体"对话框

图7—17 "字体"对话框

7.2.2 设置段落格式

在 Word 2010 中,用【Enter】键表示一个自然段的结束,每一个自然段末尾用一个段落标记符来表示段落的结束。段落标记符中包含了该段中所有的格式化信息,复制段落标记符就相当于把该段的段落格式应用到其他段落。

有关设置段落格式化的选项都在"段落"对话框中,打开"段落"对话框可以通过以下两种方法:

选择"开始"选项卡→"段落"选项组中的 。

右键单击文档任意处,在弹出的快捷菜单中单击"段落"命令,即打开"段落"对话框。其中包括"缩进和间距"、"换行和分页"、"中文版式"三个选项卡,如图 7-18 所示。

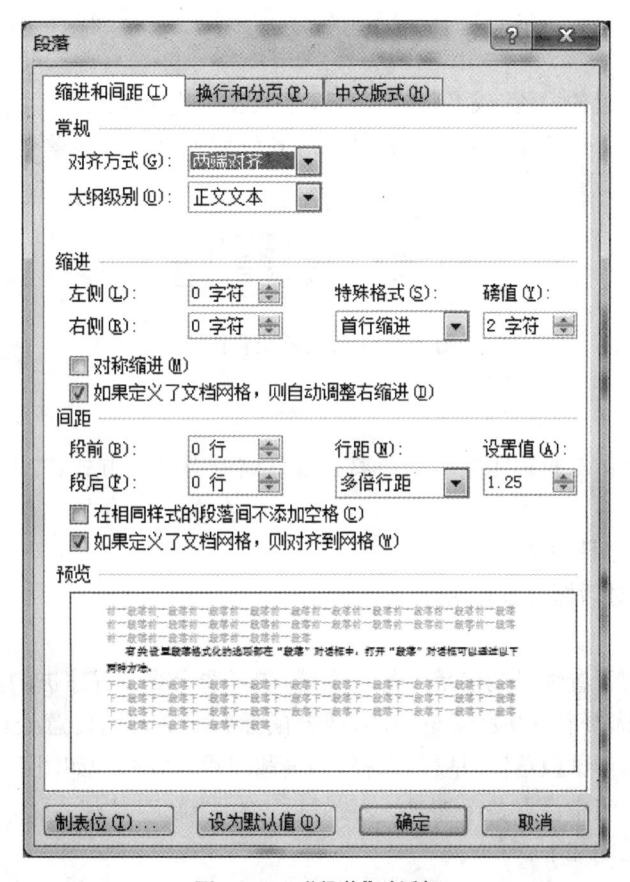

图 7-18 "段落"对话框

1. 段落对齐
(1) 段落对齐的方式
段落对齐有 5 种方式:
① 左对齐:是让文本左侧对齐,右侧不考虑。
② 右对齐:是让文本右侧对齐,左侧不考虑。
③ 居中对齐:让文本或段落靠中间对齐。通常应用于标题行。
④ 两端对齐:除段落最后一行外的其他行每行的文字都是平均分布位置,也是 Word 2010

默认的方式。

⑤分散对齐:让文本在一行内靠两侧进行对齐,字与字之间会拉开一定的距离(距离大小视文字多少而定)。

需要注意的是:左对齐是将文字段落的左边边缘对齐;两端对齐是将文字段落的左右两端的边缘都对齐;这两种对齐方式的左边都是对齐的,而一般来说,如果段末最后一行字数太少,那么最后一行"两端对齐"的效果与"左对齐"的效果一样;又由于我们的阅读习惯基本上都是从左到右,不注意则看不出其中差别,因此,人们就会觉得"左对齐"与"两端对齐"的效果一样。其实呢,两者之间是有区别的,"两端对齐"的段落的右边也是对齐的,而"左对齐"的右边一般情况下不会对齐。我们常常会遇到文章各行的文字(字符)数不相等的情况,这时采用"左对齐"的方式,就会出现每行行尾不整齐的情况,而采用"两端对齐"的方式,就会把超出的行压缩、减少的行拉伸,使整个段落各行右端也对齐(末行除外),这样的文章看上去就比较美观些。

(2)操作方法

①首先选定要设置的段落,或者将插入点置于该段落的任意位置。

②然后点击如图7—19中的其中一种进行对齐设置就可以对段落进行对齐操作,十分方便。

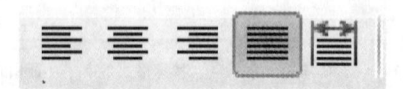

图7—19 段落格式化按钮

2. 段落缩进

段落缩进指定文本与页边距之间的距离。段落缩进有四种方式:左缩进、右缩进、首行缩进、悬挂缩进。

设置段落缩进有两种方法:

(1)使用"段落"对话框设置段落缩进

操作步骤如下:

①插入点置于要设置缩进的段落中的任意处,或者选定要设置缩进的段落。

②选择"开始"选项卡→"段落"组中的,或者鼠标右击文档的任意处,在弹出的快捷菜单中选择"段落"命令,打开"段落"对话框,选择"缩进和间距"选项卡,如图7—20所示。

③在"缩进"选项组中设置各个缩进,设置好后,单击"确定"按钮。

各缩进标记的功能如下:

首行缩进可以设置段落首行第一个字的位置,在中文文档中一般段落首行缩进两个字符。

悬挂缩进可以设置段落中除第一行以外的其他行左边的起始位置。

左缩进可以调整整个段落的左边起始位置。

右缩进和左缩进是相对的,拖动它可以调整整个段落的右边起始位置。

(2)使用水平标尺设置段落缩进

水平标尺如图7—21所示,图中的数字表示字符数。

使用水平标尺调整段落缩进的方法如下:

①将插入点置于要设置缩进的段落中的任意处,或者选定要设置缩进的段落。

②将鼠标指针指向水平标尺上的缩进标记,按住鼠标左键拖动到目标位置,然后松开左

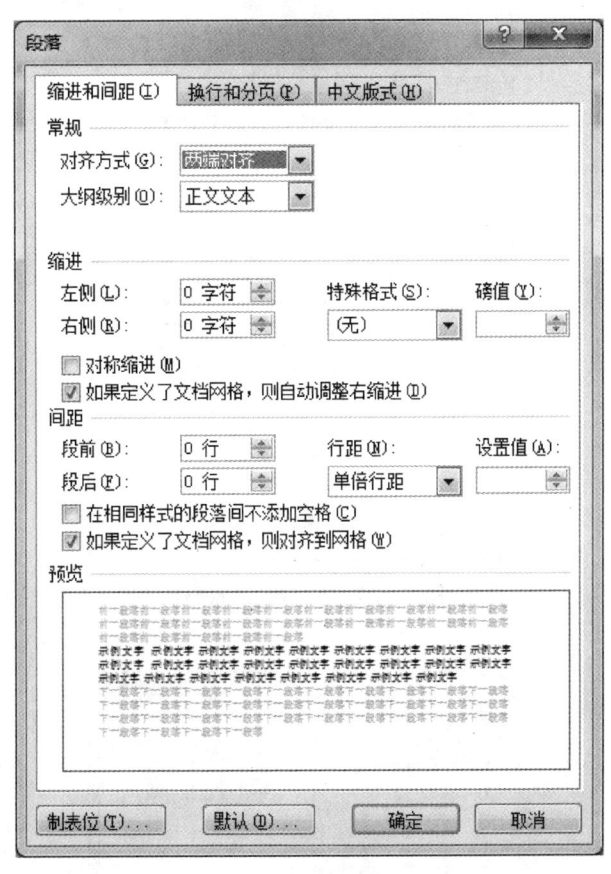

图 7—20 "缩进和间距"选项卡

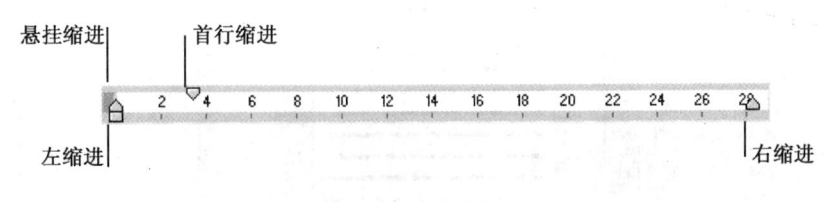

图 7—21 水平标尺

键。若按住【Alt】键,再拖动水平标尺上的缩进标记,就可以实现精确设置。

7.2.3 设置项目符号和编号

当文字中出现列项的文字时,为了增强文档的可读性,可以在各段落前添加项目符号和编号,达到条理、归纳的效果。

设置项目符号和编号的步骤如下:

(1)选定要添加项目符号和编号的文本内容。

(2)选择"开始"选项卡→"段落"组中的"项目符号"按钮和"编号"按钮来设置。通过"项目符号"按钮和"编号"按钮旁边的小三角形打开"定义新项目符号"和"定义新编号格式"对话框,如图 7—22 和 7—23 所示。

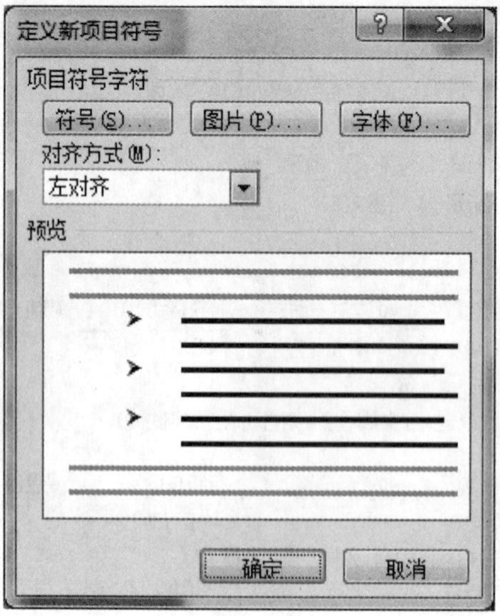

图 7—22 定义新项目符号

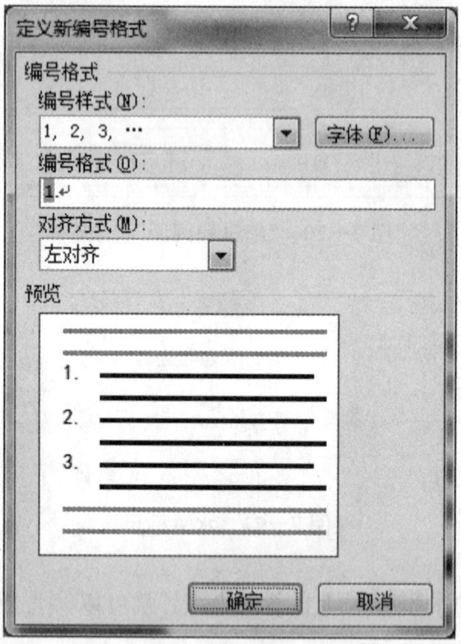

图 7—23 定义新编号格式

单击选择其中一种项目符号或编号,然后单击"确定"按钮。这时选定的文本前面会加上该项目符号或编号。

7.3　使用对象修饰文档

本小节主要介绍图片、文本框、艺术字和形状等各种对象的使用,让读者掌握 Word 2010 使用对象修饰文档的基本操作方法。

7.3.1 插入图片与剪贴画

1. 插入图片

读者可以在 Word 文档中插入图片,如". bmp"、". jpg"、". png"、". gif"等。把插入点定位到要插入图片的位置;选择"插入"选项卡,单击"插图"组中的"图片"按钮;弹出"插入图片"对象框,找到需要插入的图片,单击"插入"按钮。如图 7－24 所示。

图 7－24 插入图片

2. 插入剪贴画

Word 的剪贴画存放在剪辑库中,用户可以由剪辑库中选取图片插入到文档中。把插入点定位到要插入的剪贴画的位置;选择"插入"选项卡,单击"插图"组中的"剪贴画"按钮;弹出"剪贴画"窗格,在"搜索文字"文本框中输入要搜索的图片关键字,单击"搜索"按钮,如选中"包括 Office.com 内容"复选框,可以搜索网站提供的剪贴画。搜索完毕后显示出符合条件的剪贴画,单击需要插入的剪贴画即可完成插入。如图 7－25 所示。

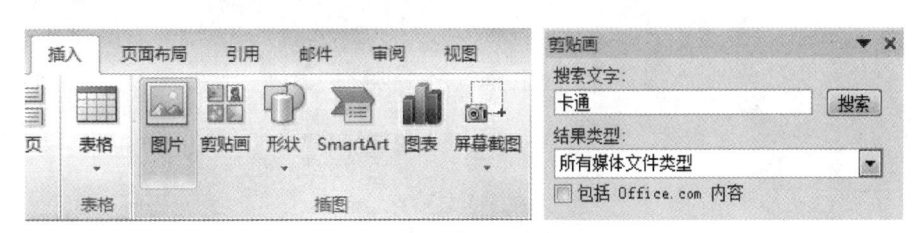

图 7－25 插入剪贴画

7.3.2 截取屏幕图片

用户除了可以插入电脑中的图片或剪贴画外,还可以随时截取屏幕的内容,然后作为图片插入到文档中。把插入点定位到要插入屏幕图片的位置;选择"插入"选项卡,单击"插图"组中的"屏幕截图"按钮;在展开的下拉面板中选择需要的屏幕窗口,即可将截取的屏幕窗口插入到文档中。如果想截取电脑屏幕上的部分区域,可以在"屏幕截图"下拉面板中选择"屏幕剪辑"选项,这时当前正在编辑的文档窗口自行隐藏,进入截屏状态,拖动鼠标,选取需要截取的图片区域,松开鼠标后,系统将自动重返文档编辑窗口,并把截取的图片插入到文档中。如图 7－26 所示。

7.3.3 图片的简单处理

1. 调整图片的位置和大小

(1) 调整图片位置

选中图片后,将鼠标移到所选图片,当鼠标指针变成形状时拖动鼠标,可以移动所选图

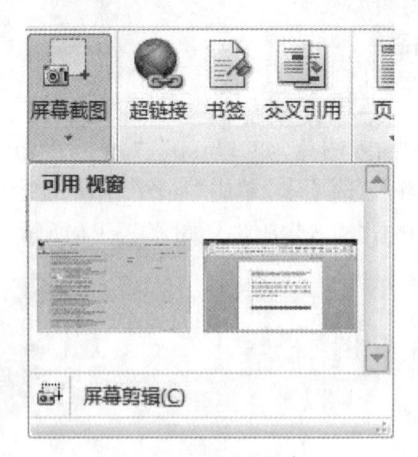

图 7-26　屏幕截图

片的位置。

(2) 调整图片大小

对图片操作前,首先要选定图片,选中图片后图片四边出现 4 个小方块,对角上出现 4 个小圆点,这些小方块/圆点称为尺寸控点,可以用来调整图片的大小。

移动鼠标到图片的某个尺寸控点上,当鼠标变成双向箭头↔时,拖动鼠标可以改变图片的形状和大小。也可以在"格式"选项卡中,"大小"选项组中,精确调整大小,如图 7-27 所示。

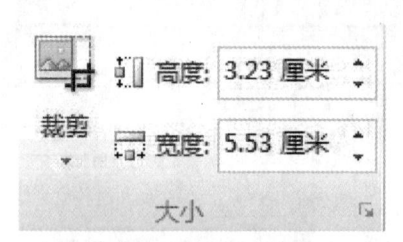

图 7-27　精确调整图片大小

2. 设置图片样式

(1) 设置图片样式

选中图片→"格式"选项卡→"图片样式"组,如图 7-28 所示。

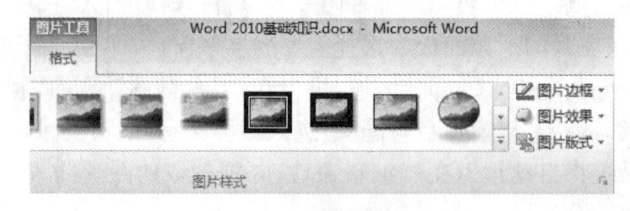

图 7-28　设置图片样式

(2) 调整图片亮度/对比度

选中图片→"格式"选项卡→"调整"组→"更正"按钮,如图 7-29 所示。

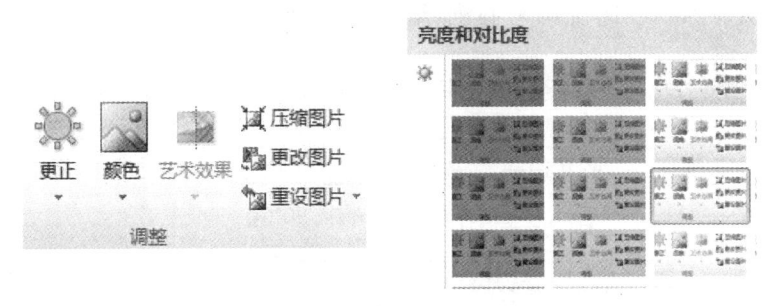

图 7-29　调整图片亮度\对比度

3．裁剪图片

选中图片→"格式"选项卡→"大小"组→裁剪（自由裁剪/裁剪为形状/按纵横比裁剪），如图 7-30 所示。

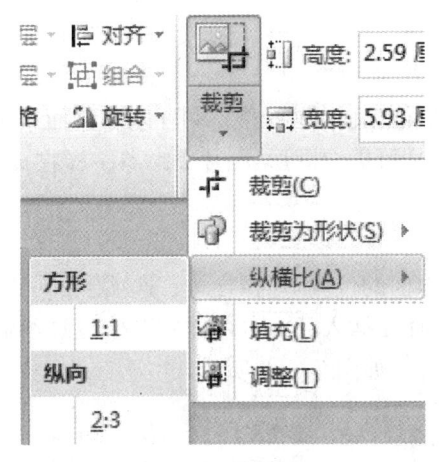

图 7-30　裁剪图片

4．旋转图片

(1)图片上方有一个绿色的旋转控制点，可以用来旋转图片。将鼠标移到旋转控制点上，此时鼠标变成❀形状，按下鼠标左键，此时鼠标变成↻形状，拖动即可旋转图片。如图 7-31 所示。

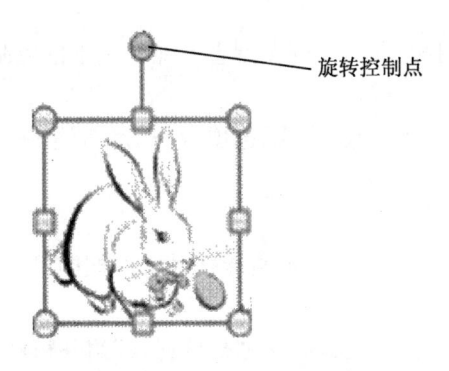

图 7-31　旋转图片控制点

(2)选中图片→"格式"选项卡→"排列"组→旋转,如图 7-31 所示。

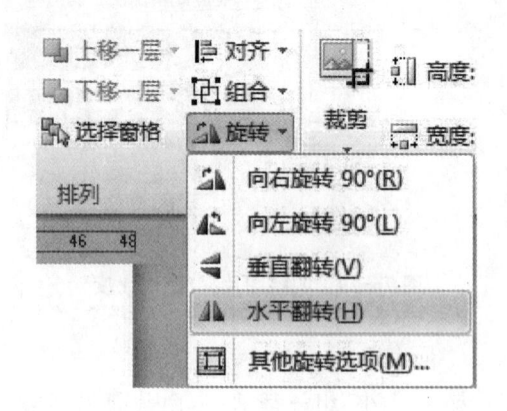

图 7-31　旋转图片

7.3.4　文本框

文本框是储存文本的图形框,文本框中的文本可以像页面文本一样进行各种编辑和格式设置操作,而同时整个文本框又可以像图形、图片等对象一样在页面上进行移动、复制、缩放等操作。

1. 插入文本框

将光标定位到要插入文本框的位置,选择"插入"选项卡,单击"文本"组中的"文本框"下拉按钮,在弹出的下拉面板中选择要插入的文本框样式,这里以"绘制文本框"为例,在文本框中输入文本内容并编辑格式即可。如图 7-32 所示。

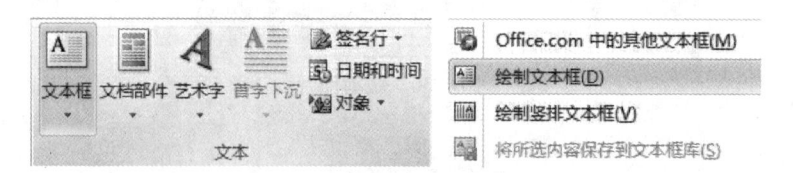

图 7-32　插入文本框

2. 编辑文本框

(1)调整文本框的大小

方法一:当光标变为双向箭头时,鼠标左键直接拖动文本框控制点即可对大小进行粗略设置。

方法二:选中文本框→"绘图工具/格式"选项卡→"大小"组→形状高度/宽度(精确设置数值),如图 7-33 所示。

(2)移动文本框的位置

当光标变为十字箭头形状时,鼠标左键直接拖动文本框即可对位置进行移动。

(3)设置文本框效果

选中文本框→"绘图工具/格式"选项卡→"形状样式"组→形状填充/形状轮廓/形状效果,如图 7-34 所示。

(4)设置文本框中文本的字体格式

图 7—33　精确设置文本框大小

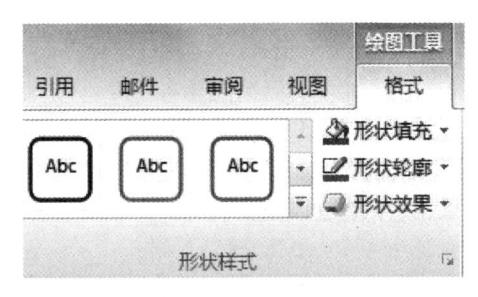

图 7—34　设置文本框效果

选中文本框→"开始"选项卡→"字体"组,即可设置字体格式(字体、字号、字形、颜色等)。

7.3.5　艺术字

艺术字是指将一般文字经过各种特殊的着色、变形处理得到的艺术化文字。在 Word 中可以创建出漂亮的艺术字,并可作为一个对象插入到文档中。Word 2010 将艺术字作为文本框插入,用户可以任意编辑文字。

1. 插入艺术字

"插入"选项卡→"文本"组→艺术字,如图 7—35 所示。

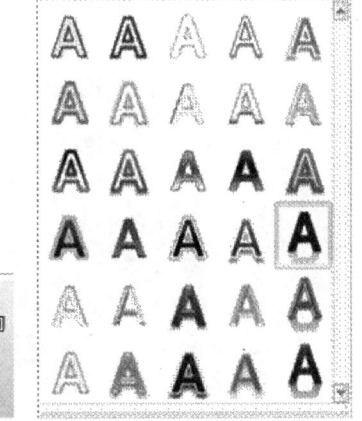

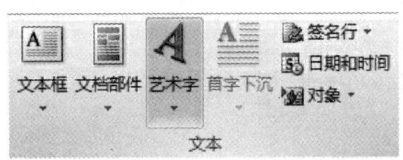

图 7—35　插入艺术字

2. 编辑艺术字

选中艺术字→"格式"选项卡→"艺术字样式"组→文本填充/文本轮廓/文本效果/艺术字样式展开按钮,如图 7—36 所示。

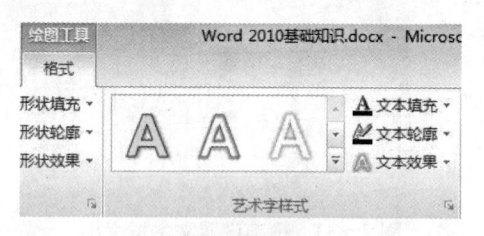

图 7-36 编辑艺术字

7.3.6 形状

Word 2010 提供了绘制图形的功能，可以在文档中绘制各种线条、基本图形、箭头、流程图、星、旗帜、标注等。对绘制出来的图形还可以设置线型、线条颜色、文字颜色、图形或文本的填充效果、阴影效果、三维效果、线条端点风格。

1. 绘制形状

"插入"选项卡→"插图"组→形状，如图 7-37 所示。

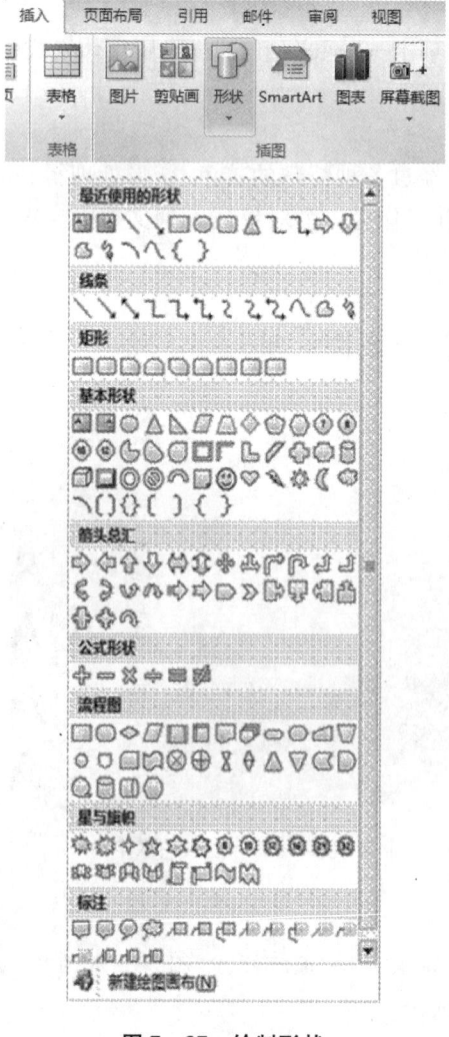

图 7-37 绘制形状

2. 设置形状格式

选中形状→"格式"选项卡→"形状样式"组→形状填充/形状轮廓/形状效果/形状样式展开按钮,如图 7-38 所示。

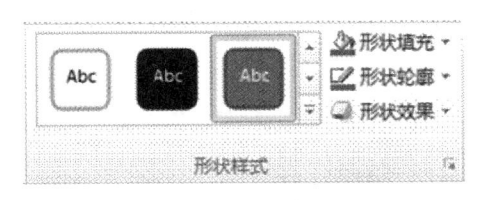

图 7-38　设置形状格式

3. 添加文字

用户可以为封闭的形状添加文字,并设置文字格式。要添加文字,需要选中相应的形状并右击,在弹出的快捷菜单中选择"添加文字"选项,此时,该形状中出现光标,并可以输入文本,输入后,可以对文本格式和文本效果进行设置。如图 7-39 所示。

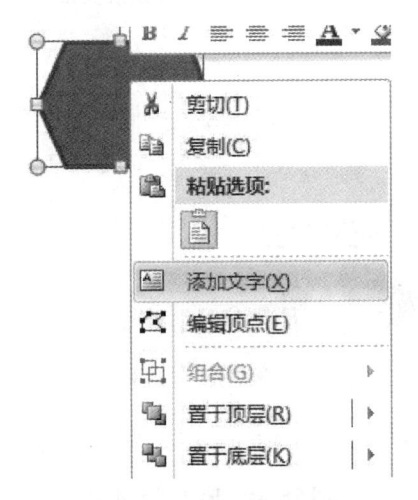

图 7-39　形状中添加文字

4. 对象层次关系

在已绘制的图形上再绘制图形,则产生重叠效果,一般先绘制的图形在下面,后绘制的图形在上面。要更改叠放次序,先需要选择要改变叠放次序的对象,选择绘图工具"格式"选项卡,单击"排列"组的"上移一层"按钮和"下移一层"按钮选择本形状的叠放位置,或单击快捷菜单中的"上移一层"选项和"下移一层"选项。如图 7-40 所示。

5. 对象组合与分解

按住【Shift】键,用鼠标左键依次选中要组合的多个对象;选择"格式"选项卡,单击"排列"组中"组合"下拉按钮,在弹出的下拉菜单中选择"组合"选项,或单击右键快捷菜单中"组合"下的"组合"选项,即可将多个图形组合为一个整体。如图 7-41 所示。

分解时选中需分解的组合对象后,选择"格式"选项卡,单击"排列"组中"组合"下拉按钮,在弹出的下拉菜单中选择"取消组合"选项,或单击右键快捷菜单中的"组合"下的"取消组合"选项。如图 7-42 所示。

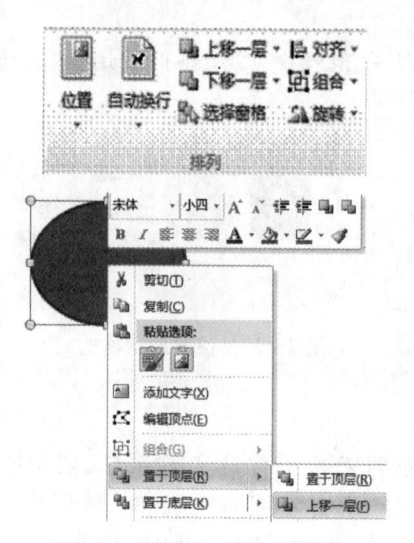

图 7-40　形状对象层次关系

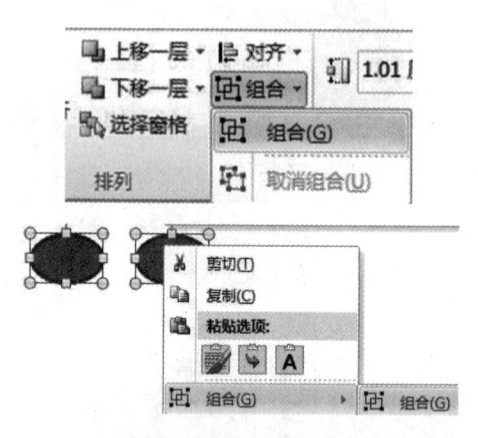

图 7-41　形状对象组合

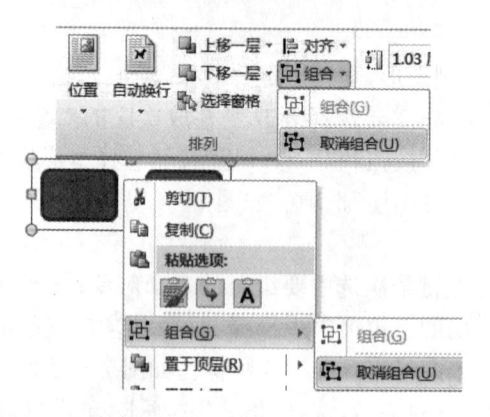

图 7-42　形状对象分解

7.3.7 创建 SmartArt 图形

SmartArt 图形用来表明对象之间的从属关系、层次关系等。用户可以根据自己的需要创建不同的图形。操作如下:"插入"选项卡→"插图"组→SmartArt 按钮,如图 7-43 所示。

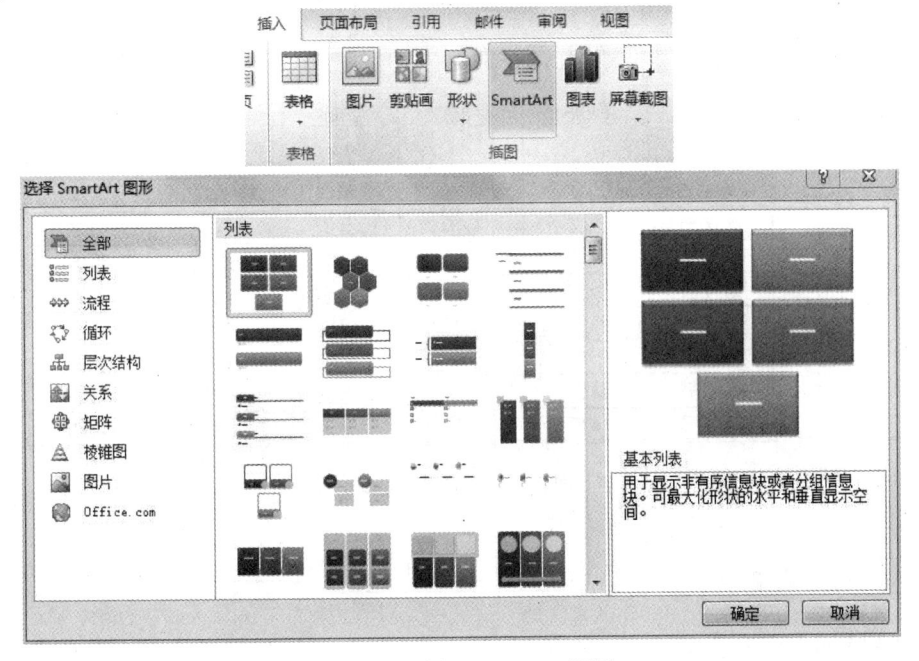

图 7-43 插入 SmartArt 图形

(1)添加 SmartArt 形状,操作如下:SmartArt 工具"设计"选项卡→"创建图形"组→"添加形状"组→升级/降级/上移/下移,如图 7-44 所示。

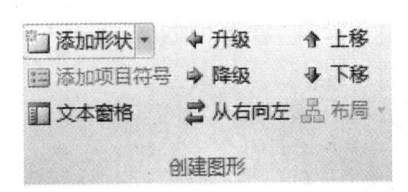

图 7-44 添加 SmartArt 形状

(2)改变 SmartArt 布局,操作如下:SmartArt 工具"设计"选项卡→"布局"组,如图 7-45 所示。

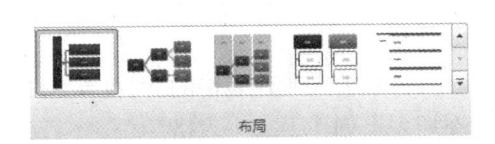

图 7-45 改变 SmartArt 布局

7.4 课程表制作

本小节通过简易课程表的制作使读者掌握 Word 2010 表格的基本操作方法,将完成如图 7—46 所示的简易课程表。

星期 上下午		星期一	星期二	星期三	星期四	星期五
上午	第1节	语文	数学	英语	语文	数学
	第2节	语文	数学	英语	语文	数学
	第3节	英语	音乐	数学	绘画	英语
	第4节	英语	音乐	数学	绘画	英语
下午	第5节	音乐	语文	绘画	数学	体育
	第6节	音乐	语文	绘画	数学	体育
	第7节	体育	体育	体育	体育	劳动
	第8节	体育	体育	体育	体育	劳动

图 7—46　简易课程表

7.4.1　插入表格

操作步骤如下:
(1)将插入点移到文档中要插入表格的位置。
(2)选择"插入"选项卡→"表格"选项组→"插入表格"按钮,如图 7—47 所示。

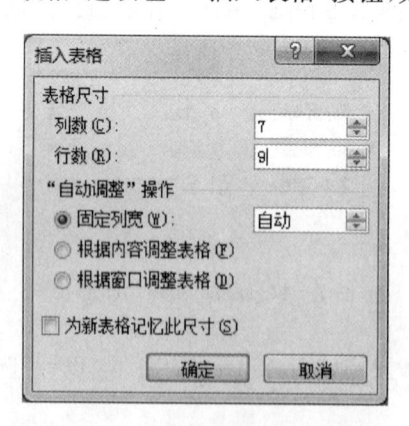

图 7—47　"插入表格"对话框

(3)在"表格尺寸"选项组中,分别输入所建表格的"列数"7 和"行数"9,其余为默认。
(4)单击"确定"按钮,即在插入点创建了一个表格。

7.4.2　设置首行行高

操作步骤如下:
(1)选中表格第一行。

(2)右键点击选择"表格属性",选择"行"选项卡,弹出如图 7-48 所示的表格行的设置。
(3)选中"指定高度",输入 2 厘米,其余为默认。
(4)单击"确定"按钮,即设置表格第一行行高为 2 厘米。

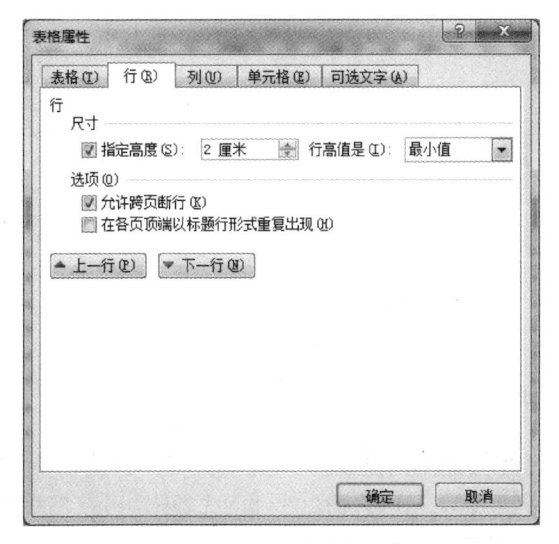

图 7-48 设置首行行高

7.4.3 合并单元格

将部分单元格进行合并,步骤如下:
(1)选中首行中第 1 列和第 2 列,右键单击,选择"合并单元格",如图 7-49 所示。

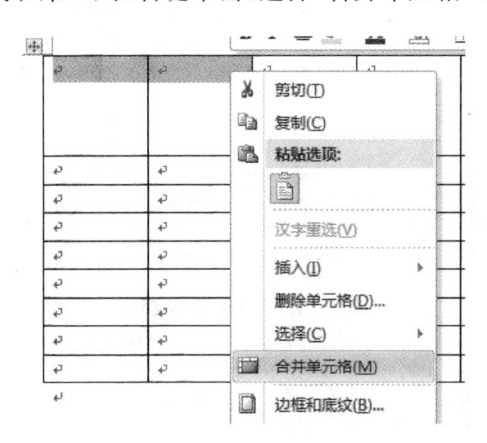

图 7-49 选择"合并单元格"操作

(2)选择第 1 列中的第 2 行至第 5 行,右键单击,选择"合并单元格"。
(3)选择第 1 列中的第 6 行至第 9 行,右键单击,选择"合并单元格"。
(4)合并单元格之后的表格如图 7-50 所示。

图7—50　合并单元格之后的表格

7.4.4　绘制斜线表头

由于Word 2010中已经将原本内置的"绘制斜线表头"快捷功能取消,因此需要手动绘制斜线表头,选中表格中的第1个单元格,选择"开始"选项卡"段落"选项组的"斜下框线"按钮,绘制斜线表头,如图7—51所示。

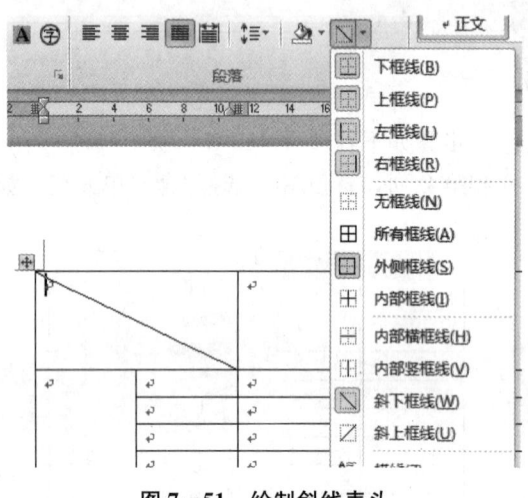

图7—51　绘制斜线表头

7.4.5　设置表格外边框

操作如下:
(1)选中整个表格,右键单击,选择"边框与底纹"。
(2)在弹出的"边框与底纹"对话框中选择"边框"选项卡,"样式"选择"细双实线",宽度为"0.5磅"。
(3)在"预览"中分别点击"上"、"下"、"左"、"右"四个边框,可以在"预览"中看到边框已经变成细双实线,如图7—52所示。
(4)点击"确认",完成外边框的设置。

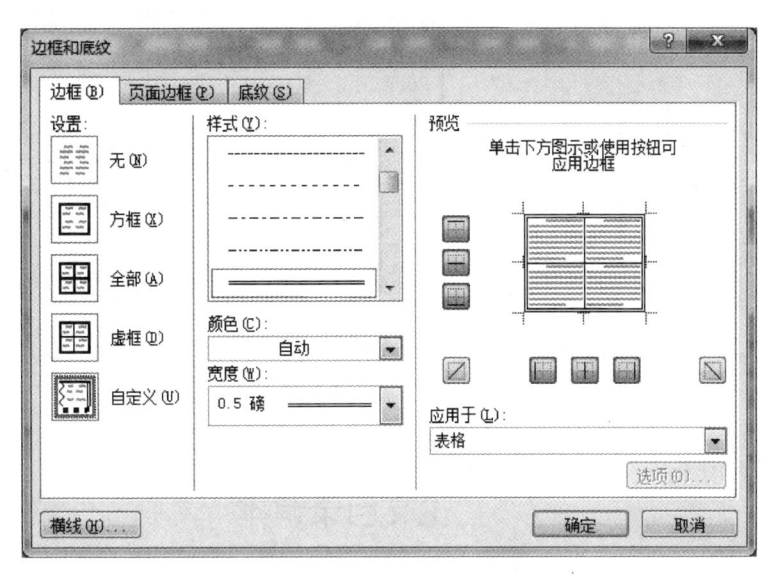

图 7-52 设置表格外边框

7.4.6 设置内容对齐方式

选择整个表格，右键单击，选择"单元格对齐方式"中的"水平居中"，将单元格中的内容设置为在水平和垂直方向都是居中，如图 7-53 所示。

图 7-53 设置单元格对齐方式

按照要求输入具体的内容，即可完成简易课程表的制作，做好的课程表如图 7-54 所示。

上下午	星期	星期一	星期二	星期三	星期四	星期五
上午	第1节	语文	数学	英语	语文	数学
	第2节	语文	数学	英语	语文	数学
	第3节	英语	音乐	数学	绘画	英语
	第4节	英语	音乐	数学	绘画	英语
下午	第5节	音乐	语文	绘画	数学	体育
	第6节	音乐	语文	绘画	数学	体育
	第7节	体育	体育	体育	体育	劳动
	第8节	体育	体育	体育	体育	劳动

图 7-54 简易课程表

7.5 论文目录编排

Word 文档自动生成目录一直是同学们最为难的地方，尤其是毕业论文，经常因为目录问题，被要求修改，而且每次修改完正文后，目录的内容和页码可能都会发生变化，因此需要重新调整。那么有没有简单的办法让 Word 文档自动生成目录和自动更新目录呢？本节就以一篇毕业论文为例进行自动生成目录和更新目录的操作设置方法。自动生成的目录如图 7-55 所示。

目　录

```
1 绪论....................................................................................1
   1.1 选题的背景和意义............................................................1
   1.2 需求分析........................................................................2
   1.3 室分覆盖介绍..................................................................2
      1.3.1 室内分布系统概述......................................................2
      1.3.2 室内分布系统结构......................................................3
   1.4 论文结构........................................................................3
2 TD-LTE 室内覆盖系统设计基本原理...........................................4
   2.1 TD-LTE 关键技术.............................................................4
      2.1.1 MIMO 技术................................................................4
      2.1.2 链路自适应技术.........................................................4
      2.1.3 多址传输方式............................................................5
```

图 7-55 自动生成的论文目录

7.5.1 插入页码

如果要使用 Word2010 中自动生成目录功能，需要对文章中设置页码。步骤如下：
(1)选择"插入"选项卡，在"页眉与页脚"选项组中点击"页码"中的"页面底端"，从中选择"普通数字 2"页码样式，如图 7-56 所示。
(2)点击"设计"选项卡中的"关闭页眉与页脚"，可以在页面底端看见页码。

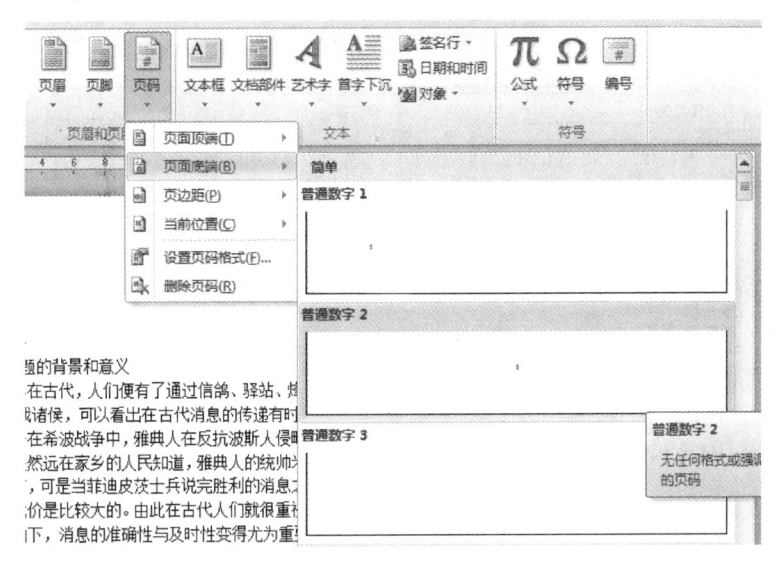

图7—56　插入页码

7.5.2　设置标题级别

接下来需要对文章中的各个标题根据不同的级别来设置。步骤如下：

(1)选择需要设置为第1级标题的段落,选择"开始"选项卡中"样式"选项组下的"标题1",如图7—57所示。

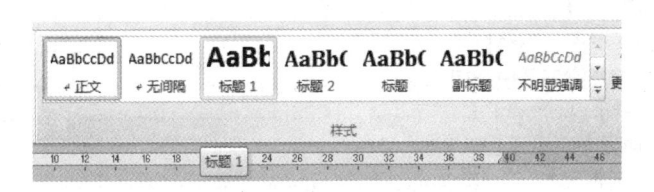

图7—57　设置标题级别

(2)接下来选择需要设置为第2级、第3级标题的段落,分别选择"开始"选项卡中"样式"选项组下的"标题2"和"标题3"。

7.5.3　插入目录

文章中所有标题设置不同的级别之后,可以利用Word 2010来插入目录,步骤如下：

(1)选择"引用"选项卡中"目录"选项组下的"插入目录",弹出"目录"对话框,如图7—58所示。

(2)Word 2010默认的是显示3级目录,根据需要可以进行调整,这里我们按照默认的3级来设置,直接点击"确定",系统会自动生成目录。自动生成的目录如图7—59所示。

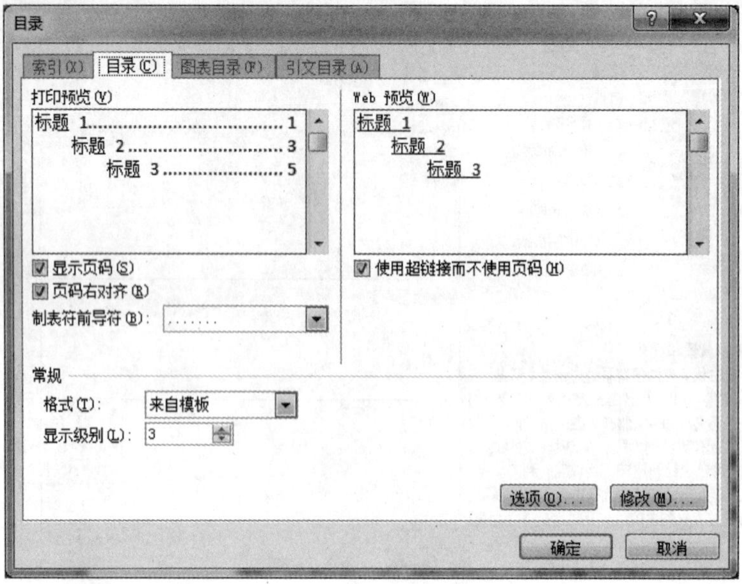

图 7—58　设置目录

目　录

1 绪论 1
　1.1 选题的背景和意义 1
　1.2 需求分析 2
　1.3 室分覆盖介绍 2
　　1.3.1 室内分布系统概述 2
　　1.3.2 室内分布系统结构 3
　1.4 论文结构 3
2 TD-LTE 室内覆盖系统设计基本原理 4
　2.1TD-LTE 关键技术 4
　　2.1.1 MIMO 技术 4
　　2.1.2 链路自适应技术 4
　　2.1.3 多址传输方式 5

图 7—59　自动生成目录

7.6　简易个人简历制作

作为未来将要面对职场的大学生来说，绝对不能没有简历，因为简历就好比我们的第一张脸面，一份好的简历，能为我们赢得一次好的面试机会。本节就以一份简易的个人简历为例来说明 Word 2010 表格格式化的基本方法。制作完成的个人简历如图 7—60 所示。

姓名		性别		出生年月		照片
身份证号码		民族		政治面貌		
婚姻状况		健康状况		身高		
毕业学校		专业		学历		
技术职称		毕业时间		户口所在地		
教育经历	起止年月		所在学校		担任职务	
社会实践与工作经历						
通讯地址			邮政编码			
联系电话			Email 地址			

图 7－60　简易个人简历

7.6.1　插入表格

新建一个空白文档,首先插入一个空表格,步骤如下：

(1)单击"插入"选项卡,在"表格"组中点击"表格"按钮,然后"插入表格"。弹出"插入表格"对话框,在对话框中设置表格的行数"12"和列数"7",如图 7－61 所示。

(2)输入简历内容。在表格中输入如图 7－62 所示的内容。

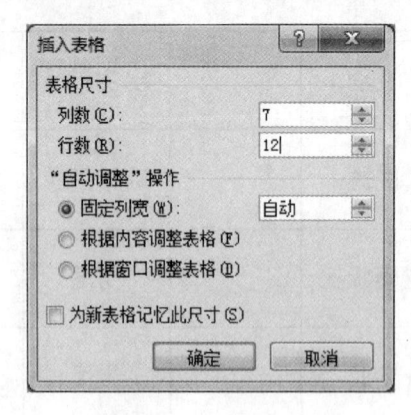

图 7-61　插入表格

姓名		性别		出生年月		照片
身份证号码		民族		政治面貌		
婚姻状况		健康状况		身高		
毕业学校		专业		学历		
技术职称		毕业时间		户口所在地		
教育经历	起止年月		所在学校		担任职务	
社会实践与工作经历						
通讯地址				邮政编码		
联系电话				Email 地址		

图 7-62　输入简历内容

7.6.2　美化简历格式

完成基本信息输入之后,可以对简历的格式进行必要的美化,步骤如下:

(1)选中所有单元格,然后设置单元格的高度和宽度。"表格工具——布局"选项卡中"单元格大小"设置的高是 1.3 厘米,宽是 2 厘米,这里根据个人需要而定,如图 7-63 所示。

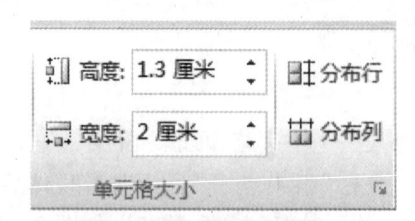

图 7-63　设置单元格大小

(2)接着再选中所有单元格,单击"表格工具——布局"选项卡,在"对齐方式"组中点击"水平居中",如图 7-64 所示。

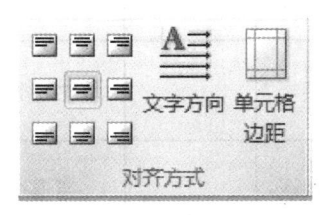

图 7-64　设置表格水平居中

(3)选中要合并的单元格,在"表格工具——布局"选项卡"合并"选项组中单击"合并单元格",如图 7-65 所示。

图 7-65　合并单元格

(4)按照上述步骤,将表格中要合并的单元格都合并起来,如图 7-66 所示。
(5)修改个别单元格的宽度和高度,如图 7-67 所示,简历表已制作完成。

姓名		性别		出生年月		照片
身份证号码		民族		政治面貌		
婚姻状况		健康状况		身高		
毕业学校		专业		学历		
技术职称		毕业时间		户口所在地		
教育经历	起止年月		所在学校		担任职务	
社会实践与工作经历						
通讯地址				邮政编码		
联系电话				Email地址		

图 7-66 合并其他单元格

姓名		性别		出生年月		照片
身份证号码		民族		政治面貌		
婚姻状况		健康状况		身高		
毕业学校		专业		学历		
技术职称		毕业时间		户口所在地		
教育经历	起止年月		所在学校		担任职务	
社会实践与工作经历							
通讯地址			邮政编码			
联系电话			Email 地址			

图 7—67 完成个人简历

习题精选

一、选择题

1. 退出 Word 2010,可以使用的快捷键是(　　)。
A.【Alt+F1】　　　　B.【Alt+F4】　　　　C.【Ctrl+Fl】　　　　D.【Ctrl+F4】

2. 要使 Word 2010 从"插入"状态变为"改写"状态,需要点击键盘上的(　　)键。
   A. Insert　　　　　B. Delete　　　　　C. Shift　　　　　D. PrintScreen
3. Word 2010 段落对齐方式中默认的是(　　)。
   A. 左对齐　　　　　B. 居中对齐　　　　C. 两端对齐　　　　D. 分散对齐
4. 在 Word 2010 中,目录属于(　　)选项卡。
   A. 开始　　　　　　B. 插入　　　　　　C. 引用　　　　　　D. 视图
5. 在 Word 2010 中,要使表格中的内容位于单元格的正中,应设置"单元格对齐方式"为(　　)。
   A. 靠上两端对齐　　　　　　　　　　　B. 中部两端对齐
   C. 水平居中　　　　　　　　　　　　　D. 靠下居中对齐

二、操作题

设计一个如图 7-68 所示的工资表。

工资表

月份 部门		一月份	二月份	三月份
技术部	小张	8500	8700	8300
	小王	7600	8100	7900
财务部	小李	7000	7100	7400
	小郑	6600	6800	6900

图 7-68　工资表

第八章 Excel 电子表格

本章节主要介绍电子表格制作软件 Excel 2010。Excel 是微软 Office 办公套件的重要成员之一，既可用于电子表格的制作与处理，也可当作简易的数据库软件，Excel 集成了表格排版、数据分析、数据处理、图表制作等功能，广泛运用于各行业，被称为最为流行的电子表格处理软件。

8.1 Excel 2010 概述

8.1.1 Excel 2010 主要功能

Excel 2010 是微软公司出品的 Office 2010 办公软件家族中的一个重要成员，主要用于制作电子表格，分析、管理和预测数据，并且具有强大的图表制作及打印输出功能。此外，新版的 Excel 还可以在各种智能设备上通过浏览器来访问数据，并与其他人同时在线协作，如图 8-1 所示。由于功能强大、界面简洁直观、操作简捷易学，所以被称为最为流行的电子表格处理软件。它主要有以下几大功能：

➤ 丰富的编辑排版功能，可以输出各式各样满足不同需求的报表表格。

➤ 丰富的函数，涵盖了社会各个专业对数据的统计分析的需求。

➤ 强大的图表功能，用户可以根据自己的数据选择相应的图表类型，方便地生成所需的各类图表，更好地辅助分析数据。

➤ 强大的数据库处理查阅功能，可以轻松实现数据库排序、筛选、分类汇总等一系列实用的功能。

➤ 支持 Visual Basic For Application 宏程序功能及 Visual Studio Tools for office，通过编程的方式进一步扩展 Office 软件的功能，提高办公自动化的效率。

8.1.2 Excel 2010 的启动和退出

通过桌面快捷方式或者系统菜单启动 Excel 后，屏幕上就会显示其操作窗口，并且自动新建并打开一张名为"工作簿 1"的工作簿，如图 8-2 所示。在 Windows 桌面或资源管理器窗口中双击现有的工作簿文件，可以直接启动 Excel 2010 应用程序并打开此工作簿。

要关闭当前工作簿或者退出 Excel 应用程序，可以单击 Excel 应用程序窗口右上方的两个关闭按钮，如图 8-3 所示。当前有多个打开的工作簿时，不论单击 1 号或者 2 号按钮，都会关闭当前活动的工作簿。如果当前只有一个打开工作簿，单击 2 号按钮后 Excel 会处于无工作簿状态，如图 8-4 所示；而单击 1 号按钮则会在关闭最后一个工作簿后立刻退出 Excel 应

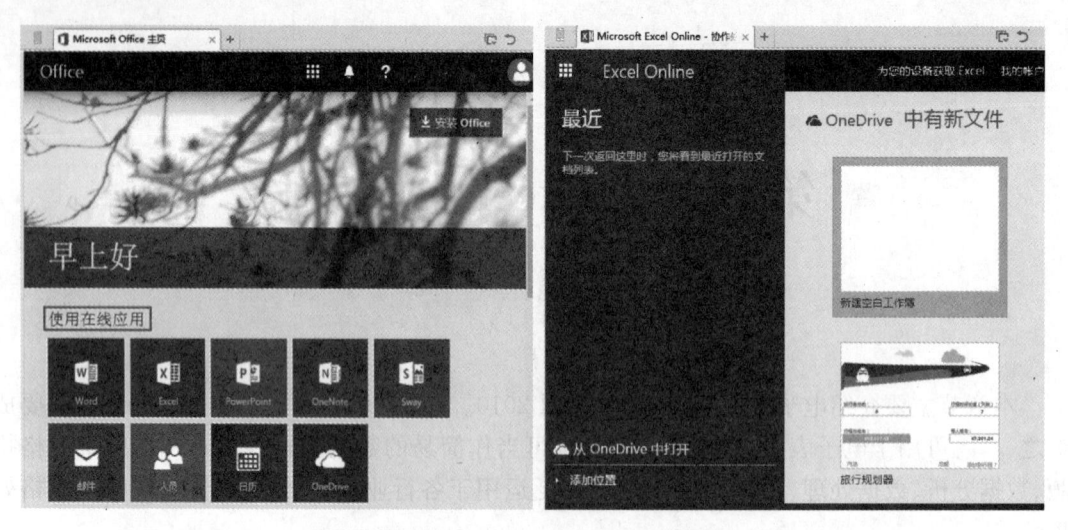

图 8—1　通过浏览器访问 Office Online 网站使用 Excel 在线应用

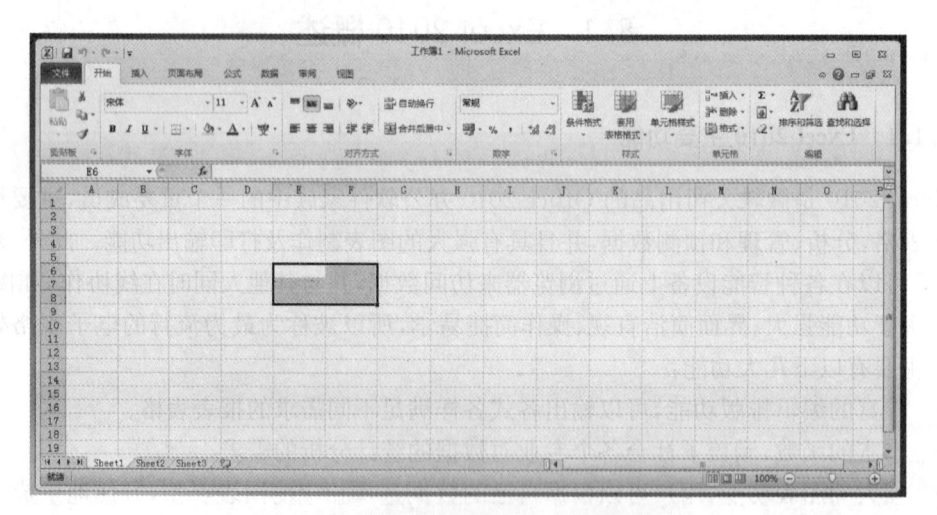

图 8—2　进入中文 Excel 2010 的操作窗口

用程序。

图 8—3　工作簿关闭按钮

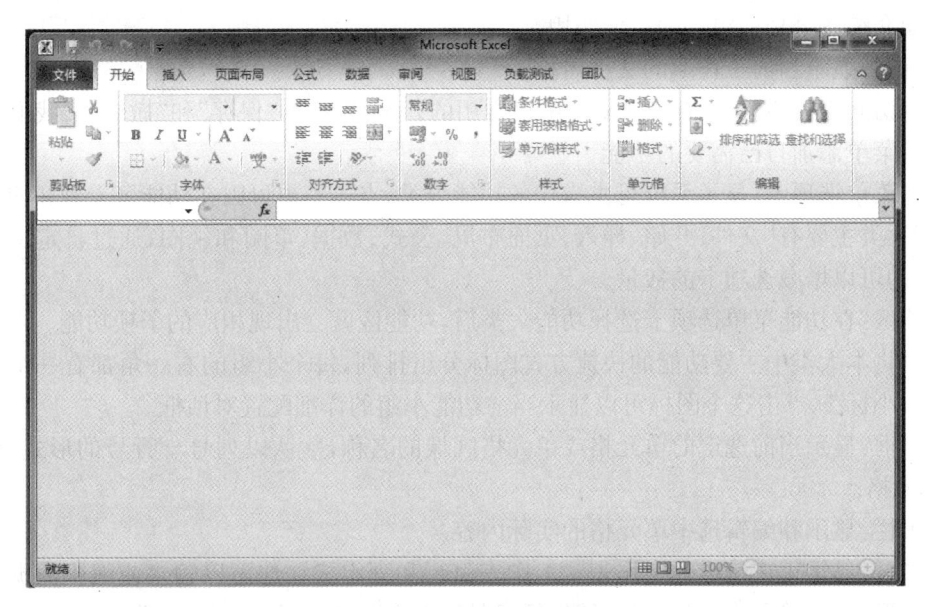

图 8-4　处于无工作簿状态的 Excel

8.1.3　Excel 2010 的窗口组成

启动 Excel 2010 后，系统会自动创建并打开一个空白的工作簿，并为其命名"工作簿 1"。Excel 2010 的窗体工作界面如图 8-5 所示，整体窗体自上而下主要由标题栏、快速访问工具栏、功能菜单选项卡、功能区、名称框、编辑栏、工作区、工作表标签、滚动条、状态栏组成。

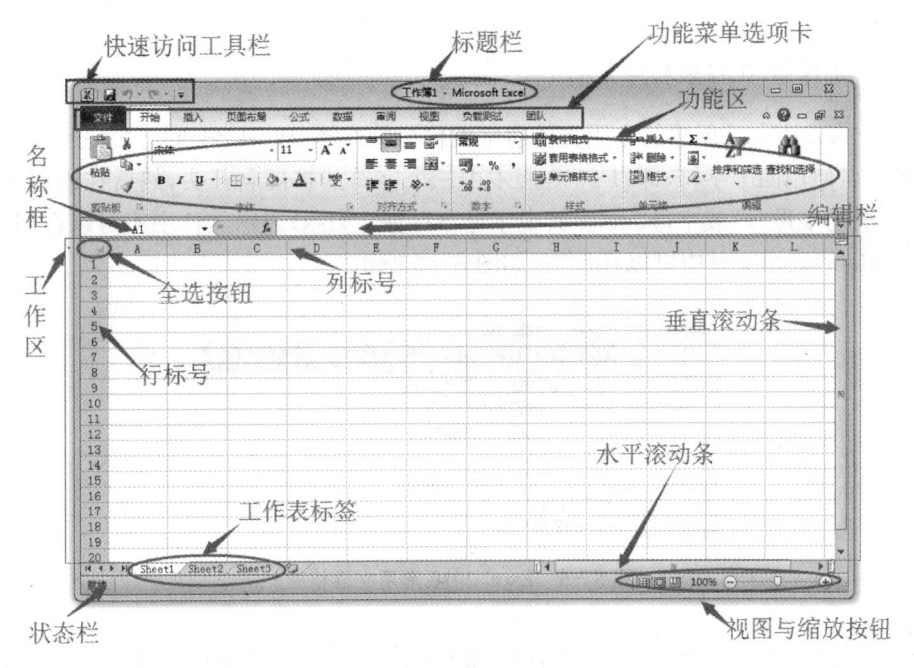

图 8-5　窗口组成图

下面介绍各个功能组件的主要作用：

标题栏：显示当前工作簿的文件名称。

快速访问工具栏：此处存放 Excel 中最常用的几个命令，如"保存"和"撤销"。我们还可以通过右键菜单添加自己需要的功能。

功能菜单选项卡：显示系统可供操作的功能分类，点击菜单可以在功能区看到相应的子项目；功能大类主要有"文件、开始、插入、页面布局、公式、数据、审阅和视图，通过自定义或者安装，相应的可以增减选项卡的数量。

功能区：在功能菜单选项卡选择功能大类后，功能区就会出现相应的子项功能。功能区的作用就是将本大类中主要功能的快捷方式图标分组排列，每个小组的右一角都有一个向右下方的箭头小标，点击这个图标可以显示当前功能小组的详细配置对话框。

名称框：显示当前选定的单元格或单元格区域的名称，默认以列号＋行号的形式呈现，如"A1"单元格。

编辑栏：显示和编辑选中单元格的实际内容。

工作区：显示正在编辑的工作表。工作表由行和列组成。您可以输入或编辑数据。工作表中的方形称为"单元格"。编辑区域的行、列栏，点击可以选择相应的行、列。

显示按钮：使您可以根据自己的要求更改正在编辑的工作表的显示模式。

状态栏：左下角显示正在编辑的工作表的工作状态，右下角显示当前的视图模式和缩放比例。

工作表标签：显示工作表的标签名称，点击可以在工作表之间切换。

滚动条：分为垂直滚动条、水平滚动条。

8.2 Excel 基础操作

8.2.1 工作簿、工作表和单元格

由 Microsoft Excel 创建的专用文件通常被称为工作簿（WorkBook）。Excel 2010 的工作簿文件扩展名使用四个字符，即以 2003 版本中三个字符的扩展名开头，然后在末尾加上第四个字符，一般是字母"x"或字母"m"。其中字母"x"（如：.xlsx）表示文件中不可以存储宏，字母"m"（如：.xlsm）表示文件中可以存储宏，如图 8－6 所示。

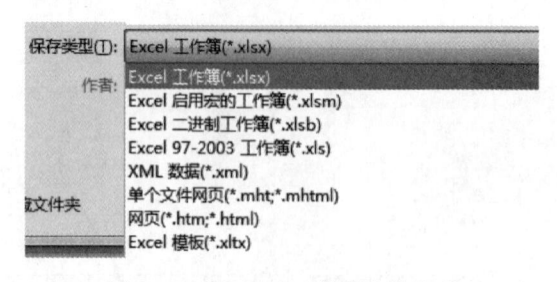

图 8－6　Excel 2010 常用文件格式

工作簿就像一本书，可以包含众多书页，这些"书页"就是工作表（WorkSheet）。通常一个新建的工作簿默认包含 3 张工作表，工作表的名称叫"标签"，系统会自动为每个工作表起名字，以英文单词 Sheet 加上数字组成，如 Sheet1、Sheet2、Sheet3。在 Excel 2010 中，工作表的

数量没有上限,用户可以根据实际的需要进行增加和减少。

在 Excel 2010 中,每张工作表由若干的行和列组成,行列交汇形成的单元格是 Excel 中的最小组成单位,所有的数据都保存在单元格中。Excel 2010 的行编号从 1 开始,最大行号为 2 的 20 次方,即 1048576 行;列编号从 A 开始,从第 27 列开始使用双字母编号,如 AA、AB、AC,列的最大数量是 2 的 14 次方,即 16384 列。每个单元格的默认名称都是地址标志,由列名加行号组成,如 C5 单元格指的是第三列,第五行的单元格。

8.2.2 工作簿的新建、打开、保存和另存

1. 新建和打开工作簿

新建工作簿的步骤如图 8-7 所示,单击"文件"选项卡中的"新建"命令,当前工作区会变成"新建工作簿"向导,选择"空白工作簿"、"样本模板"或者 Office.com 上的在线模板,此时屏幕右侧会出现当前模板的预览效果,确定模板选择正确后,点击"创建"可完成操作。

在 Windows 桌面或资源管理器窗口中双击现有的工作簿文件,可以直接启动 Excel 2010 应用程序并打开此工作簿。在 Excel 应用程序中单击"文件"选项卡中的"打开"命令,可通过文件浏览对话框,选中并打开所需的文件。

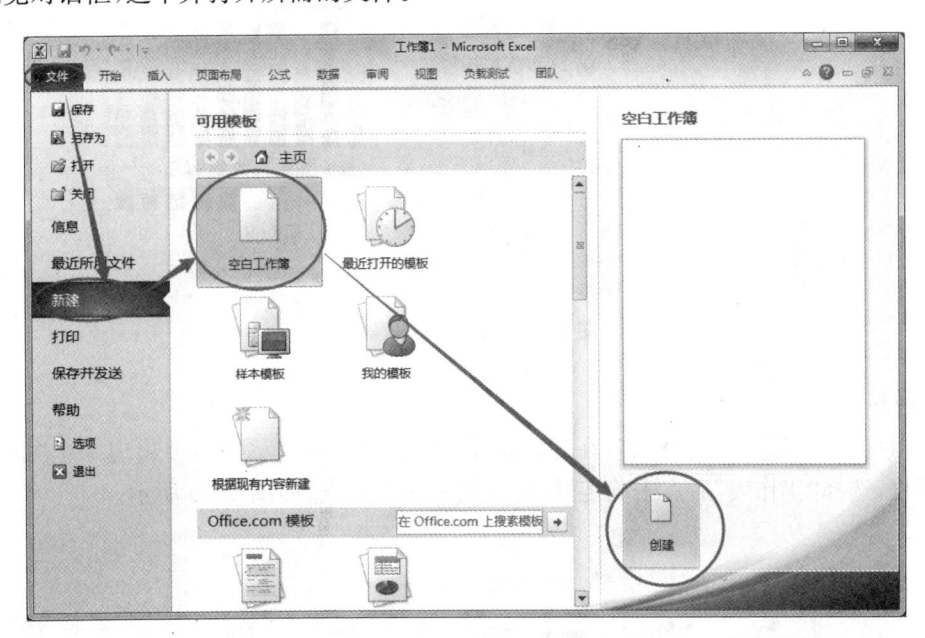

图 8-7 新建工作簿

2. 保存

单击"文件"选项卡或快速访问工具栏中的 保存 按钮,将保存对当前工作簿的所有修改,存盘的快慢取决于工作簿的大小和存储介质的速度。若是尚未保存过的工作簿,会自动进入"另存为"对话框。

3. 另存

单击"文件"选项卡中的 另存为 按钮,可以将当前工作簿的所有内容保存在一个新文件中,原来的工作簿内容不变。

注意:"文件"选项卡被选中时会占满整个 Excel 窗体,当不需要文件功能的时候,可点击

其他任意功能选项卡或者按键盘左上角的"ESC"键回到正常的工作簿编辑状态。

8.2.3 工作表管理

1. 选择工作表

选择工作表的操作和在"资源管理器"选择文件的操作类似：单击工作表标签可选中单个工作表；在选中第一张工作表后，按住 Shift 键并单击最后一张工作表标签，可同时选中多张连续的工作表；按住 Ctrl 键的同时单击标签，可选中多张不连续的工作表。

系统默认情况下，选定的工作表标签是白色的，未选定的标签是灰色的。如果要修改工作表标签的颜色，可以右键点击工作表，如图 8-8 所示，在弹出的菜单中选择"工作表标签颜色"就可以进行修改。

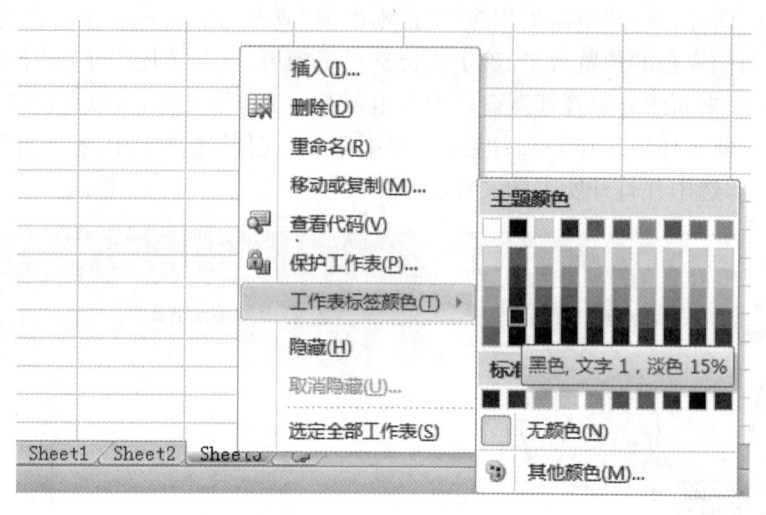

图 8-8 设置工作表颜色

2. 增加工作表：

（1）鼠标右击任意工作表标签，在弹出的菜单中选择"插入"命令，会出现一个"插入工作表"对话框，选择"工作表"后点击确定，即可新增一张工作表，如图 8-9 所示。

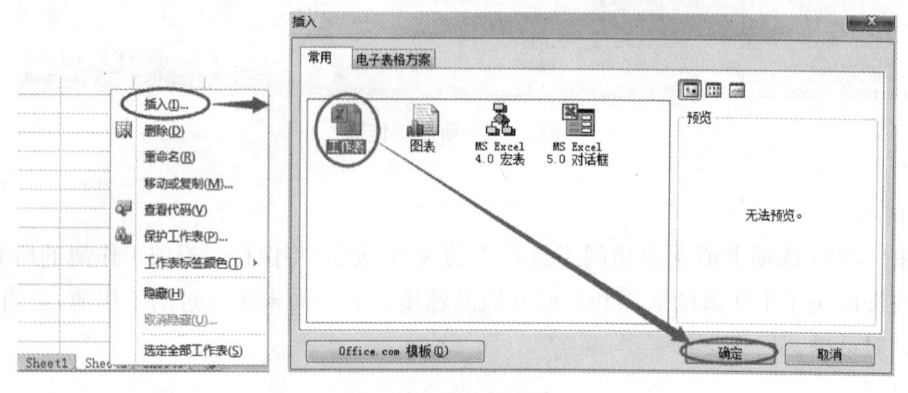

图 8-9 插入工作表

（3）新插入的"工作表"是表示插入一张空白的工作表，Excel 2003 为了方便用户的使用，还内置了很多工作表的模板，如图 8-10 所示，可以点击"电子方案表格"，里面有很多表格的模板,用户可以根据自己的需要进行选用,并根据实际情况进行修改编辑,以提升工作效率。

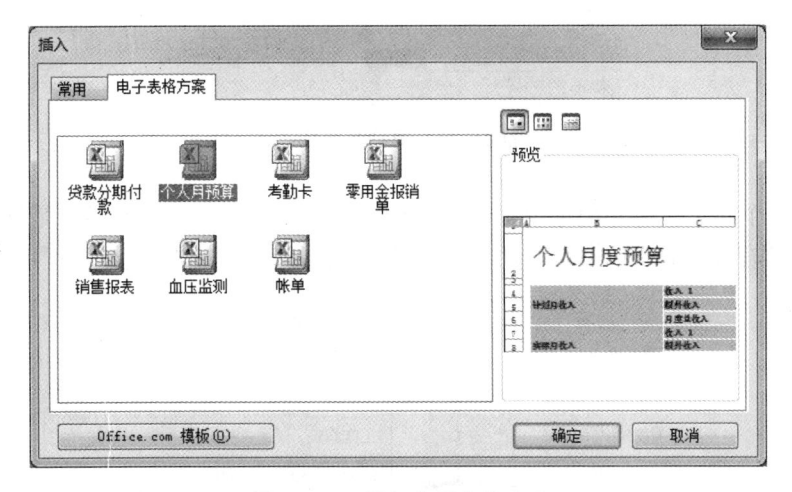

图 8-10 插入电子表格方案

3. 删除工作表

选中要删除的一个或多个工作表,鼠标右键单击要删除的其中一个工作表,在弹出的快捷菜单中选择"删除"菜单命令即可,如图 8-11 所示。

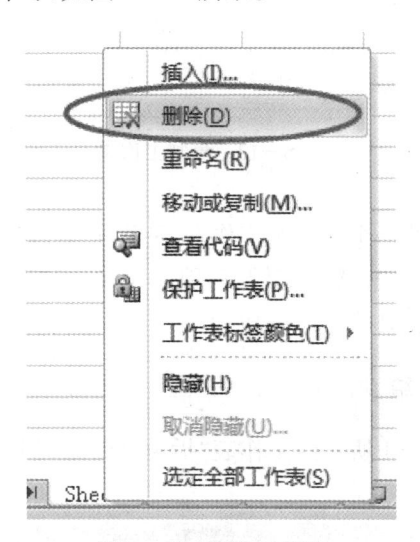

图 8-11 删除工作表

4. 重命名工作表

鼠标右键单击要更名的工作表标签,然后在出现的快捷菜单上选中"重命名"命令,这时选中的工作表标签会被突出显示,同时自动全选原工作表名,如图 8-12 所示,在此处直接输入新的工作表名并按回车键即可完成操作。另外,直接使用鼠标左键双击要更名的工作表标签也可进入标签重命名状态。

5. 移动和复制工作表

选中要移动或复制的一个或多个工作表,单击"编辑"菜单中的"移动或复制工作表"命令,在出现的对话框中的"将选定工作表移至工作簿"下拉列表中选择目标工作簿,若选中"新工作

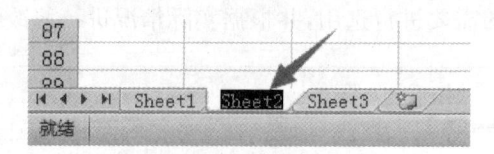

图 8－12　重命名工作表

簿"则是创建一个新工作簿并把选中工作表移动或复制到其中。默认情况下是移动工作表,若是需要复制工作表,则应当选中该对话框底部的"建立副本"项,如图 8－13 所示。

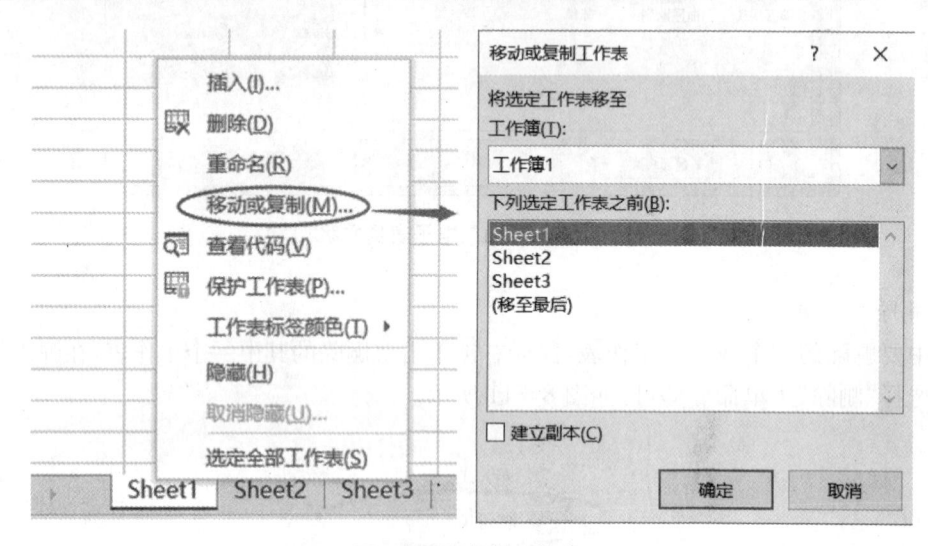

图 8－13　复制工作表

或者选中要移动或复制的一个或多个工作表,利用鼠标拖动到需要移到的目标工作表位置,可实现工作表的移动,如果按住【Ctrl】键,利用鼠标拖动源工作表到目标工作表位置,可以实现在目标工作表位置插入复制源工作表功能。

8.2.4　窗口的拆分和冻结

系统中可以通过如图 8－14 所示的工作表"拆分"或"冻结窗格"功能,方便以不同的视野查阅有大量数据的工作表。

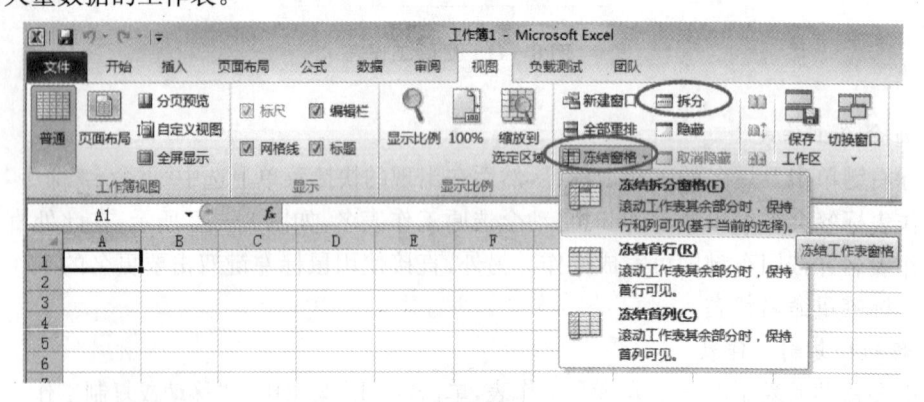

图 8－14　"拆分"和"冻结窗格"

1. 工作表的拆分

鼠标单击工作表中需要进行拆分的位置,如图 8-15 所示,我们选中了 F7 单元格,然后点击"视图"选项卡中的"拆分"按钮,此时的工作表以 F7 单元格的左上角为原点,拆分成为四个工作区。

拆分后的工作区水平和垂直滚动条都有两对,四个工作区所显示的工作表区域可以通过这两组滚动条进行调整,这样我们就能同时查看这张工作表不同位置的内容了。

如果需要取消拆分功能,可再次点击"视图"选项卡中的"拆分"按钮。

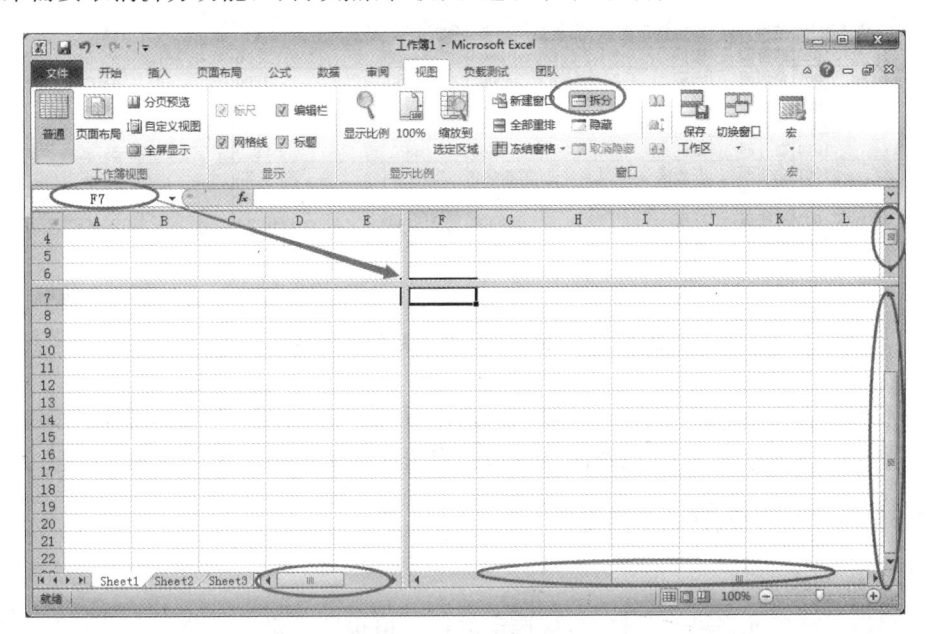

图 8-15 拆分后的窗口

2. 工作表的冻结

有时工作表的数据中行列数量较多,无法一个屏幕内全部显示完成,当我们将工作表水平或垂直滚动进行查看时,前面的行首、列首信息已经看不到了,这样很难确定数据的归属,如图 8-16 所示。

图 8-16 窗格冻结前的数量显示效果

本案例中,我们需要冻结的区域是左侧的三列(A、B、C 列)和第一行,因此需要选定的单元格是 D2 单元格,然后点击"视图"选项卡中的"冻结窗格"按钮,在弹出的子菜单中选择第一项的"冻结拆分窗格",也可以直接按对应热键"F"。

冻结工作表窗格的操作可以将工作表中选定单元格左侧和上方的区域锁定,此时不管用户查看的是哪个单元格的数据,对应的行首和列首的信息都是可见的,如图 8—17 所示,A、B、C 三列和第一行的内容正处于"冻结"的状态。

图 8—17 窗格冻结后的数量显示效果

如果不再需要冻结窗格的功能,可以再次点击"视图"选项卡中的"冻结窗格"按钮,此时弹出的子菜单第一项内容变成了"取消冻结窗格",点击此项可取消工作表的冻结状态。

8.2.5 单元格与行、列的常用操作

1. 单元格单选

鼠标单击目标单元格可将其选定,被选定的单元格也叫活动单元格。其四周边框被标记为黑色加粗实线,以突出显示,如图 8—18 左图所示。

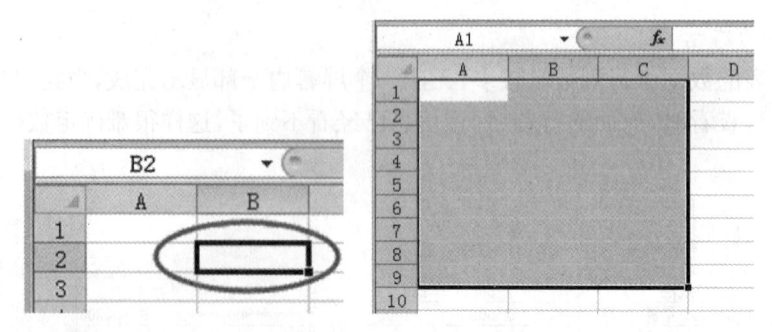

图 8—18 单元格的单选与块选

2. 单元格块选

(1)单击起始单元格并拖动鼠标到目标区域右下角的单元格,可选定一个矩形区域内的所有连续单元格,如图 8—18 右图所示。

(2)若要选定不相邻的多个单元格区域,可以在选定第一个单元格或单元格区域后,在按 Ctrl 的同时继续选取下一个目标,如图 8—19 所示。

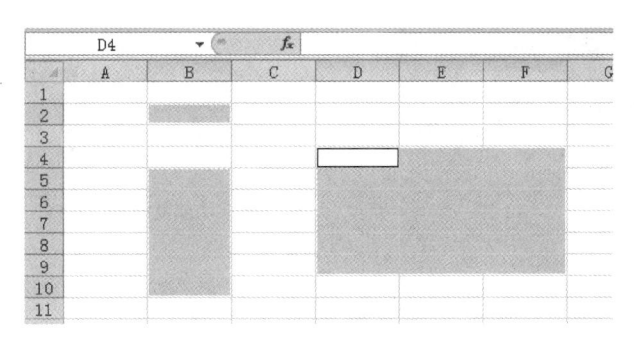

图 8-19　选取不相邻单元格

3. 行、列选择

单击行号或列号,可选取整行或整列。在点击行、列标号的时候,可使用 Ctrl 或 Shift 键配合实现多行或多列的复选操作,如图 8-20 所示,注意行列标号的突出显示状态。

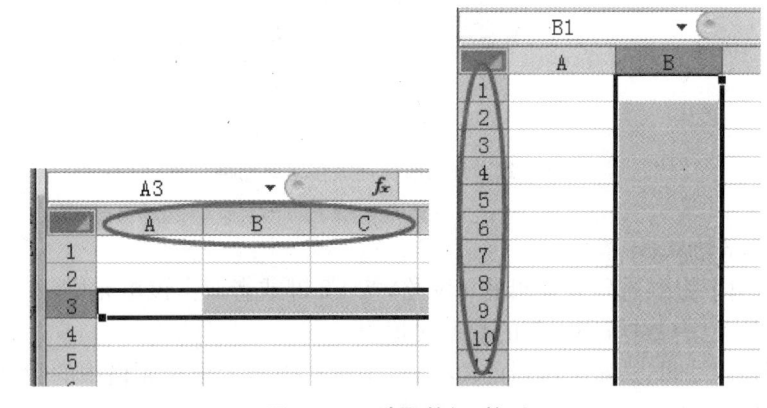

图 8-20　选取整行、整列

4. 移动和复制单元格

要移动或复制单元格,首先需要选定目标单元格,然后启用相应功能。移动单元格对应的功能为"剪切"。

(1)在"开始"选项卡功能区中点击"剪切"或"复制"快捷按钮。

(2)使用快捷键"剪切"【Ctrl+X】或"复制"【Ctrl+C】。

启用"剪切"或"复制"的功能后,被选定单元格边框出现闪烁的条纹特效,如图 8-21 所示。然后,将鼠标移动到要移动或复制的新位置,选定目标单元格,再点击功能区中的"粘贴"快捷按钮,或使用快捷键"粘贴"【Ctrl+V】完成操作。

如果要移动或复制的内容在同一屏幕内,可在原单元格的边框上按住鼠标左键不放,通过鼠标拖放的方法进行操作,如图 8-22 所示。鼠标移动的过程中,目标单元格会呈现出虚线边框效果,并有气泡框提示此单元格的名称,此时松开鼠标左键,将完成移动单元格的操作。若在松开鼠标左键之前按下 Ctrl 键,鼠标移动过程中还会出现一个加号,此时执行的是复制操作。

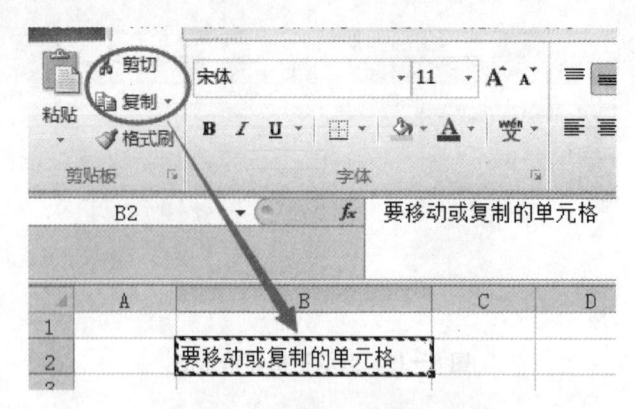

图 8-21 "剪切"或"复制"单元格

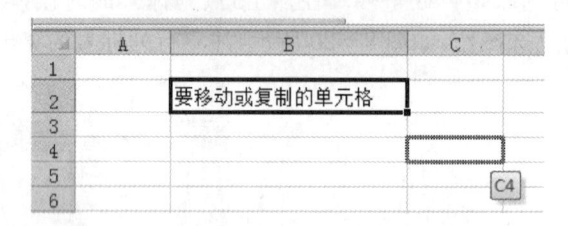

图 8-22 使用鼠标拖放移动单元格

5. 编辑单元格的数据

(1)在单元格内编辑：选定要编辑的单元格，按 F2 键或者双击该单元格，然后直接输入数据。如果单元格中已有数据，则以新的数据代替。

(2)在编辑栏内编辑：选定要编辑的单元格，编辑栏中显示出单元格中的数据。单击编辑栏后，就可以在编辑栏中进行单元格的数据编辑。

6. 清除单元格

(1)选定要清除的单元格。

(2)在"开始"选项卡功能区中的最后一组中选择"清除"按钮，如图 8-23 所示，会弹出一个子菜单。

图 8-23 清除单元格

(3)从"清除"子菜单中可以选择 5 种清除方式中的任意一种。可选择"全部清除"、"清除格式"、"清除内容"、"清除批注"和"清除超链接"项。直接按 Del 键相当于仅删除内容。

7. 插入、删除单元格

(1)插入单元格的功能可以在目标单元格上方或左侧插入新的单元格,具体步骤为:选中该单元格→在单元格上通过右键菜单选择"插入"功能,选择所需的插入方式,如图 8-24 所示。

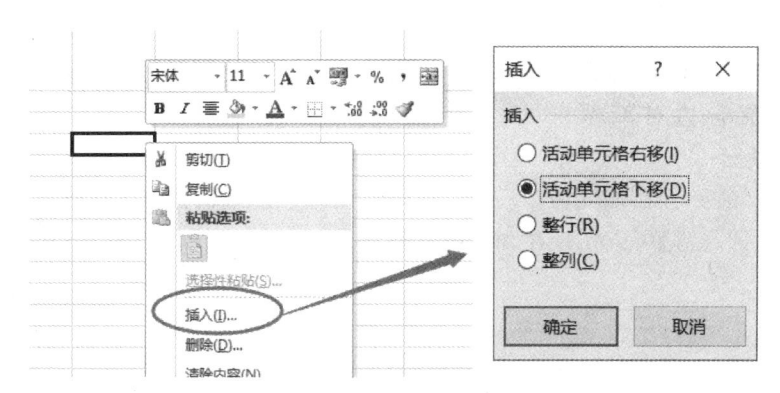

图 8-24 插入单元格

(2)删除单元格:与插入单元格类似,选定目标单元格后,在右键菜单选择"删除"功能。

8. 插入、删除工作表中的行、列

(1)插入行:

▲ 需要在某行的上方插入一行,在工作区左侧的行号上单击选中该行,然后通过右键菜单选择"插入"功能即可。

▲ 需要插入多行,则选中相同的行数,然后,在选定的行号上通过右键菜单选择"插入"功能即可。

(2)删除行:在工作区左侧的行号上单击选定目标行(可以多选),然后通过右键菜单选择"删除"功能即可。

(3)插入、删除列:方法类似行的操作。

8.2.6 单元格数据输入

1. 输入数字

单元格默认宽度为 8 个字符,右对齐,按回车键确认输入。超过 11 位的数字用指数形式表示,保留 15 位精确度。

为了避免与日期混淆,输入分数时前面输入 0 加空格 1/3。

输入货币或百分比,先单击"格式"菜单中的单元格格式并选定货币或百分比。

输入类似身份证号、手机号这类以文本形式保存的长数字时,需要提前设置单元格格式为文本或者在输入数字前加一个半角状态下的单引号(关闭中文输入法)。

2. 输入日期和时间

在单元格内输入"1/3"、"1-3"、"2015-1-3"或者"2017-10"这些格式的内容时,会自动被识别为日期记录,如果未输入完整的日期,Excel 会自动补充缺失的部分,如:"1/3"、"1-3"会把当前年份补充进去,在编辑栏查看到的实际内容是:"2017/1/3";"2017-10"则会自动补充为"2017/10/1"。

在单元格内输入"8:30"时,会自动被识别为时间记录,在编辑栏查看到的实际内容是:"8:30:00"。如果当前系统时间设置为12小时计时法,则编辑栏内显示的内容还有上/下午标记,即:"8:30:00 AM"。

若需要输入当前日期,可使用快捷键【Ctrl+;】;若需要输入当前时间,可使用快捷键【Ctrl+Shift+;】。

3. 输入文本

当输入的内容是数字、字母、符号和中文等内容的组合时,系统不能匹配到已知的其他格式,则自动视为文本,左对齐。

4. 单元格换行

正常情况下,在单元格输入数据后,按回车键,可以实现编辑光标下移到下一行单元格,如果通过按【Alt+回车键】可以实现在当前单元格内的换行输入,而不是换行到下一行单元格。如图8-25所示。

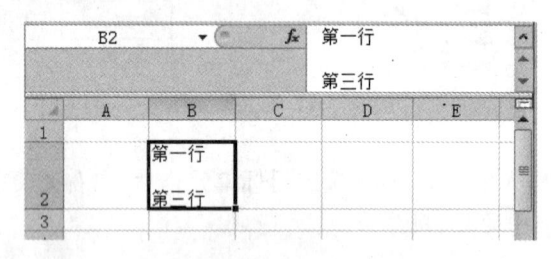

图8-25 单元格内换行输入

5. 单元格填充功能

使用填充功能可以是用来填充相同数据或有规律的数据(活动单元格),鼠标移到当前单元格的右下方填充句柄位置,光标会变成"十字星"光标,拖动鼠标可以实现填充单元格数据。如图8-26所示,拖动鼠标的过程中,目标区域会呈现虚线边框,光标边上还有气泡框提示将要填充的内容,此时,可通过按下 Ctrl 键决定是复制内容还是自动序列填充。

图8-26 拖动填充句柄

如果输入并选定两个以上的单元格,则在拖动填充句柄时,Excel 会自动识别单元格内容的规律,并根据此规律进行序列填充。填充完成以后,如果对系统自动识别的填充模式不满意,可点击填充区域右下角的图标,然后选择相应的填充模式。如图8-27所示,注意观察其中的规律。

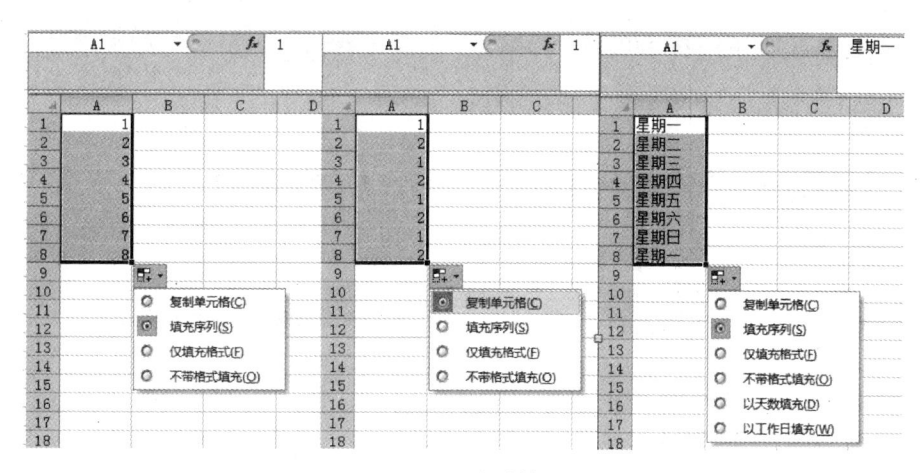

图 8—27 自动填充

8.3 格式化工作表

工作表格式化的内容主要集中在"开始"功能选项卡中,包括设置字符格式,设置对齐方式、设置数字的格式和单元格样式等。

8.3.1 字符和数字格式化

1. 设置字符格式

(1)选中需要改变的文本或文本包含的单元格区域。

(2)在"开始"选项卡功能区中的"字体"分组中选择相应的内容,如图 8—28 所示,可进行字体、字号、字形、边框和文字颜色等设置。单击"字体"分组右下角的小箭头,可弹出"设置单元格格式——字体"对话框,进行更详细的设定,如图 8—29 所示。

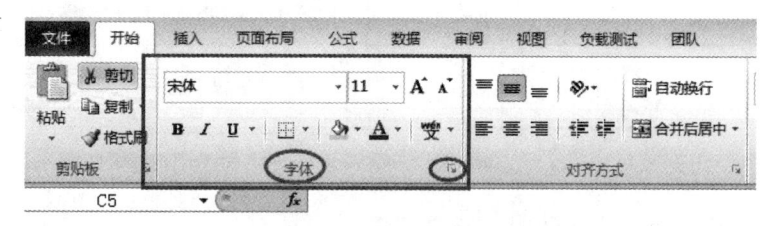

图 8—28 功能区中的"字体"分组

2. 设置数字格式

(1)选中要格式化的数字单元格或区域。

(2)在"开始"选项卡功能区中的"数字"分组中可快速选择常用的数字格式。单击"数字"分组右下角的小箭头,可弹出"设置单元格格式——数字"对话框,进行更详细的设定,如图 8—30所示。

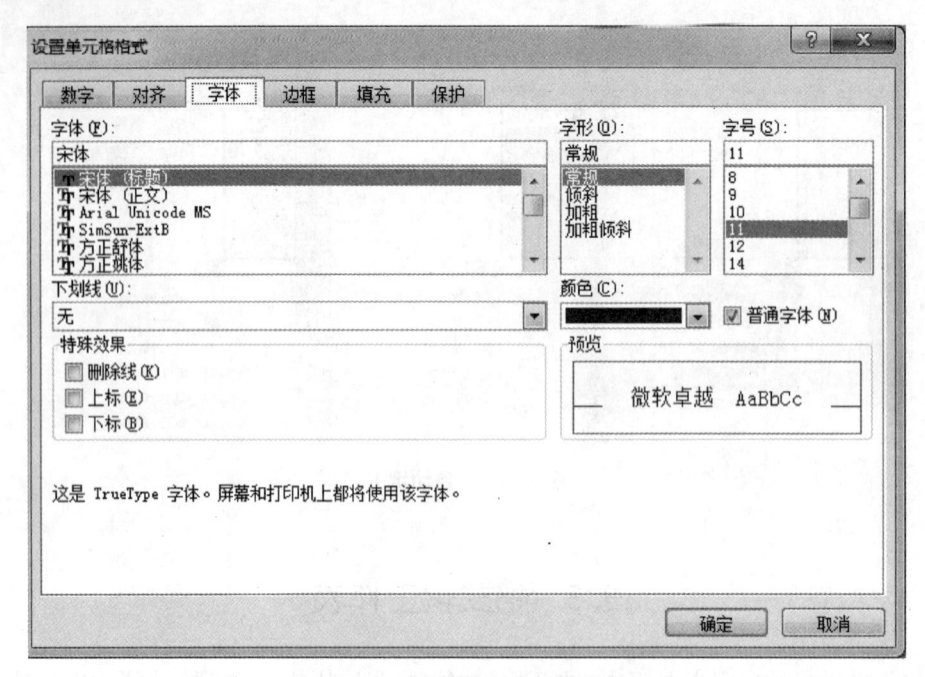

图 8-29 设置单元格格式

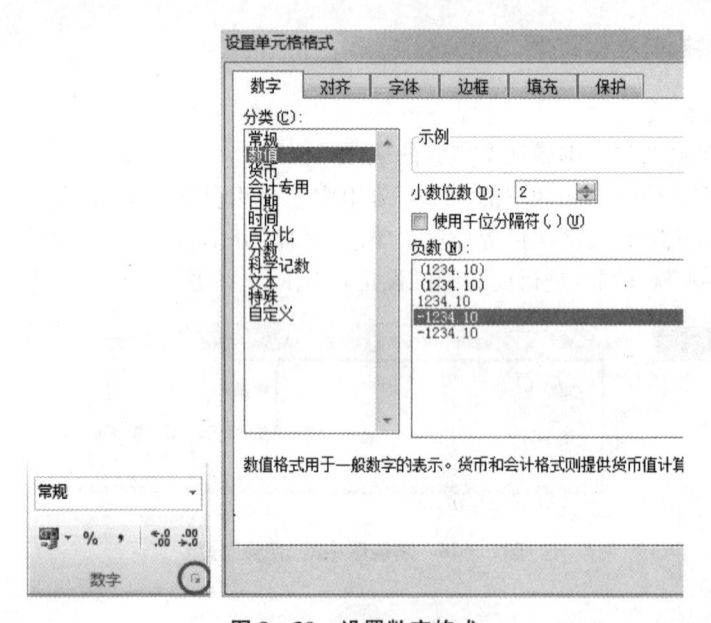

图 8-30 设置数字格式

8.3.2 设置对齐方式

选中需要改变的一行(列)或者多行(列)或单元格,然后在"开始"选项卡功能区中的"对齐方式"分组中可快速选择常用的设置,主要包括:水平/垂直对齐方式、单元格方向、缩进量、自动换行和合并居中。单击"对齐方式"分组右下角的小箭头,可弹出"设置单元格格式——对齐方式"对话框,如图 8-31 所示。

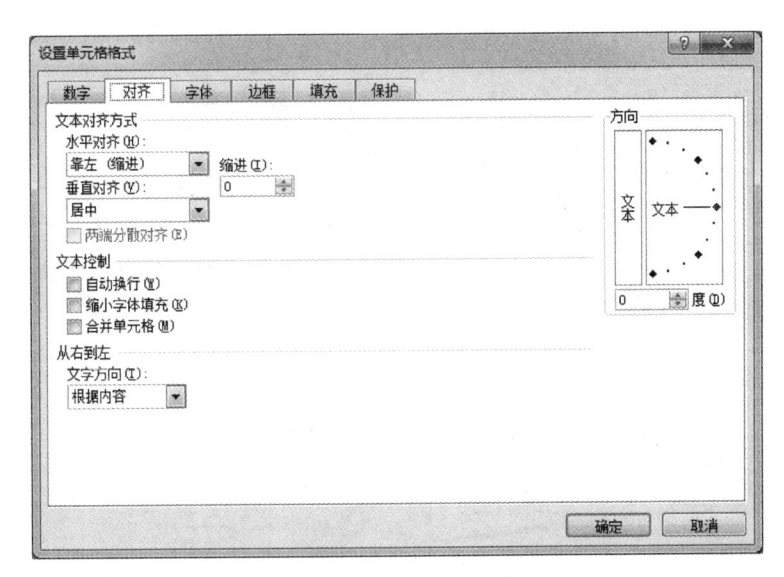

图 8-31　对齐方式对话框

8.3.3　调整行高、列宽

选中需要改变尺寸的一行(列)或者多行(列),然后在"开始"选项卡功能区中的"单元格"分组中点击"格式"按钮,在弹出的"单元格大小"菜单中选择"行高"或"列宽"选项,再在出现的对话框中输入行的高度值或列的宽度值,单击"确定"按钮即可,如图 8-32 所示。

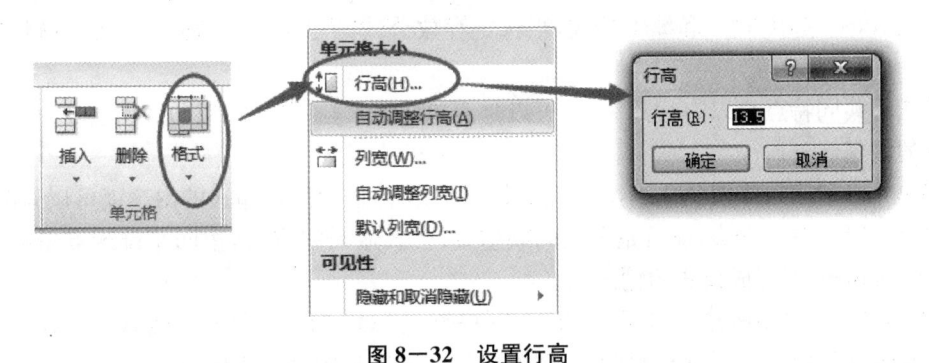

图 8-32　设置行高

8.3.4　套用表格格式

为了快速格式化表格,Excel 2010 提供了自动格式化功能,"套用表格格式"可自动识别 Excel 工作表中的汇总层次以及明细数据的具体情况,然后统一对它们的格式进行修改。

利用"套用表格格式"功能快速套用工作表的格式,可采用如图 8-33 的步骤:
(1)选定需要套用格式的工作表范围。
(2)在"开始"选项卡功能区中的"样式"分组中点击"套用表格格式"按钮。
(3)在弹出的工作表样式列表中选择合适的工作表样式。
(4)在弹出的"套用表格式"对话框中确认数据单元格范围以及表格是否包含标题。
(5)单击"确定"按钮,Excel 将自动完成格式设置。

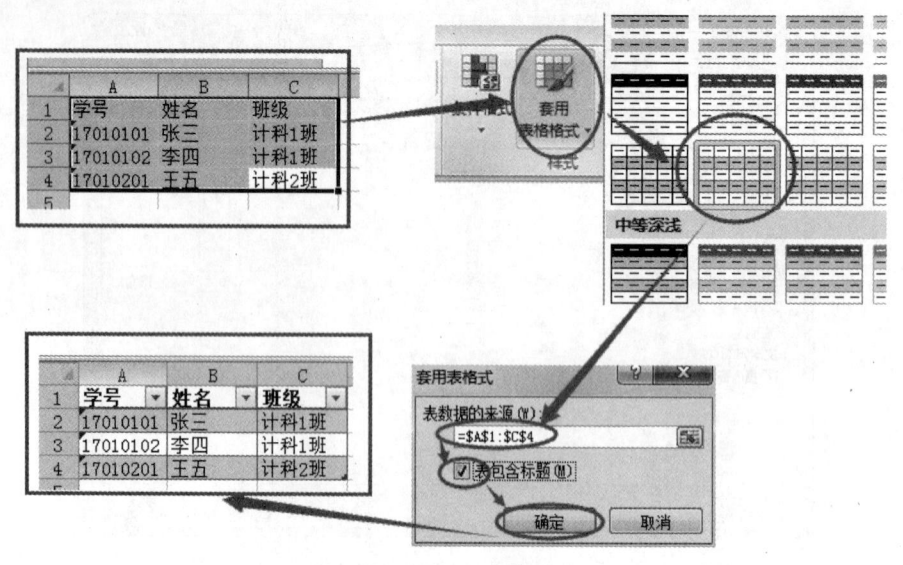

图 8—33 套用表格格式

8.4 公式和函数的使用

8.4.1 输入公式

要在 Excel 2010 输入和编辑公式,当选定存放公式的目标单元格后,应在"编辑栏"中进行操作。

公式的共同特点是以"="开头,它可以是简单的数学公式,也可以包含各种 Excel 函数或是它们的嵌套、组合。

在单元格中输入数值及文本,只有直接在单元格内输入需要输入的内容就可以,在输入公式时需要以等号"="开头,随后是公式的表达式,公式输入完毕后,按回车键或点击编辑栏中的"输入"按钮,即完成公式的输入。

例如:在 A1 单元格输入"33",在 B1 单元格输入"66",在 C1 单元格输入"=A1+B1",然后按回车键,就会在 C1 单元格显示计算的结果:"99"。如图 8—34 所示。

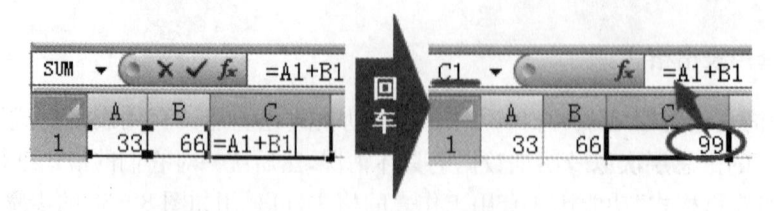

图 8—34 公式输入范例

注意:

1. 在输入公式过程中,需要引用单元格名称的时候,可使用鼠标直接点击单元格,该单元格的名称就会出现在公式中。

2. Excel 在一般情况下单元格显示的是公式的计算结果,而公式的查看和修改一般在编辑栏中进行。对于包含公式的单元格,如果需要复制数据而不是公式,应该使用"选择性粘贴"→"数值",如图 8-35 所示。

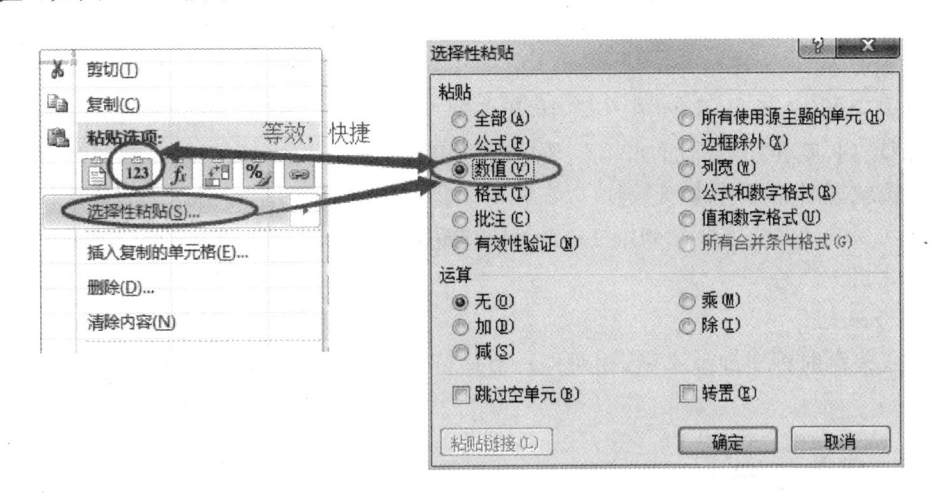

图 8-35　通过选择性粘贴只保留数值

3. 组合键【Ctrl+~】可以切换公式审核模式,该模式下的单元格只显示公式,不显示计算结果。

8.4.2　公式运算符

Excel 中的公式字符串最多可以有 1 024 个字符组成,公式以"="开头,后面由 5 种元素组成:运算符、单元格引用、数值或文本、工作表函数和括号。

运算符:

(1)算术运算符:用来完成基本的数学运算,算术运算符有+(加)、-(减)、*(乘)、/(除)、%(百分比)、^(乘方),其运算结果为数值型。

(2)文本运算符:文本运算符"&"用来将一个或多个文本连接成为一个组合文本。例如"Exc"&"el"的结果为"Excel"。

(3)比较运算符:用来对两个数值进行比较,产生的结果为逻辑值 True(真)或 False(假)。比较运算符有=(等于)、>(大于)、<(小于)、>=(大于等于)、<=(小于等于)、<>(不等于)等。

(4)引用运算符:用于对单元格区域进行合并运算。引用运算符包括区域、联合和交叉。

8.4.3　单元格的引用

单元格公式输入中,经常要对其他单元格进行引用,也就是需要对其他单元格进行运算,同时在编辑单元格过程中,也经常对包含公式的单元格进行复制、粘贴的操作,以减少频繁输入公式的操作,那么我们就需要了解对其他单元格引用中涉及的两种引用方式,第一是相对引用,第二是绝对引用。

1. 相对地址

在公式复制时,地址将自动调整,调整原则为:

新的行地址＝原来的行地址＋行偏移量

新的列地址＝原来的列地址＋列偏移量

例如：将 D3 单元中的公式"＝A3＋B3＋C3"复制到 E5 后，D4 中的公式"＝B5＋C5＋D5"。

2. 绝对地址

在公式复制时，地址不变，在公式中，用符号"$"进行锁定。要锁定行，就在行号前面加"$"，要锁定列，就在列号前面加"$"，要同时锁定行和列，就在行和列前面都加"$"。在单元格处于编辑状态时，直接按【F4】键可以在相对引用、混合引用和绝对引用之间依次切换。

例如：C3 单元的公式"＝$B$1＋$B$2"复制到 D5 中，D5 单元的公式仍然是"＝$B$1＋$B$2"。

3. 混合地址

在公式复制时绝对地址不变，相对地址按规则调整。规则同上述的相对地址和绝对地址规则。

8.4.4 常用函数及应用

Excel 2010 中的函数共有 12 个大类，分别是：财务函数、数学和三角函数、日期与时间函数、统计函数、查询和引用函数、数据库函数、文本函数、逻辑函数、信息函数、工程函数、多维数据集函数和兼容性函数。下面介绍一些最为常用的函数。

1. IF 函数

用途：执行逻辑判断，它可以根据逻辑表达式的真假，返回不同的结果，从而执行数值或公式的条件检测任务。

语法：IF(逻辑表达式,true 值,false 值)。

参数："逻辑表达式"的计算结果应为 TRUE 或 FALSE；"true 值"是当逻辑表达式运算结果为 TRUE 时 IF 函数的返回值，也就是单元格最终显示的内容，这个值可以是数值、文本、也可以是另外一个表达式，如果这个返回值是另外一个表达式，这种情况称为函数的嵌套。"false 值"是当逻辑表达式运算结果为 FALSE 时 IF 函数的返回值。

【例 8-1】要判断字符串是否相同，可以用 IF 函数进行判断，E1 单元格要对 C1 与 D1 进行判断，生成判断结果，可以输入"IF(C1=D1,"相同","不同")。如图 8-36 所示。

	A	B	C	D	E	F
1	If函数示范		国庆	中秋	不同	→=IF(C1=D1,"相同","不同")
2						
3			函数	函数	相同	→=IF(C3=D3,"相同","不同")

图 8-36　IF 函数实例 1

【例 8-2】如果一个工作表的 A2 单元格是考试的成绩，现在要对成绩进行分档判断填入 B2 中，85 分以上为 A 档，70 分以上为 B 档，60 分以上为 C 档，60 分以下为 D 档，则可以编制公式"=IF(A2>=85,"A",IF(A2>=70,"B",IF(A2>=60,"C","D")))"，其中第二个 IF 语句同时也是第一个 IF 语句的参数。同样，第三个 IF 语句是第二个 IF 语句的参数，以此类推，若第一个逻辑判断表达式 A2>=85 成立，则 B2 单元格被赋值"A"；如果第一个逻辑判断表达式 A2>=85 不成立，则计算第二个 IF 语句"IF(A2>=70)"；以此类推直至计算结束，该函数广泛用于需要进行逻辑判断的场合。如图 8-37 所示。

	A	B	C
1	成绩	等级	
2		运算结果	公式内容
3	69	C	=IF(A3>=85,"A",IF(A3>=70,"B","C"))

图 8-37　IF 函数实例 2

2. VLOOKUP 函数

用途：在表格或数值数组的首列查找指定的数值，并由此返回表格或数组当前行中指定列处的数值。

语法：VLOOKUP(lookup_value,table_array,col_index_num,range_lookup)。

参数：Lookup_value 为需要在数据表第一列中查找的数值，它可以是数值、引用或文字串。Table_array 为需要在其中查找数据的数据表，可以使用对区域或区域名称的引用。Col_index_num 为 Table_array 中待返回的匹配值的列序号。Col_index_num 为 1 时，返回 Table_array 第一列中的数值；Col_index_num 为 2，返回 Table_array 第二列中的数值，以此类推。Range_lookup 为一逻辑值，指明函数 VLOOKUP 返回时是精确匹配还是近似匹配。如果为 TRUE 或省略，则返回近似匹配值，也就是说，如果找不到精确匹配值，则返回小于 lookup_value 的最大数值；如果 range_value 为 FALSE，函数 VLOOKUP 将返回精确匹配值。如果找不到，则返回错误值♯N/A。

【例 8-3】　某校计算机 3 个班的学生语文成绩的统计表。如图 8-38 所示。

	A	B	C	D
1	序号	班级	姓名	语文成绩
2	1	计算机1班	姚志光	72
3	2	计算机1班	王维钦	55
4	3	计算机1班	车玲	86
5	4	计算机1班	周宁星	73
6	5	计算机1班	钟文超	90
7	6	计算机1班	张利荣	82
8	7	计算机1班	闵宪金	88
9	8	计算机2班	吕春艳	53
10	9	计算机2班	张敏	67
11	10	计算机2班	赖寒	51
12	11	计算机2班	栾云玲	74
13	12	计算机2班	钱国富	51
14	13	计算机2班	黄跃冲	51
15	14	计算机2班	沈琴怡	83
16	15	计算机3班	李腾高	77
17	16	计算机3班	罗小兵	71
18	17	计算机3班	尹芳	95
19	18	计算机3班	王岱青	70

图 8-38　成绩统计表

现在要在这个表格中通过函数自动找出钟文超、栾云玲、尹芳的语文成绩，分别填写到 G2、G3、G4 单元格中，因此在三个单元格中分别输入"＝VLOOKUP(F2,C2:D19,2,FALSE)"、"＝VLOOKUP(F3,C2:D19,2,FALSE)"、"＝VLOOKUP(F4,C2:D19,2,FALSE)"。如图 8-39 所示。

	F	G	H
1	姓名	语文成绩	
2	钟文超	90	=VLOOKUP(F2,C2:D19,2,FALSE)
3	栾云玲	74	=VLOOKUP(F3,C2:D19,2,FALSE)
4	尹芳	95	=VLOOKUP(F4,C2:D19,2,FALSE)

图8-39　VLOOKUP函数实例

3. ROUND函数（ROUNDDOWN函数，ROUNDUP函数）

用途：按指定位数四舍五入某个数字。（ROUNDDOWN为往下舍，ROUNDUP为往上进）。

语法：ROUND(number,num_digits)。

参数：Number是需要四舍五入的数字；Num_digits为指定的位数，Number按此位数进行处理。注意：若num_digits大于0，则四舍五入到指定的小数位；若num_digits等于0，则四舍五入到最接近的整数；若num_digits小于0，则在小数点左侧按指定位数四舍五入。

【例8-4】　如果B1、B2、B3都等于86.65，C1单元格对B1在个位数进行四舍五入，输入"=ROUND(B1,0)"，得到87；C2单元格对B2在个位数进行向下取整，输入"=ROUNDDOWN(B2,0)"，得到86；C3单元格对B3在个位数进行向上取整，输入"=ROUNDUP(B3,0)"，得到87，如图8-40所示。

	A	B	C	D
1	ROUND	86.65	87	=ROUND(B1,0)
2	ROUNDDOWN	86.65	86	=ROUNDDOWN(B2,0)
3	ROUNDUP	86.65	87	=ROUNDUP(B3,0)

图8-40　ROUND函数实例

4. SUM函数

用途：计算某一单元格区域中所有数字之和。

语法：SUM(number1,number2,…)。

参数：Number1,number2,…为1到30个需要求和的数值（包括逻辑值及文本表达式）、区域或引用。

注意：参数表中的数字、逻辑值及数字的文本表达式可以参与计算，其中逻辑值被转换为1、文本被转换为数字。如果参数为数组或引用，只有其中的数字将被计算，数组或引用中的空白单元格、逻辑值、文本或错误值将被忽略。

【例8-5】　如果需要对所有同学的语文课进行求和填到H1，可以在H1中输入"=SUM(D2:D19)"，如图8-41所示。

	F	G	H	I
1	SUM函数	所有语文总成绩	1289	=SUM(D2:D19)

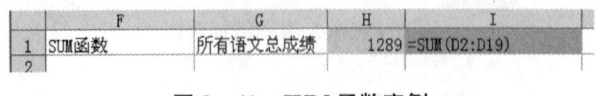

图8-41　SUM函数实例

5. SUMIF函数

用途：根据指定条件对若干单元格、区域或引用求和。

语法：SUMIF(range,criteria,sum_range)。

参数：Range 为用于条件判断的单元格区域，Criteria 是由数字、逻辑表达式等组成的判定条件，Sum_range 为需要求和的单元格、区域或引用。

【例 8－6】 要计算计算机 1 班语文总成绩，就可以输入“＝SUMIF($B$2：$B$19,"计算机 1 班",$D$2：$D$19”。计算机 2 班语文总成绩可以输入“＝SUMIF($B$2：$B$19,"计算机 2 班",$D$2：$D$19)”，如图 8－42 所示。

	F	G	H	I
1	SUMIF函数	计算机1班语文总成绩	546	=SUMIF($B$2:$B$19,"计算机1班",$D$2:$D$19)
2		计算机2班语文总成绩	430	=SUMIF($B$2:$B$19,"计算机2班",$D$2:$D$19)
3				

图 8－42 SUMIF 函数实例

6. AVERAGE 函数

用途：计算所有参数的算术平均值。

语法：AVERAGE(number1,number2,...)。

参数：Number1,number2,...是要计算平均值的 1～30 个参数。

【例 8－7】 需要计算全部同学语文的平均分，则输入公式“＝AVERAGE(D2：19)”，结果输出 71.62。如图 8－43 所示。

	F	G	H	I
1	AVERAGE函数	语文平均分	71.61	=AVERAGE(D2:D19)
2				

图 8－43 AVERAGE 函数实例

7. MAX 函数

用途：统计数据集中的最大数值。

语法：MAX(number1,number2,...)。

参数：Number1,number2,...是需要找出最大数值的 1 至 30 个数值。

【例 8－8】 如果需要计算语文最高分，则输入公式“＝MAX(D2：D19)”，结果输出 95。如图 8－44 所示。

	F	G	H	I
1	MAX函数	语文最高分	95	=MAX(D2:D19)
2				

图 8－44 MAX 函数实例

8. COUNT 函数

用途：统计数字参数的个数。它可以统计数组或单元格区域中含有数字的单元格个数。

语法：COUNT(value1,value2,...)。

参数：Value1,value2,...是包含或引用各种类型数据的参数(1～30 个)，其中只有数字类型的数据才能被统计。

【例 8－9】 要计算参加考试的总人数，则公式“＝COUNT(D2：D19)”，结果输出 18。如图 8－45 所示。

	F	G	H	I
1	COUNT函数	总人数	18	=COUNT(D2:D19)
2				

图 8－45　COUNT 函数实例

9. COUNTIF 函数

用途：统计某一区域中符合条件的单元格数目。

语法：COUNTIF(range,criteria)。

参数：range 为需要统计的符合条件的单元格数目的区域；Criteria 为参与计算的单元格条件，其形式可以为数字、表达式或文本(如 36、">160"和"男"等)。其中数字可以直接写入，表达式和文本必须加引号。

【例 8－10】 需要计算计算机 1 班参加人数，可以输入"=COUNTIF(B2:B19,"计算机 1 班")"。计算计算机 3 班参加人数，可以输入"=COUNTIF(B2:B219,"计算机 3 班")"。如图 8－46 所示。

	F	G	H	I
1	COUNTIF函数	计算机1班人数	7	=COUNTIF(B2:B19,"计算机1班")
2		计算机3班人数	4	=COUNTIF(B2:B19,"计算机3班")
3				

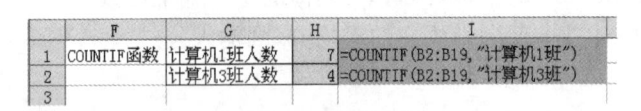

图 8－46　COUNTIF 函数实例

8.5　数据管理

Excel 2010 的数据管理功能主要集中在"数据"功能选项卡中，包括"获取外部数据"、"连接"、"排序和筛选"、"数据工具"和"分组显示"这几个分组。这些功能为 Excel 提供了类似 DBMS 的体验，让我们更好地管理和分析数据。

8.5.1　数据排序

在进行数据管理之前，一般需要先选定要处理的数据范围，如果没有预选，在执行操作时 Excel 会根据当前选定的单元格自行判断数据范围。如果选定的单元格在数据区域外，则无法进行数据管理，如图 8－47 所示。另外，如果数据不是连续存放的，中间有断行，Excel 在自动识别的区域不会跨过断行，如图 8－48 所示。

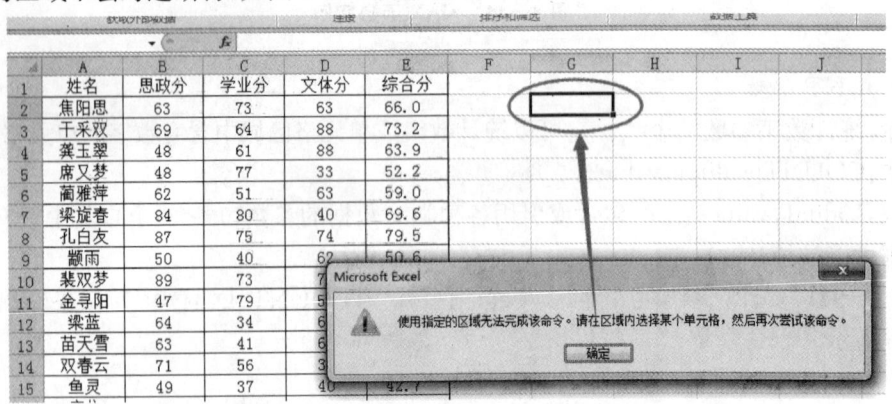

图 8－47　无效的选区无法进行数据管理

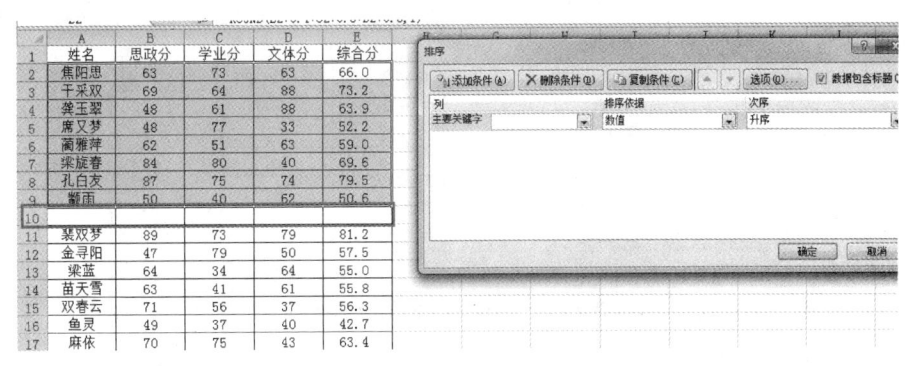

图 8—48 自动识别数据范围的缺点

1. 快速排序

快速排序只能根据单列的内容进行排序。在确保数据连续性的前提下,单击需要排列的列标题,点击功能区的升序排序按钮或降序排序按钮,如图 8—49 所示。

注意不要单选一列进行排序,如图 8—50 所示,若坚持"以当前选定区域进行排序",则会打乱表格原有的内容,严重影响数据的有效性。

图 8—49 按综合分降序排序

图 8-50 错误的排序操作

2. 标准排序

在"数据"功能选项卡的"排序和筛选"分组中单击"排序"按钮,可以弹出"排序"对话框。如图 8-51 所示。

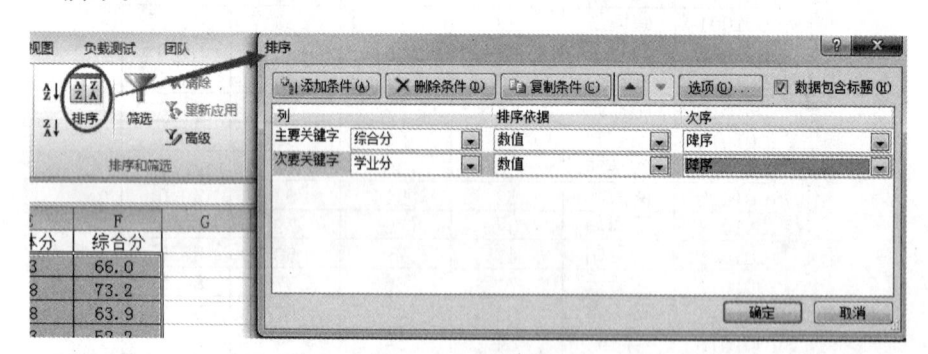

图 8-51 排序对话框

根据需要设定,可以设置多个排序的关键字段,第一个字段叫"主要关键字",其余的字段都叫"次要关键字"。排序后的结果如图 8-52 所示。

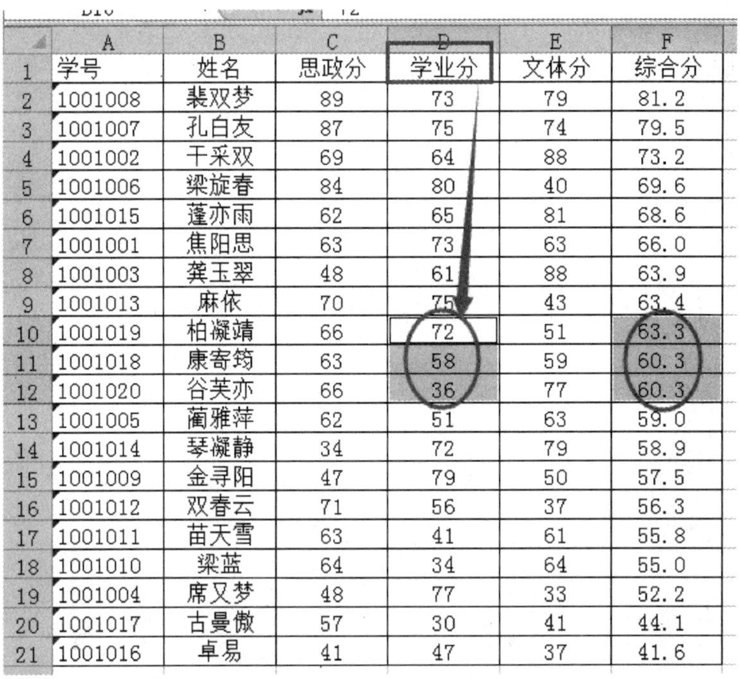

	A	B	C	D	E	F
1	学号	姓名	思政分	学业分	文体分	综合分
2	1001008	裴双梦	89	73	79	81.2
3	1001007	孔白友	87	75	74	79.5
4	1001002	干采双	69	64	88	73.2
5	1001006	梁旋春	84	80	40	69.6
6	1001015	蓬亦雨	62	65	81	68.6
7	1001001	焦阳思	63	73	63	66.0
8	1001003	龚玉翠	48	61	88	63.9
9	1001013	麻依	70	75	43	63.4
10	1001019	柏凝靖	66	72	51	63.3
11	1001018	康寄筠	63	58	59	60.3
12	1001020	谷芙亦	66	36	77	60.3
13	1001005	蔺雅萍	62	51	63	59.0
14	1001014	琴凝静	34	72	79	58.9
15	1001009	金寻阳	47	79	50	57.5
16	1001012	双春云	71	56	37	56.3
17	1001011	苗天雪	63	41	61	55.8
18	1001010	梁蓝	64	34	64	55.0
19	1001004	席又梦	48	77	33	52.2
20	1001017	古曼傲	57	30	41	44.1
21	1001016	卓易	41	47	37	41.6

图 8—52 排序效果

8.5.2 自动筛选

若要查看数据清单中符合某些条件的数据,就要使用筛选的办法把那些数据找出来。筛选数据清单可以寻找和使用数据清单中的数据子集。筛选后只显示出包含某一个值或符合一组条件的行,而隐藏其他行。Excel 2010 主要有两种筛选方式:"自动筛选"和"高级筛选"。

利用系统的"自动筛选"功能,系统可以方便地进行各式各样的统计。首先选择数据区域的行头,然后在"数据"功能选项卡的"排序和筛选"分组中单击"筛选"按钮,自动筛选功能就启动了,如图 8—53 所示。

表格自动筛选启用后,在行头出现倒三角形的按钮,可以点击进行相应的统计筛选。如图 8—54 所示。

通过图中所示的列标下拉列表,就能够很容易的选定和查看数据记录。例如,这一步骤用于过滤学业分在 70 分以上的同学,操作的结果如图 8—55 所示。自定义过滤筛选条件的字段行首图标变成，很容易识别。若要在数据清单中恢复筛选前的显示状态,只需要在功能区中点击"清除"按钮即可。

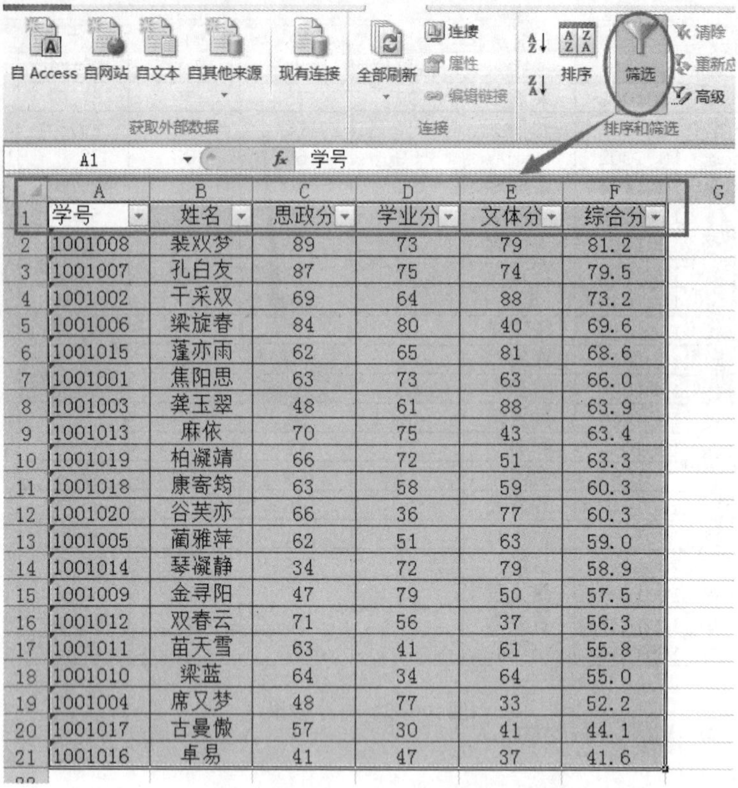

图8-53 启用筛选

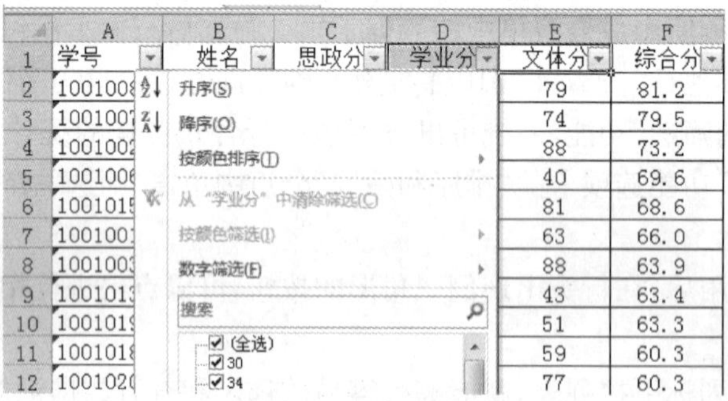

图8-54 自动筛选效果图

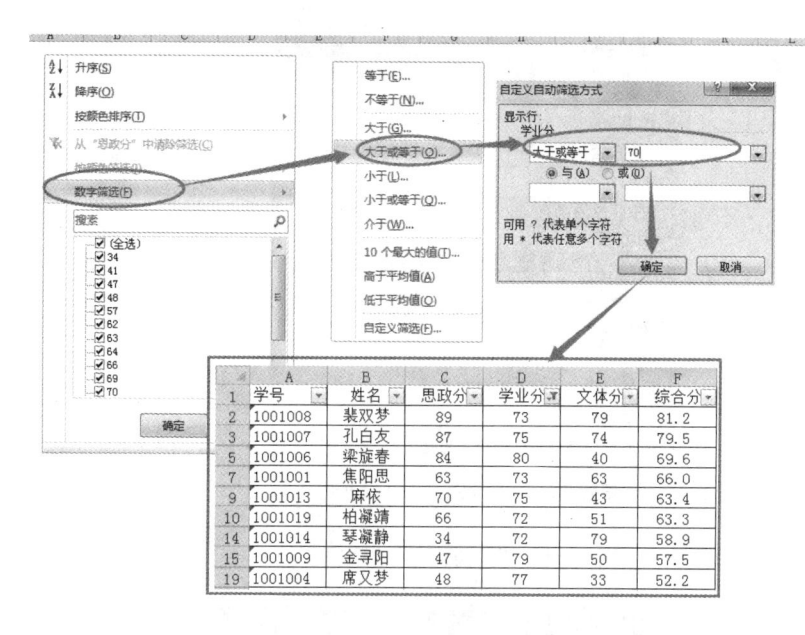

图 8－55　筛选学业分在 70 分以上的同学

8.5.3　分类汇总

要对数据区域进行分类汇总,需对分类字段进行排序,例如需要根据"等级"进行分类汇总,首先要对"等级"进行排序,如图 8－56 所示。

图 8－56　按"等级"排序

选定有效的数据区域,在"数据"功能选项卡的"分级显示"分组中单击"分类汇总"按钮,打开"分类汇总"对话框,如图 8－57 所示。选择分类汇总的字段为"等级",并选择汇总方式为"求和",设置汇总项为"思政分"、"学业分"和"综合分"三个字段,单击"确定"按钮完成操作,汇总效果如图 8－58 所示。

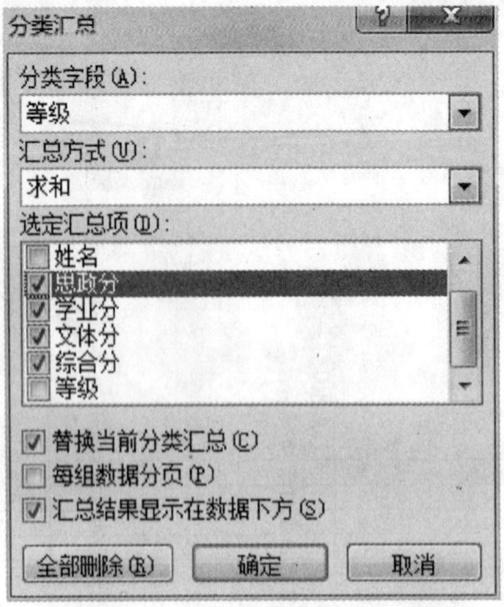

图 8—57 "分类汇总"对话框

	A	B	C	D	E	F	G
1	学号	姓名	思政分	学业分	文体分	综合分	等级
2	1001008	裴双梦	89	73	79	81.2	A
3	1001007	孔白友	87	75	74	79.5	A
4			176	148	153	160.7	A 汇总
5	1001002	干采双	69	64	88	73.2	B
6	1001006	梁旋春	84	80	40	69.6	B
7	1001015	蓬亦雨	62	65	81	68.6	B
8	1001001	焦阳思	63	73	63	66.0	B
9	1001003	龚玉翠	48	61	88	63.9	B
10	1001013	麻依	70	75	43	63.4	B
11	1001019	柏凝靖	66	72	51	63.3	B
12	1001018	康寄筠	63	58	59	60.3	B
13	1001020	谷芙亦	66	36	77	60.3	B
14			591	584	590	588.6	B 汇总
15	1001005	蔺雅萍	62	51	63	59.0	C
16	1001014	琴凝静	34	72	79	58.9	C
17	1001009	金寻阳	47	79	50	57.5	C
18	1001012	双春云	71	56	37	56.3	C
19	1001011	苗天雪	63	41	61	55.8	C
20	1001010	梁蓝	64	34	64	55.0	C
21	1001004	席又梦	48	77	33	52.2	C
22	1001017	古曼傲	57	30	41	44.1	C
23	1001016	卓易	41	47	37	41.6	C
24			487	487	465	480.4	C 汇总
25			1254	1219	1208	1229.7	总计

图 8—58 按班级进行分类汇总的结果

8.6 图表的使用

8.6.1 图表的类型

图表是工作表数据的图形表示，用户可以很直观、容易地从中获取大量信息。Excel 有很强的内置图表功能，可以很方便地创建各种图表。

Excel 2010 提供的图表有柱形图、折线图、饼图、条形图、面积图、XY（散点图）、股市图、曲面图、圆环图、气泡图和雷达图等多种类型,如图 8—59 所示,而且每种图表还有若干子类型。不同图表类型适合于不同数据类型。

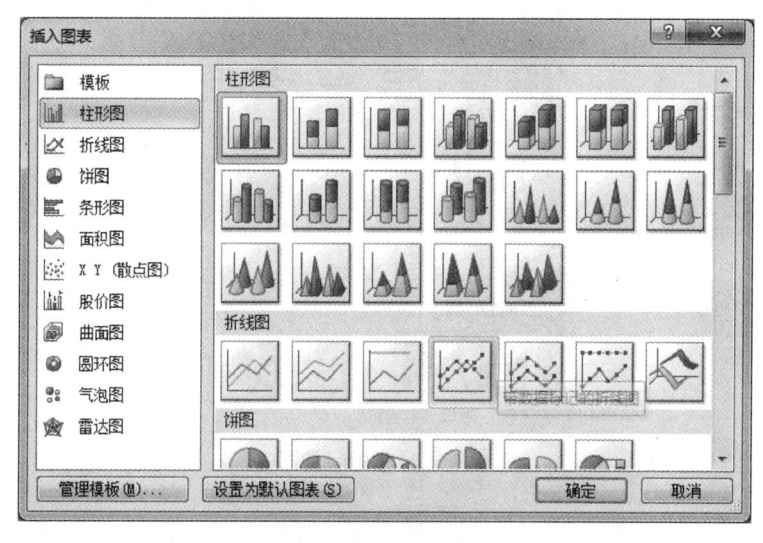

图 8—59　图表类型

8.6.2　创建图表

Excel 2010 的图表可以以内嵌图表的形式嵌入数据所在的工作表,也可以嵌入在一个新工作表上。所有的图表都依赖于生成它的工作表数据,当数据发生改变时,图表也会随之作相应的改变。利用 Excel 提供的图表功能,我们可以基于工作表中的数据建立图形表格,使用图形来描述数据,可以直观地表达各统计值大小差异。本例我们将生成每个同学学业分的柱状图。

首先在数据表中选定我们需要的数据,如图 8—60 所示,我们选定了两组不连续的数据列:姓名和学业分。

	A	B	C	D	E	F	G
1	学号	姓名	思政分	学业分	文体分	综合分	等级
2	1001008	裴双梦	89	73	79	81.2	A
3	1001007	孔白友	87	75	74	79.5	A
4	1001002	干采双	69	64	88	73.2	B
5	1001006	梁旋春	84	80	40	69.6	B
6	1001015	蓬亦雨	62	65	81	68.6	B
7	1001001	焦阳思	63	73	63	66.0	B
8	1001003	龚玉翠	48	61	88	63.9	B
9	1001013	麻依	70	75	43	63.4	B
10	1001019	柏凝靖	66	72	51	63.3	B
11	1001018	康寄筠	63	58	59	60.3	B
12	1001020	谷芙亦	66	36	77	60.3	B
13	1001005	蔺雅萍	62	51	63	59.0	C
14	1001014	琴凝静	34	72	79	58.9	C
15	1001009	金寻阳	47	79	50	57.5	C
16	1001012	双春云	71	56	37	56.3	C
17	1001011	苗天雪	63	41	61	55.8	C
18	1001010	梁蓝	64	34	64	55.0	C
19	1001004	席又梦	48	77	33	52.2	C
20	1001017	古景傲	57	30	41	44.1	C
21	1001016	卓易	41	47	37	41.6	C

图 8—60　选定作用于图表的数据范围

其次，在"插入"功能选项卡的"图表"分组中单击"柱形图"按钮，如图 8-61 所示，在弹出的样式选择框中点击"三维簇状柱形图"，就将图表插入到当前工作表中，如图 8-62 所示。

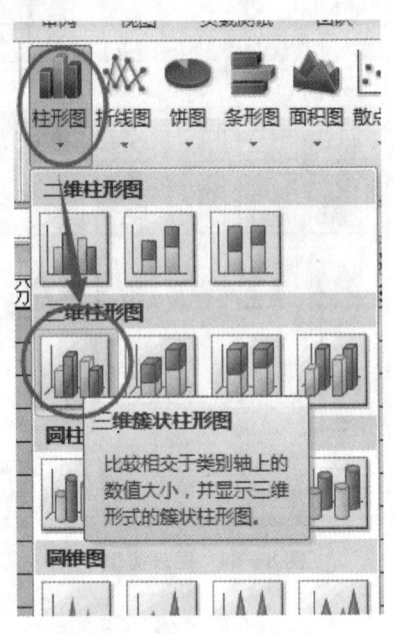

图 8-61 添加三维簇状柱形图

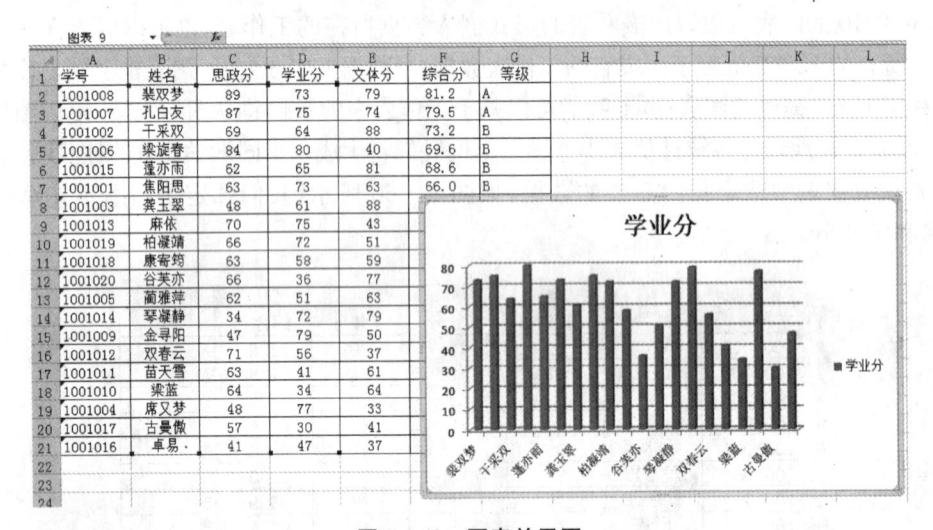

图 8-62 图表效果图

8.6.3 编辑图表

一旦创建了一个图表，在添加、删除和重组数据时，并不需要重建图表，只要进行一些适当的修改就可以了。

单击图表以激活它，此时的功能区选项卡会多出一个大类：图表工具，其中有三个子项：设计、布局和格式，如图 8-63 所示。通过这三个选项卡，我们可以对图表类型、数据系列、图表布局、图表样式、图表位置和图表格式等细节重新设置。

也可在图表区域或绘图区单击鼠标右键,从弹出的快捷菜单中选择相应的命令。如图 8—64 所示。

图 8—63 图表工具

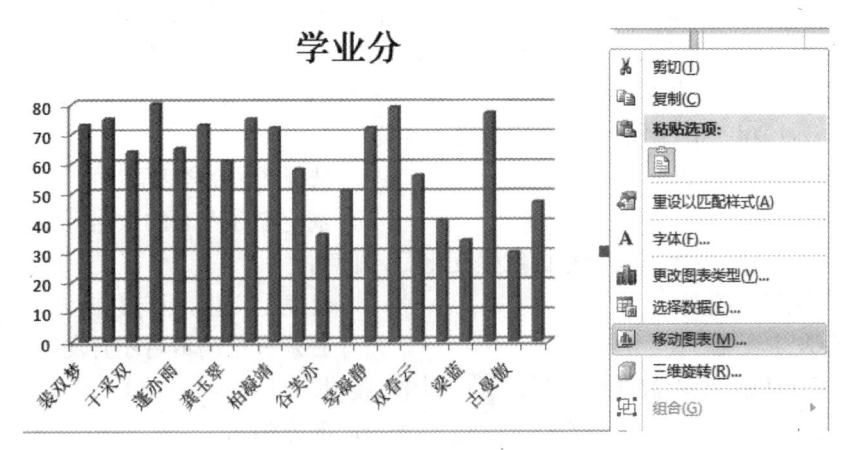

图 8—64 图表上鼠标右键编辑菜单

习题精选

一、选择题

1. 在 Excel 中,A1 单元格设定其数字格式为整数,当输入"33.51"时,显示为(　　)。
   A. 33.51　　　　　　B. 33　　　　　　C. 34　　　　　　D. ERROR
2. 如要关闭工作簿,但不想退出 Excel,可以单击(　　)。
   A. "文件"下拉菜单中的"关闭"命令　　　B. "文件"下拉菜单中的"退出"命令
   C. 关闭 Excel 窗口的按钮×　　　　　　D. "窗口"下拉菜单中的"隐藏"命令
3. 函数 AVERAGE(A1:B5)相当于(　　)。
   A. 求(A1:B5)区域的最小值　　　　　　B. 求(A1:B5)区域的平均值
   C. 求(A1:B5)区域的最大值　　　　　　D. 求(A1:B5)区域的总和
4. 在对数字格式进行修改时,如出现"＃＃＃＃＃＃＃",其原因为(　　)。
   A. 格式语法错误　　　　　　　　　　　B. 单元格长度不够
   C. 系统出现错误　　　　　　　　　　　D. 以上答案都不正确
5. 下列选项中,(　　)是绝对引用的书写方式。
   A. C6:f6　　　　　　　　　　　　　　B. ＄C＄6:＄F＄6
   C. ＄C6:F＄6　　　　　　　　　　　　D. ＄C6:F6

6. 在 Excel 中,要统计一行数值的总和,可以用下面的(　　)函数。
A. COUNT	B. AVERAGE	C. MAX	D. SUM

7. 在 Excel 中,利用填充柄可以将数据复制到相邻单元格中,若选择含有数值的左右相邻的两个单元格,左键拖动填充柄,则数据以(　　)填充。
A. 等差数列	B. 等比数列
C. 左单元格数值	D. 右单元格数值

8. 下列关于一个字段的分类汇总的说法中,正确的是(　　)。
A. 分类汇总是指按某一字段中相同记录,将其他某些字段的数据汇总起来
B. 分类汇总前,一般应按分类字段对清单排序,使相同主关键字值的记录集中在一起
C. 分类汇总的分类字段不能作为汇总项参与汇总
D. 除了选择 Excel 提供的汇总方式外,用户还可以直接自定义汇总方式

9. 在 Excel 2003 中,创建一个图表时第一步要(　　)。
A. 选择图表的形式	B. 选择图表的类型
C. 选择图表存放的位置	D. 选定创建图表的数据区

10. 在 Excel 中,产生图表的数据发生变化后,图表(　　)。
A. 会发生相应的变化	B. 会发生变化,但与数据无关
C. 不会发生变化	D. 必须进行编辑后才会发生变化

11. 在 Excel 中,要求数据库区域的每一列中的数据类型必须(　　)。
A. 不同	B. 部分相同
C. 数值结果相等	D. 完全相同

12. 在 Excel 中,要求在使用分类汇总之前,先对(　　)字段进行排序。
A. 字符	B. 字母	C. 分类	D. 逻辑

二、思考题

设计一个期末成绩登记表,具体内容及要求如下:

1. 在成绩录入的过程中能自动用颜色标记出成绩异常的记录,对于明显的录入错误能直接给出提醒;

2. 为成绩登记表添加尽可能完善的统计功能,如各分数段人数、平均分、总分、最高、最低、分数评级(优、良、中、及格、不及格)等;

3. 美化工作表。

第九章 PowerPoint 演示文稿制作

作为 Microsoft Office 办公软件组件之一的 PowerPoint 主要用于演示文稿的创建,在日常的生活工作中得到广泛的应用。PowerPoint,简称 PPT,因为其主要功能就是幻灯片的制作,也被称为幻灯片制作演示软件。人们可以用它来制作、编辑和播放一张或一系列的幻灯片,将文字、图形、图像、声音以及视频剪辑等多媒体元素集于一体,借助图片、声音和图像的强化效果,PowerPoint 可使用户简洁而又明确地表达自己的观点。PowerPoint 用于报告、总结和演讲等各种场合,具有操作简单、使用方便的特点,用它可制作出专业的演示文稿,是职场人必备的技能之一。本书将以 PowerPoint 2010 版本的使用为例,介绍演示文稿的制作全过程。

9.1 PowerPoint 2010 概述

9.1.1 PowerPoint 2010 的新功能与特点

PowerPoint 2010 相对于以前版本,增加了许多新功能:视频和图片编辑功能以及增强功能是新亮点;多人一起轻松处理演示文稿;更为平滑和丰富的切换效果和动画运行;新增的 SmartArt 图形版式(包括一些基于照片的版式);多种广播和共享演示文稿的方式等。主要的新增功能如下:

1. 在 Backstage 视图中管理文件
2. 多人共同创作演示文稿
3. 自动保存演示文稿的多种版本
4. 将幻灯片组织为逻辑节
5. 合并和比较演示文稿
6. 在不同窗口中使用单独的 PowerPoint 演示文稿文件
7. 在演示文稿中嵌入、编辑和播放视频
8. 剪裁视频或音频剪辑
9. 将演示文稿转换为视频
10. 对图片应用艺术纹理和效果
11. 删除图片的背景及其他不需要的部分
12. 使用三维动画效果切换
13. 向幻灯片中添加屏幕截图
14. 将鼠标转变为激光笔

9.1.2 PowerPoint 2010 启动与退出

1. 启动 PowerPoint 2010

在操作系统初始界面,点击"开始"菜单,在弹出的菜单中选择"所有程序",单击"Microsoft office",选择"Microsoft PowerPoint 2010"即可打开 PowerPoint 2010 软件。

2. PowerPoint 2010 窗口组成

PowerPoint 2010 的工作环境与 Word 2010 和 Excel 2010 类似,基本操作也相差无几。

PowerPoint 2010 的窗口包括 PowerPoint 按钮、窗口控制菜单图标、快速访问工具栏、标题栏、窗口控制按钮、选项卡、功能区、大纲/幻灯片浏览窗格、工作区、备注窗格和状态栏,如图 9-1 所示,各项功能详见表 9-1。

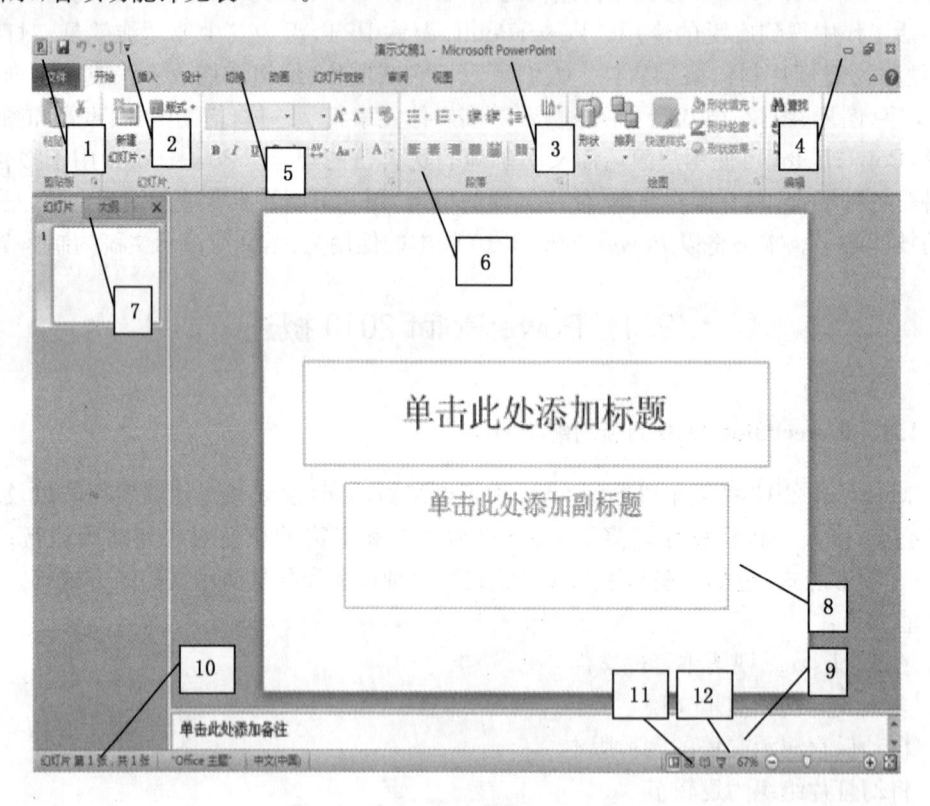

图 9-1 PowerPoint 2010 窗口环境

表 9-1 PowerPoint 2010 窗口主要部件及其功能说明

编号	名称	功能说明
1	"PowerPoint"按钮	对当前窗口进行操作,如"还原"、"移动"、"大小"、"最大化"、"最小化"、"退出"等。
2	快速访问工具栏	在该工具栏中集成了多个常用的按钮,如"撤销"、"保存"按钮。
3	标题栏	显示 PowerPoint 文档的标题,也就是当前文档的文件名。
4	窗口控制按钮	使窗口最大化、最小化、关闭的控制按钮。
5	选项卡	在标签中集成了 PowerPoint 功能区。

续表

编号	名称	功能说明
6	功能区	在功能区中包括了很多组,并集成了 PowerPoint 的大部分功能按钮。
7	大纲/幻灯片浏览窗格	显示幻灯片文本的大纲或幻灯片的缩略图,在此可组织和开发演示文稿的内容,可以键入所有文本,然后重新排列项目符号点、段落和幻灯片。
8	幻灯片窗格	显示当前幻灯片,用户可以在该窗格中对幻灯片内容进行编辑、查看文本外观、添加对象、创建超链接及设计动画。
9	备注窗格	用于添加与幻灯片内容相关的注释,供演讲时参考。
10	状态栏	用于显示当前文件的信息。
11	视图按钮	用于切换至视图页面的按钮,其中包括页面视图、阅读版式视图、Web 版式视图、大纲视图和普通视图 5 个按钮。
12	显示比例	通过拖动中间的缩放滑块来选择工作区的显示比例,也可以单击放大和缩小两个按钮调整窗口的显示比例。

3. 退出 PowerPoint 2010

退出 PowerPoint 2010 可以使用任意一种应用程序软件的退出方法,其中使用频率较高的方法主要有四种:

(1)单击"文件"选项卡,在弹出的菜单中选择"退出";

(2)单击 PowerPoint 2010 窗口标题栏右端的"窗口控制按钮"区的关闭按钮 ;

(3)单击 PowerPoint 2010 窗口标题栏左端的"控制菜单"图标,打开控制菜单,选择"关闭"命令;

(4)用键盘的 Alt+F4 组合键。

9.2 PowerPoint 2010 的基本操作

9.2.1 新建演示文稿

创建演示文稿有四种方法:创建"空白演示文稿"、根据"样本模板"创建演示文稿、根据"主题"创建演示文稿和根据"现有内容"新建演示文稿。用户可根据具体情况加以选择。在 PowerPoint 2010 的主界面依次点击"文件"、"新建"就可看到各种创建演示文稿的方式,如图 9-2 所示。

1. 创建空白演示文稿

在 PowerPoint 2010 的主界面依次点击"文件"、"新建"、"空白演示文稿"、"创建",即可创建一份新的空白演示文稿,之后用户就可以发挥自己的创造力来创建风格迥异的演示文稿。

2. 利用"样本模板"创建演示文稿

在 PowerPoint 2010 的主界面依次点击"文件"、"新建"、"样本模板",打开如图 9-2 所示的参考,在窗口选择好模板后,单击"创建",即可完成演示文稿的创建。创建后的演示文稿如图 4 所示,可以看到,用此方法创建的演示文稿包括了多种版式的多张幻灯片,能够减少后期制作幻灯片时的工作量,但风格不够独特,后续如有需要可进行个性化修改。

3. 根据主题创建演示文稿

主题是指预先定义好的演示文稿样式,其中的背景图案、配色方案、文本格式、段落格式、

图 9—2 新建演示文稿窗口

标题层次等都是已经设计好的,用户只需要选择一种主题,其中的样式就会自动应用到演示文稿上。

PowerPoint 2010 提供了 40 多种主题,用户可自行选择任意一种,然后再输入文本、插入图片等对象,就可以创建出颜色文稿。

利用"主题"创建演示文稿的操作如下:

在 PowerPoint 2010 的主界面依次点击"文件"、"新建"、"主题",选择一个具体的"主题"后单击"创建"按钮就能够进入根据"主题"创建的演示文稿的窗口进行下一步的内容添加或编辑。

4."根据现有内容新建"演示文稿

在 PowerPoint 2010 的主界面依次点击"文件"、"新建"、"根据现有内容新建",打开"选择演示文稿"对话框。从已经保存的演示文稿中选择一个,单击"打开",即可新建基于现有演示文稿的演示文稿。

9.2.2 打开演示文稿

对于已经存在的演示文稿,用户在下一次需要查看或者编辑时,就要先打开该演示文稿。打开演示文稿的方法有以下几种:

1. 启动 PowerPoint 2010 后,依次点击"文件"、"打开",在弹出的"打开"对话框中选择所需的演示文稿后,单击"打开"按钮即可打开该演示文稿。

2. 启动 PowerPoint 2010 后,依次选择"文件"、"最近使用文件",在中间可以显示最近使用过的文件名称,选择所需的文件即可打开该演示文稿。

3. 直接进入演示文稿所在的文件夹,双击所需的演示文稿文件即可打开该演示文稿。

4. 用键盘的 Ctrl+O 组合键。

9.2.3 保存演示文稿

要保存已经开始编辑或编辑完的演示文稿文件,可以在 PowerPoint 2010 主界面依次点击"文件"、"保存"或"另存为"即可进行保存。具体操作与 Word 2010 和 Excel 2010 的保存操作完全一样。

需要注意的是保存和另存为在初次编辑文件时,没有什么区别,都是保存。但是再次编辑已有的文件时,保存会直接覆盖当前的文件,而另存为则需要对保存位置、文件名进行选择和设置,而后重新生成一个文件,对已经存在的演示文稿文件没有影响。

另外,用户要根据不同的演示文稿需求选择保存的类型,早期版本的 PowerPoint 演示文稿的扩展名为".ppt",而 2007r 版之后的扩展名则为".pptx",2007 版之后的高版本演示文稿无法用 PowerPoint 2003 打开。

9.2.4 关闭演示文稿

当用户不再需要对演示文稿进行编辑操作时,就需要关闭此演示文稿,以减少所占用的系统内存。关闭演示文稿的方法与 Word 2010 和 Excel 2010 的关闭操作完全一致,此处不再赘述。

9.2.5 演示文稿视图

视图是 PowerPoint2010 文档在电脑屏幕中的显示方式,在 PowerPoint 中,同一个演示文稿根据不同需要,可以在不同的视图方式下编辑或修改。视图包括 5 种显示方式,分别是普通视图、幻灯片浏览视图、备注页视图、阅读视图和幻灯片放映视图。要打开不同视图,可选择"视图"选项卡,在"演示文稿视图"选项组中可以选择视图的显示方式。也可以在主窗口右下角如图 9-3 所示的"视图切换按钮"组进行视图显示方式的选择。

图 9-3 视图切换按钮组

1. 普通视图

普通视图是 PowerPoint 文档的默认视图,是主要的编辑视图,可以用于撰写或设计演示文稿,如图 9-1 所示。在该视图中,左窗格中包含"大纲"和"幻灯片"两个标签,并在下方显示备注窗格,状态栏显示了当前演示文稿的总页数和当前显示的页数,用户可以使用垂直滚动条上的"上一张幻灯片"和"下一张幻灯片"在幻灯片之间切换。

2. 幻灯片浏览视图

幻灯片浏览视图可以显示演示文稿中的所有幻灯片的缩图、完整的文本和图片,如图 9-4 所示。在该视图中,可以调整演示文稿的整体显示效果,也可以对演示文稿中的多个幻灯片进行调整,主要包括修改幻灯片的背景和配色方案、添加或删除幻灯片、复制幻灯片,以及排列幻灯片。还可以选择切换动画和预览多张幻灯片上的动画。但在该视图中不能编辑幻灯片的具体内容。

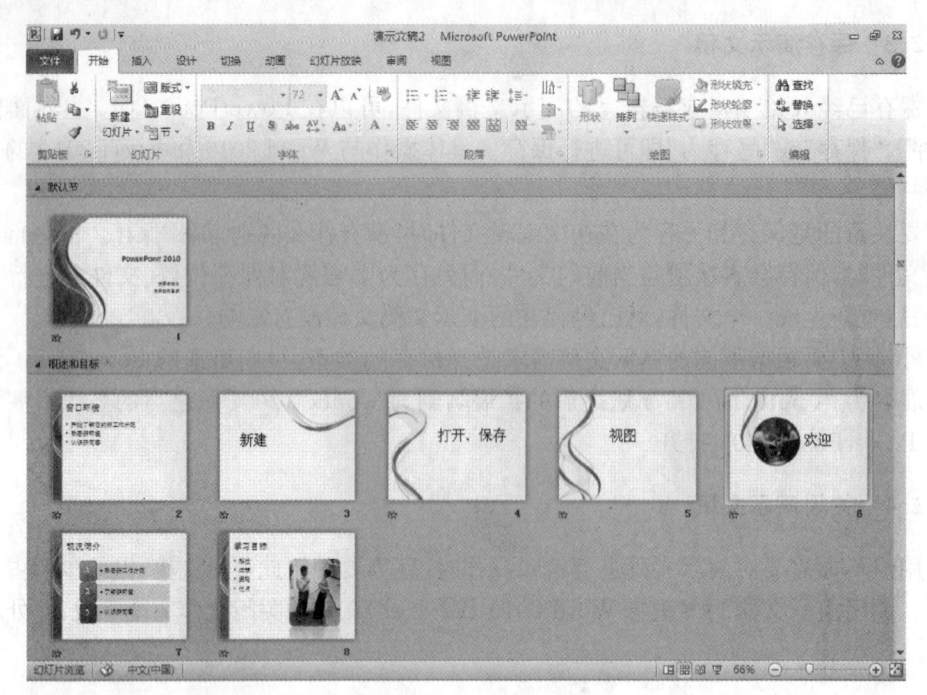

图9—4 幻灯片浏览视图

3. 备注页视图

用户如果需要以整页格式查看和使用备注,可以使用备注页视图,如图9—5所示。在这种视图下,一页幻灯片将被分成两部分,其中上半部分用于展示幻灯片的内容,下半部分则是用于建立备注。备注页视图打开方式与其他视图不同,需要在"视图"选项卡中的"演示文稿视图"选项组中点击"备注页"打开。

4. 阅读视图

阅读视图,可以将演示文稿作为适应窗口大小的幻灯片放映查看,在页面上单击,即可翻到下一页。

5. 幻灯片放映视图

该视图用来动态地逐一播放演示文稿的所有幻灯片。

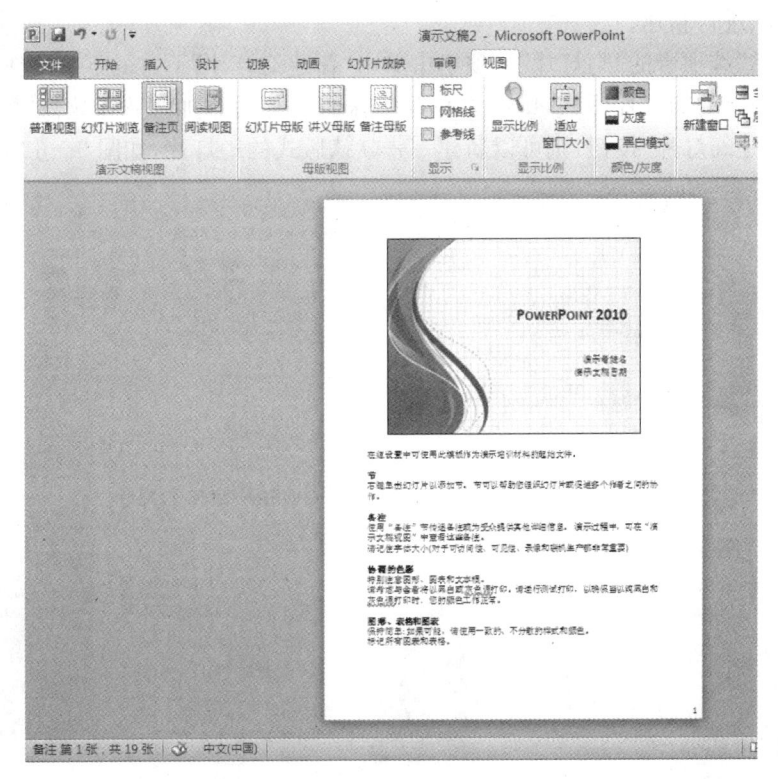

图 9—5　备注页视图

9.3　幻灯片的基本操作

在应用 PowerPoint 2010 进行演示文稿的编辑过程中,所有的文本、动画和图片等数据都在幻灯片中做处理。对幻灯片主要有选择、新建、删除、复制、移动这五个基本操作。

9.3.1　选择幻灯片

只有在选择了幻灯片后,用户才能对其进行编辑和各种操作。与文件、文档的选择一样,幻灯片选择也有单张、连续多张、不连续多张和全部选择四种情况,都可以用鼠标或鼠标配合功能键进行操作。

1. 选择单张幻灯片:直接用鼠标左键单击相应幻灯片即可选中一张幻灯片。

2. 选择连续多张幻灯片:先用鼠标左键单击第一张幻灯片,然后按住键盘上的"Shift"键,再用鼠标左键单击需要选择的最后一张幻灯片,即可选中一组连续多张幻灯片。

3. 选择非连续多张幻灯片:先按住键盘上的"Ctrl"键,再用鼠标左键依次单击需要选择的各张幻灯片,即可选中不连续多张幻灯片。

4. 选择全部幻灯片:用"Ctrl+A"组合键。

9.3.2　新建与删除幻灯片

1. 新建幻灯片

打开要进行编辑的演示文稿,选择需要添加新幻灯片的位置,例如第一张幻灯片,然后即可按照以下方法进行新建。

(1)在"开始"选项卡的"幻灯片"选项组中单击"新建幻灯片"下方的下拉按钮,在弹出的下拉列表中选择需要的幻灯片版式,则可以在第一张幻灯片后添加一张指定版式的新幻灯片。若直接点击"新建幻灯片"按钮,则可以新建一张默认版式的幻灯片,如图9-6所示。

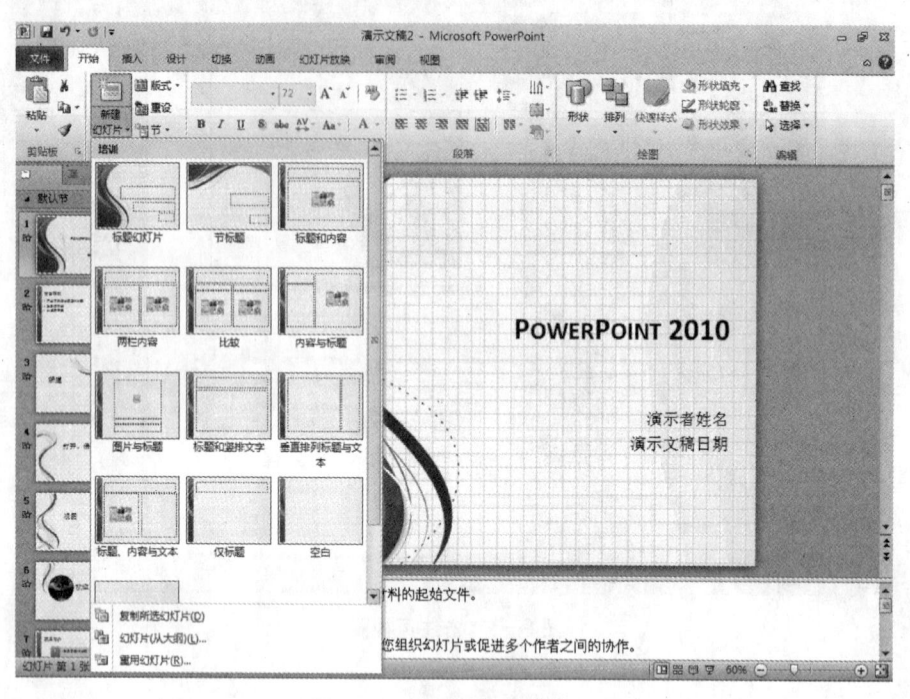

图9-6 新建幻灯片方法一

(2)选中需要在其后新建幻灯片的已有幻灯片,然后用鼠标右键单击此幻灯片,在弹出的快捷菜单中选择"新建幻灯片",就可以新建一张默认版式的幻灯片,如图9-7所示。

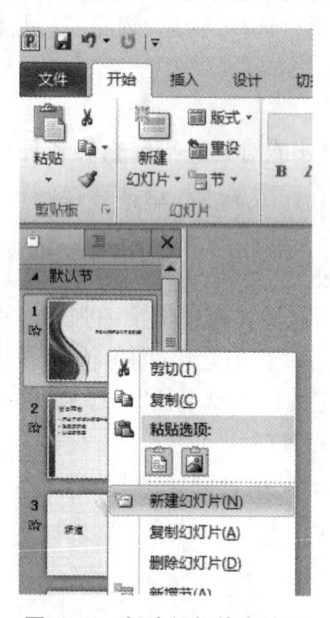

图9-7 新建幻灯片方法二

(3)选中需要在其后新建幻灯片的已有幻灯片,直接按下键盘上的回车键(Enter 键),就可以新建一张默认版式的幻灯片。

(4)用键盘 Ctrl+M 组合键。

新建幻灯片的布局一般为默认,但若新幻灯片需要不同的布局则可通过单击"新建幻灯片"旁边的箭头,在出现的幻灯片布局库中进行挑选。

2. 删除幻灯片

在演示文稿编辑中,对于无用的幻灯片,可以将其删除,这样能够减小演示文稿的容量。删除幻灯片的方法有以下几种:

(1)直接用鼠标右键单击需要删除的幻灯片,在弹出的快捷菜单中选择"删除幻灯片"命令,即可删除该幻灯片。

(2)选中需要删除的幻灯片,直接按下键盘上的 Backspace 键(退格键)或 Delete(删除键),即可将该幻灯片删除。

9.3.3 复制幻灯片

1. 选择需要复制的幻灯片,如第一张幻灯片,切换到"开始",单击"剪贴板"组中的"复制"按钮进行复制。然后选中目标位置前的幻灯片,如第二张幻灯片,再单击"剪贴板"组中的"粘贴"按钮即可将第一张幻灯片复制到第二张幻灯片之后。

2. 用鼠标右键单击需要复制的幻灯片,如第一张幻灯片,在弹出的快捷菜单中选择"复制幻灯片",然后鼠标右键单击目标位置,在弹出的快捷菜单中选择"粘贴"即可将第一张幻灯片复制到第二张幻灯片之后。

3. 将需要复制的幻灯片选中后使用组合键 Ctrl+C 进行复制,再用鼠标左键单击目标位置后,用组合键 Ctrl+V 进行粘贴,也可进行幻灯片的复制。

若需要在不同文档间复制幻灯片,只需要打开不同的演示文稿,用上述方法进行操作即可。需要注意的是两份演示文稿的主题、格式等存在不同,在复制时可在快捷菜单中的"粘贴选项"栏中进行选择,如图 9-8 所示。粘贴选项中,包含"使用目标主题"、"保留原格式"和"图片"三种方式。

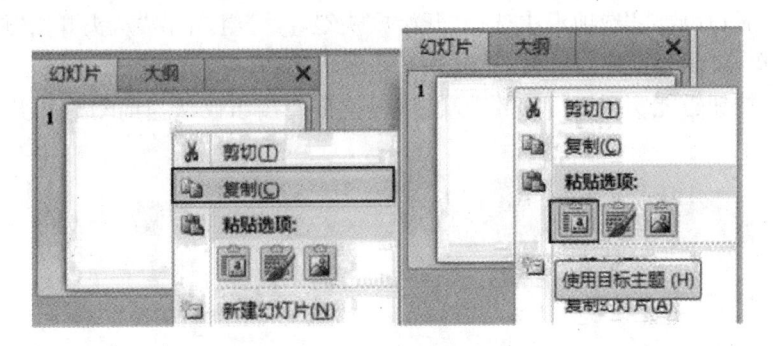

图 9-8 复制与粘贴选项

9.3.4 移动幻灯片

移动幻灯片和复制幻灯片的方法十分相似,只是移动幻灯片时,将"复制"改选为"剪切"(剪切的组合键为 Ctrl+X),其他操作相同。另外,移动幻灯片可以用鼠标左键直接将需要移动的幻灯片直接拖动到目标位置,而复制幻灯片则需要在拖动幻灯片的同时按着 Ctrl 键。

9.3.5　幻灯片版式

幻灯片版式是 PowerPoint 软件中的一种常规排版的格式,通过幻灯片版式可以对文字、图片等对象进行合理、简洁的布局,有幻灯片标题、标题和内容、节标题、两栏内容、比较、仅标题、空白、内容与标题等版式,如图 9—9 所示。

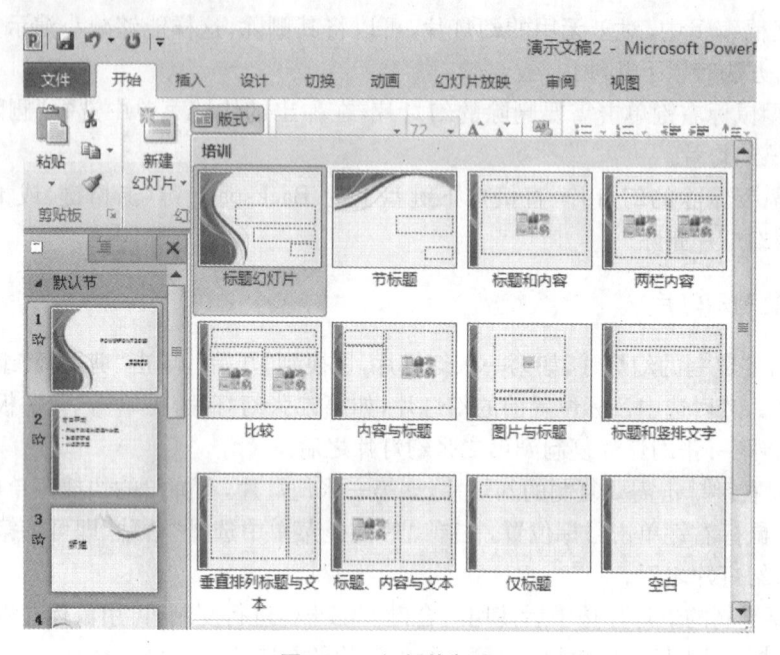

图 9—9　幻灯片版式

9.3.6　启动与退出幻灯片放映

在完成一张幻灯片的设计和编辑后,需要对该幻灯片的放映效果进行验证,即启动幻灯片放映,可以在"幻灯片放映"选项卡中选择"开始放映幻灯片"组,单击"从头开始"从第一张幻灯片开始放映或单击"从当前幻灯片开始"放映正在编辑的幻灯片,如图 9—10 所示。状态栏"幻灯片放映"快捷按钮也能实现幻灯片放映功能,但单击此按钮仅从当前幻灯片开始放映,如图 9—11 所示。

图 9—10　幻灯片放映选项组

另外,要从头开始放映幻灯片,可以直接按键盘上的功能键 F5;若要从当前位置开始放映,则利用组合键 Shift+F5 实现。

图 9—11　幻灯片放映快捷按钮

要退出幻灯片放映,可选择直接按键盘左上角的 Esc 键,或在放映中鼠标右键单击,在弹出的快捷菜单中选择"结束放映"即可退出放映。

9.4　编辑幻灯片内容

演示文稿是由多张幻灯片组成的,要想制作出生动的演示文稿,就需要在幻灯片中进行编辑加工,如输入文本、插入对象等。

9.4.1　输入与编辑文本内容

打开 PowerPoint 2010,将自动新建一个演示文稿,在幻灯片中出现占位符,将鼠标放到上面的占位符中单击,即可在其中插入闪烁的光标,而原有的文字也随之消失。在光标处即可直接输入文字,在完成文字输入后在占位符外侧单击即可。使用同样的方法在所有占位符中输入文字。

输入文本后将其选中,在"开始"选项卡中,通过"字体"选项组可对其设置字体、字号等字符格式,通过"段落"组可对其设置对齐方式、项目符号、编号和缩进等格式,其方法与 Word 2010 和 Excel 2010 中的方法类似,可参看本书相关章节,此处不再赘述。

9.4.2　插入图表

1. 插入表格

打开需要插入表格的演示文稿,选中要插入表格的幻灯片后切换到"插入"选项卡,单击"表格"选项组中的"表格"按钮,在弹出的菜单中选择"插入表格"命令,将弹出"表格"对话框,在其中设置表格的行数和列数,单击"确定"按钮,即可在幻灯片中插入一个表格。对表格的大小和位置进行调整,然后在其中输入内容并设置格式,其方法与 Word 2010 中对表格的操作方法类似,可参看本书相关章节,此处不再赘述。

2. 插入图表

在 PowerPoint 2010 中,只需要选择图表类型、图表布局和图表样式,即可方便地创建出具有专业外观的图表,图表的数据可以由用户直接输入或是从 Excel 等数据库中导入。

打开需要编辑的演示文稿,选中要插入图表的幻灯片,选择"插入"选项卡,单击"插图"选项组中的"图表"按钮,在弹出的如图 9—12 所示"插入图表"对话框中选择图表类型,单击"确定"按钮,即可在幻灯片中插入默认数据的图表,如图 9—13 所示。

对图表数据和格式、类型等的修改可以通过"图表工具"中的"设计"、"布局"和"格式"选项卡逐一进行选择。图表的布局、格式、类型等外观方面的内容与 Excel 图表操作类似,此处不再赘述。图表中的数据在插入时为 PowerPoint 默认,并不是用户所需呈现的数据,因此需要在插入完成后对数据进行修改。通过单击"设计"选项卡中的"编辑数据"可以打开数据对应的 Excel 工作空间,然后在 Excel 中打开已有的数据表格即可。当然,如果数据量不多,也可以直接在 Excel 中进行修改。

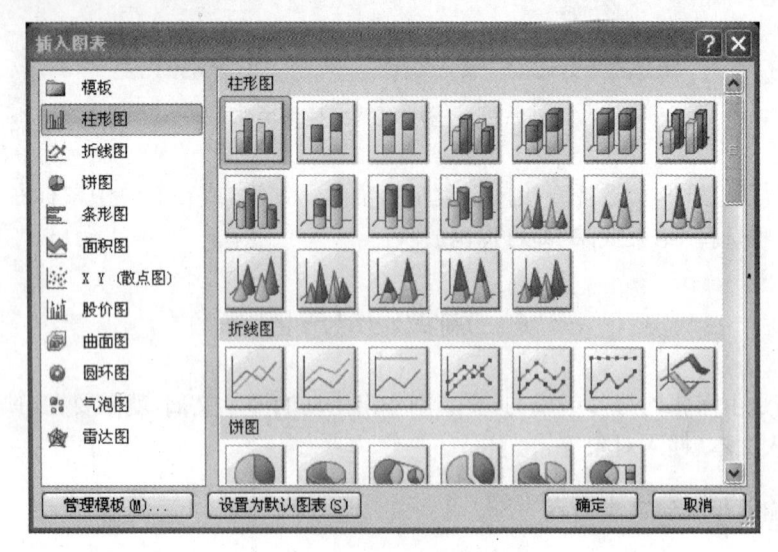

图 9-12 插入图表对话框

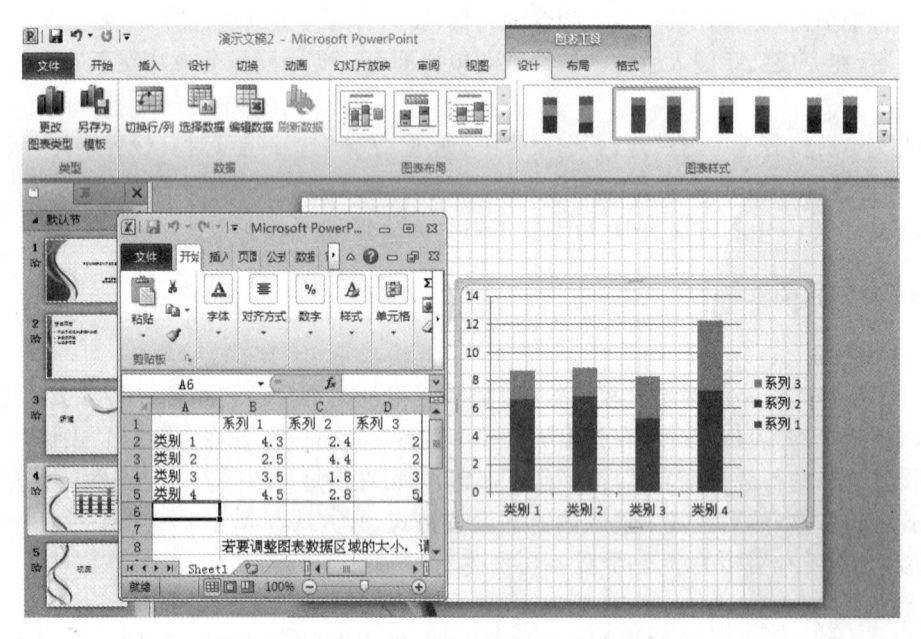

图 9-13 插入图表后的效果

9.4.3 插入图形与图像

为了在演示过程中对内容做更加清晰明确的介绍和说明,用户可以通过插入图形或图片的形式,通过图文并茂的方式让观看者对演示内容进行了解和记忆。

1. 插入剪贴画

打开需要编辑的演示文稿,选中需要插入剪贴画的幻灯片,选择"插入"选项卡,在"图像"选项卡组中单击"剪贴画"按钮,将在窗口右侧弹出如图 9-14 所示的"剪贴画"窗格,单击"搜索",在列出的图片中选择所需的剪贴画,即可将其自动粘贴到幻灯片中。需要注意的是,由于计算机性能的不同,有些计算机上"剪贴画"窗格中的剪贴画加载过程较长,需要用户耐心等待。

图 9—14 "剪贴画"窗格

2. 插入图片

打开需要编辑的演示文稿,选中需要插入图片的幻灯片,选择"插入"选项卡,在"图像"选项卡组中单击"图片"按钮,在弹出的"插入图片"对话框中,选择所需的图片,单击"插入"将所需图片插入到幻灯片中,然后根据需要调整位置和大小即可。

3. 插入艺术字

打开需要编辑的演示文稿,选中需要插入艺术字的幻灯片,选择"插入"选项卡,在"文本"选项卡组中单击"艺术字"或其下拉箭头,就会弹出如图 9—15 所示的"插入艺术字"对话框,选

图 9—15 "插入艺术字"对话框

择所需的艺术字样式后,直接在幻灯片中艺术字文本框中的占位符中输入艺术字内容,然后根据需要调整位置和大小即可。

4. 插入 SmartArt 图形

在 PowerPoint 2010 中可以插入 SmartArt 图形,其中包括列表图、流程图、循环图、层次结构图、关系图、矩阵图、棱锥图和图片等。

打开需要编辑的演示文稿,选中需要插入 SmartArt 图形的幻灯片,选择"插入"选项卡,在"插图"中单击"SmartArt",将打开"选择 SmartArt 图形"对话框,在对话框左侧可以选择 SmartArt 图形的类型,中间选择该类型的一种布局方式,右侧则会显示该布局的说明信息,如图 9-16 所示。

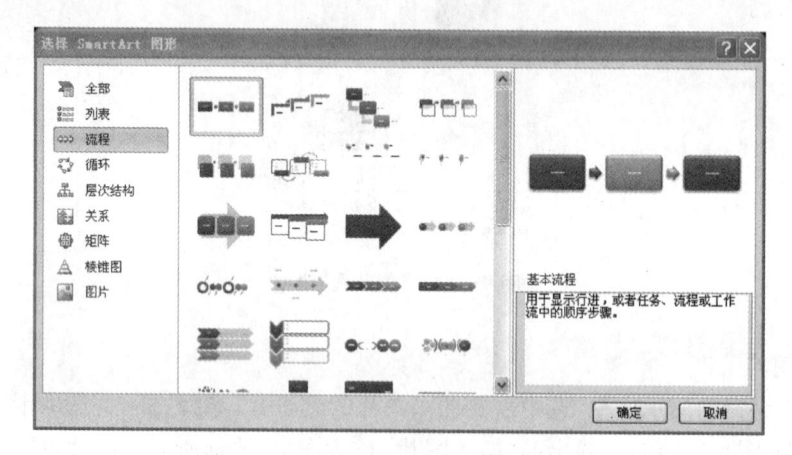

图 9-16 "插入 SmartArt 图形"对话框

例如:选择一种类型,如"流程",再选择其中的一种布局方式,如"基本流程",单击"确定",即可在幻灯片中创建该 SmartArt 图形,如图 9-17 所示。

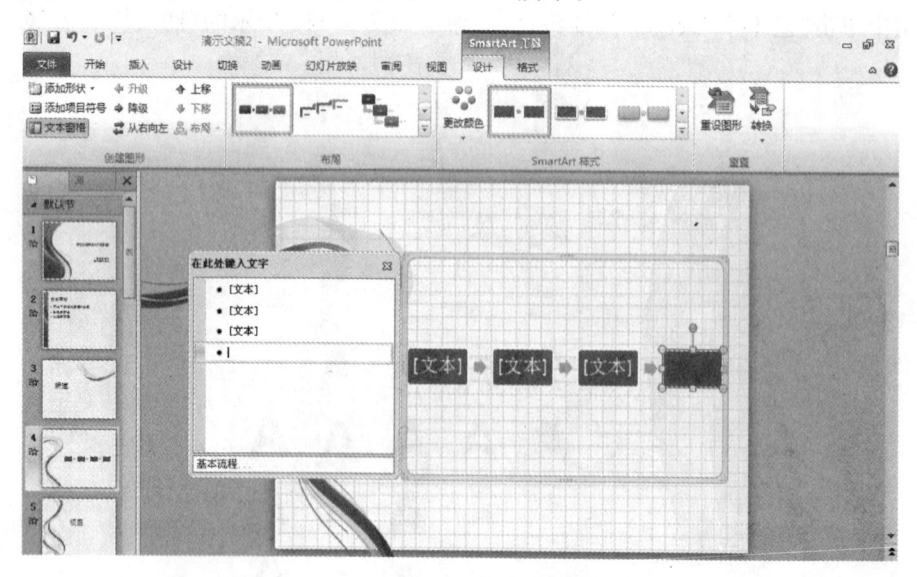

图 9-17 SmartArt 图形插入后的效果

用户可以在 SmartArt 工具选项卡组中对已插入的 SmartArt 图形进行进一步的编辑,包括改变类型、更改颜色、文本窗格的编辑和调整、修改格式等。在 SmartArt 图形左侧弹出的对话框中进行内容的输入,如果默认文本窗格不够,可以直接在最后一个窗格内容输入完成后按 Enter 键,PowerPoint 会自动创建一个新的文本窗格。

9.4.4 媒体剪辑

一个好的演示文稿,除了有文字和图片外,还少不了在其中加入多媒体元素,如视频片段、声音特效等。多媒体元素的加入可以让演示文稿更加生动活泼、丰富多彩,进而更容易吸引观者的注意力。

1. 插入音频

在演示文稿中可以单独插入声音。插入声音分为剪辑管理中的声音和计算机中的声音文件。除此之外,用户还可以在 PowerPoint 2010 中录制声音。

选中需要插入声音的幻灯片,单击"插入"选项卡中的"媒体"选项组,选择"音频"、"文件中的音频…",在弹出的"插入音频"对话框中找到已有的声音文件后单击"确认"按钮,随后就会在幻灯片上出现一个"喇叭"图标,当鼠标移动到"喇叭"上时,会出现一个简单的播放控制窗口,如图 9-18 所示。用户可以在编辑状态预先播放音频、快进、快退和调整声音大小。

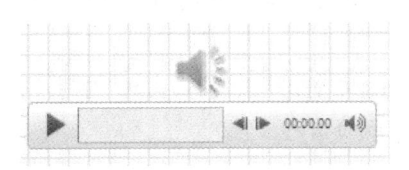

图 9-18 插入音频后的效果

在幻灯片插入声音后,可以通过修改"音频工具"中的"播放"参数来设置播放效果,如图 9-19 所示。

图 9-19 "音频工具"中的"播放"选项卡

除了插入用户已保存的声音,还可以通过"插入"选项卡中的"媒体"选项组中的"音频"下拉菜单中的"剪贴画音频…"和"录制音频…"选择插入其他形式的声音。"剪贴画音频…"将会出现和上文中"剪贴画"窗格类似的窗格,单击所需的剪贴画音频文件即可将其插入到幻灯片中。"录制音频…"在单击后会出现如图 9-20 所示的"录音"对话框,用户通过麦克风即可将现场录制的音频插入到幻灯片中。

图 9-20 "录音"对话框

2. 插入视频

有研究显示，图片比文字更能吸引观众/听者的注意并提高其对文字的理解程度，而视频对观众的冲击更高于图片。因此，在演示文稿中插入影片可以让演示文稿更具吸引力，影片也和声音一样主要分为剪辑管理器中的影片和计算机中的影片文件。

插入视频的操作流程也与插入音频一致，同样也可以在"播放"中对已插入的视频进行编辑、修改。

牛刀小试：我的第一份演示文稿

一、任务描述

XX是一名刚踏入大学校门的新生，也是刚开始使用PowerPoint 2010的新用户，在完成了基本操作的学习之后，想动手尝试制作一份演示文稿。于是，XX决定以"大学印象"为主题制作一份演示文稿。

二、任务分析

"大学印象"的主题需要适当的文字描述和校园的自然、人文景致，在完成任务时需要确定以下内容：

1. 素材的收集和整理：图片、文字、影音、校园文化、学生风采等相关内容；
2. 从大量素材中确定要展示的信息。

三、任务目标

制作一份图文并茂的关于大学校园的演示文稿，并为班级同学演示该文稿。

四、知识链接

1. 演示文稿的建立、保存、关闭以及PowerPoint 2010的工作环境；
2. 幻灯片的基本操作；
3. 幻灯片文本的输入与格式设置；
4. PowerPoint 2010不同视图方式的应用；
5. 插入图形、图像、多媒体素材等对象；
6. 幻灯片放映。

9.5 幻灯片的设计与制作

9.5.1 幻灯片的美化

幻灯片的内容编辑完成后，为了让其更加赏心悦目，可对其进行相应的美化操作，如设置背景、应用主题样式等。

1. 设置幻灯片背景

打开需要编辑的演示文稿，选择"设计"选项卡，在"背景"选项组中单击"背景样式"按钮，在弹出的下拉列表中选择"设置背景格式"选项，打开"设置背景格式"对话框，在其中设置背景样式的填充方式、背景图片更正、背景图片颜色和艺术效果，如图9-21所示。

如果只需全部幻灯片的背景进行统一设置或更改，可选择对话框下方的"全部应用"按钮。

图 9—21 "设置背景格式"对话框

2. 应用主题

打开需要编辑的演示文稿,选择"设计"选项卡,在"主题"选项组的列表框中选择需要的主题样式。如图 9—22 所示。

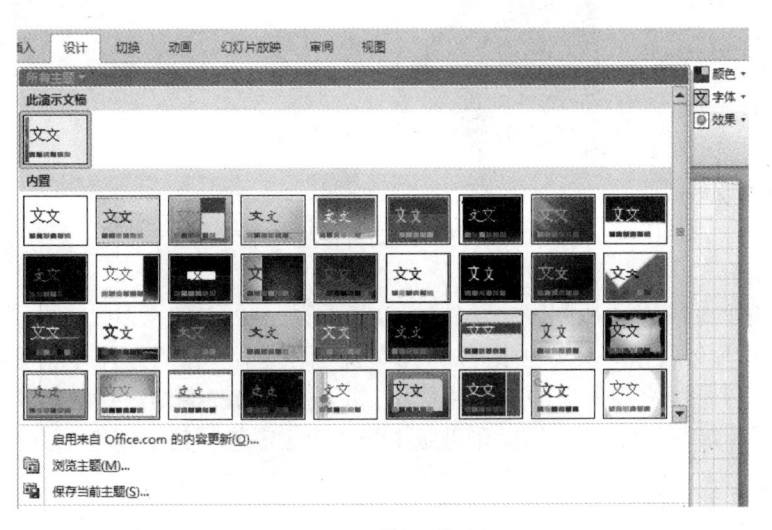

图 9—22 "主题"列表

如果需要为某一张幻灯片设置主题,可以选择该张幻灯片,然后右键单击选中的主题,在弹出的菜单中选择"应用于选定幻灯片",这时将只对选定的幻灯片应用指定的主题。应用主题样式后,可切换到"幻灯片浏览"视图模式下查看设置后的效果。

如果 PowerPoint 提供的主题未达到用户需求,用户还可以通过"启用来自 Office.com 的新内容"、"浏览主题"来选择更多的主题。当然,网络上也有非常丰富的 PowerPoint 主题和模板资源，绝大多数需要注册登录后才能在线下载，部分资源需要付费。

9.5.2 幻灯片母版的设计

幻灯片母版是幻灯片层次结构中的顶层幻灯片，用于存储有关演示文稿的主题和幻灯片版式的信息，包括背景、颜色、字体、效果、占位符大小和位置。

每个演示文稿至少包含一个幻灯片母版。修改和使用幻灯片母版的主要优点是可以对演示文稿中的每张幻灯片（包括以后添加到演示文稿中的幻灯片）进行统一的样式更改。使用幻灯片母版时，由于无需在多张幻灯片上键入相同的信息，因此节省了时间。

通过点击"视图"选项卡中的"幻灯片母版"就可进入母版视图，开始编辑，如图 9—23 所示。

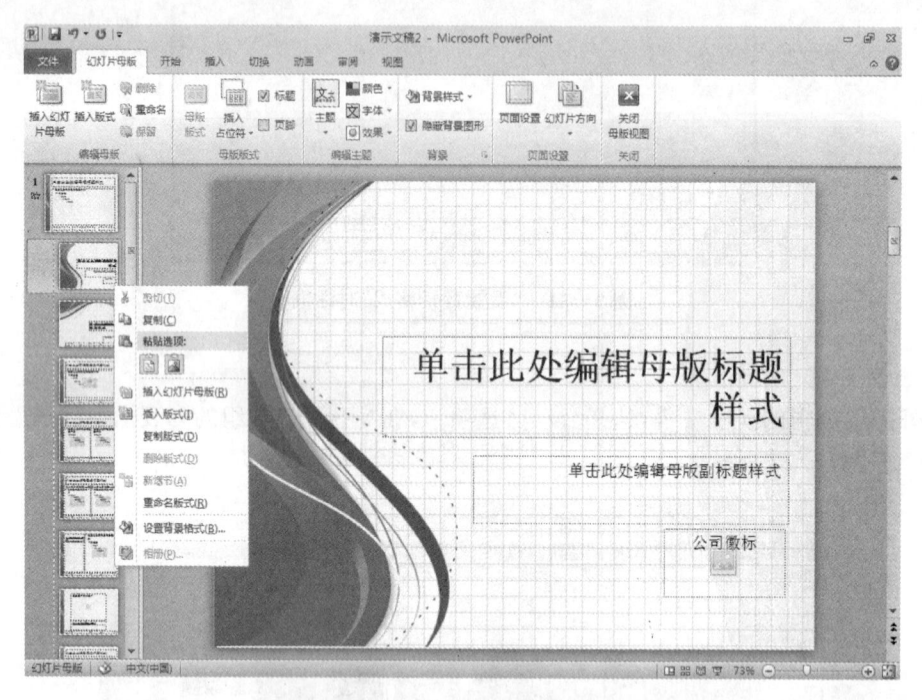

图 9—23 "幻灯片母版"视图

在窗口左边的幻灯片母版列表中，将鼠标放在母版上，可看到该母版将由第几张幻灯片使用。第一张幻灯片母版相对于其他张更加突出，这是因为第一张幻灯片母版奠定了所有幻灯片母版的基调，该母版将由所有的幻灯片使用，如果要全局改变幻灯片的字体大小、颜色、添加/删除背景图片等，可以直接在第一张母版中修改而无需修改其他母版。

9.5.3 插入超链接

1. 添加超链接

打开需要编辑的演示文稿，在指定幻灯片上选择要添加链接的对象（可以是文本、图片、图形等），切换到"插入"选项卡，点击"链接"选项组中的"超链接"按钮，就可打开"插入超链接"对话框，如图 9—24 所示。

在对话框的"链接到"栏中选择链接位置，如"本文档中的位置"，选择链接的目标位置，单击"确定"按钮完成添加。PowerPoint 2010 的超链接位置可以是本文档中的一张幻灯片，也可以是现有的其他文件、网页、新建文档或电子邮件地址，只要运行该演示文稿的计算机能够

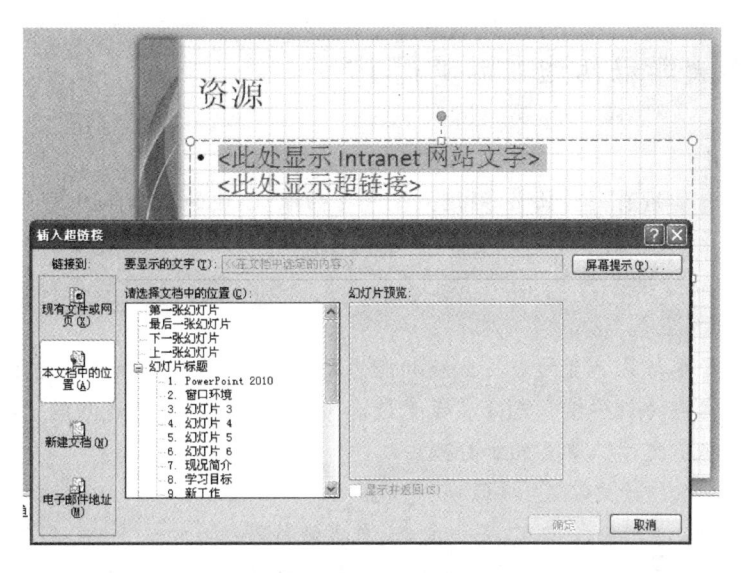

图 9—24 "插入超链接"对话框

提供打开方式,几乎可以打开所有资料和资源。

返回幻灯片,可见所选文本的下方出现下划线,且文本颜色发生变化。当放映到该幻灯片时,鼠标单击设置好的超链接,即可跳转到目标位置。

2. 插入动作按钮

打开需要编辑的演示文稿,选中需要添加动作按钮的幻灯片,切换到"插入"选项卡,单击"插图"选项组中的"形状"按钮,选择需要的动作按钮。

此时,鼠标指针呈十字状,在需要添加动作按钮的位置按住鼠标左键不放并拖动,即可绘制动作按钮。

在"动画设置"对话框中,如图 9—25 所示,根据需要选择设置"单击鼠标"和"鼠标经过"相关参数。

图 9—25 "动作设置"对话框

驾轻就熟：大学社团组织的竞选PPT

一、任务描述

××在大学中参加了一些社团，经过大一一年的锻炼，他的工作能力有了显著提升。随着学长学姐们的离开，××成了社团的骨干。这学期期初，××所在的部门正好需要一名新的负责人，他打算争取这个职务。

二、任务分析

在竞选中除了参与竞选者的过往业绩和能力之外，让选举人更加深入地了解竞选者、充分知晓竞选者即将实施的新举措和充分展示竞选者风采也是竞选是否成功的重要因素。一份充满吸引力的竞选演示文稿是重要的加分项。

要完成一份竞选演示文稿，主要做以下准备：

1. 竞选者简介，包括基本信息、兴趣爱好、自我评价等；
2. 竞选者业绩，即其工作、学习、生活中的优异表现举例；
3. 竞选者若当选后的计划与实施方法。

三、任务目标

完成一份配合竞选者演讲的演示文稿，通过照片、影片、声音等多方位介绍竞选者，为其竞选胜出增添"筹码"。

四、知识链接

1. 在演示文稿中插入文字、对象、音频、视频、flash文件；
2. 模板与母版的使用；
3. 超链接的使用技巧；
4. 动作按钮的设置方法；
5. 幻灯片的放映。

9.6 设置幻灯片动态效果

为了丰富演示文稿的播放效果，用户可以为幻灯片的某些对象设置一些特殊的动画效果，在PowerPoint 2010中可以为文本、形状、声音、图像和图表等对象设置动画效果，使演示文稿变得更加生动。

9.6.1 添加动画效果

打开需要编辑的演示文稿，在幻灯片中选择要设置动画的对象，选择"动画"选项卡，单击"动画"选项组中的"动画效果"按钮，在其下拉菜单中可以预览动画样式，包括"进入"、"退出"、"强调"和"动作路径"4种，如图9-26所示。选择一种动画效果，如"飞入"效果，对象前面就会显示一个动画编号标记，单击"预览"按钮，可以预览动画效果。

若需要为同一对象添加多个动画效果，则可按照以下方法操作：

在为某一对象添加单个动画效果后，保持对象的选中状态，在"动画"选项卡的"高级动画"选项组中单击"添加动画"按钮，选择需要添加的第二个动画效果。继续保持对象的选中状态，再次单击"添加动画"按钮，选择需要添加的第三个动画效果。这样就为同一对象添加了三个

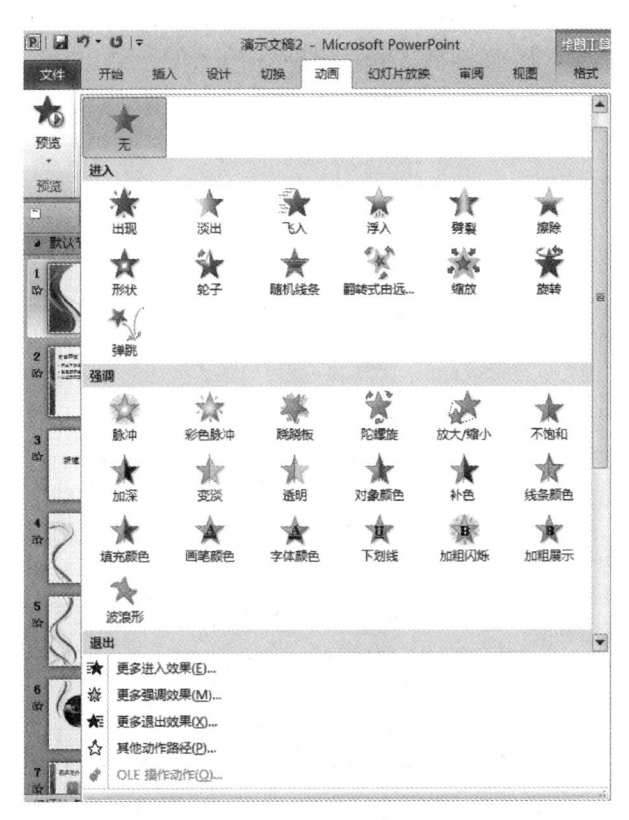

图 9—26 "动画效果"列表

动画效果,如有需要还可以按照上述方法继续进行添加。

9.6.2 编辑动画效果

添加动画效果后,还可以对这些效果进行相应的编辑操作,如复制、删除和调整播放顺序等。

1. 选择动画效果

PowerPoint 中为部分动画设计了不同的动画效果,用户可以通过单击"动画"选项卡中的"动画效果"下拉菜单为不同的动画选择其效果。图 9—27 为"飞入"动画的 8 项"动画效果",用户可以决定对象是从什么位置方向"飞入"到幻灯片上。

如果一个文本框对象中含有多段文字,动画效果还可以对文字的动画顺序进行选择,如图 9—27 的"效果选项"中的"序列"部分。"作为一个对象"和"整批发送"都是将所有文本一起"飞入",不同的是"整批发送"时文本的起点相同,会出现重叠现象。"按段落"则很显然是将文本按段落一段一段地"飞入"幻灯片中。

2. 使用动画刷复制动画效果

如果用户对某一对象的动画十分满意,可以利用动画刷将此对象的动画复制到其他对象上。操作方法与文本编辑中的"格式刷"一样,先选中已设置好动画的对象,单击"动画"选项卡中的"动画刷",再选择要自动应用动画的对象就可以进行动画的复制。若需要对多个对象进行操作,只要在选择"动画刷"时双击"动画刷"即可,全部复制完后,可用 Esc 退出或单击幻灯片中的空白位置。

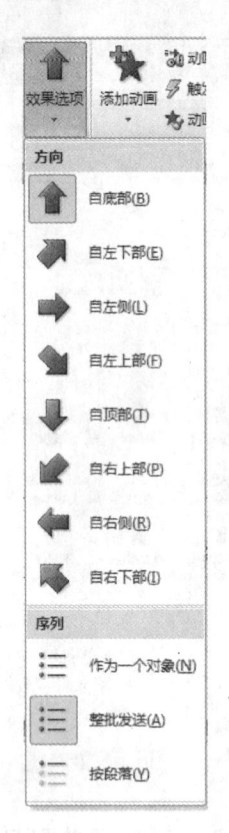

图 9—27 "飞入"的动画效果列表

3. 调整动画效果的播放效果

对象动画的播放方式、持续时间、是否延迟播放以及播放顺序的设定,可以通过"动画"选项卡中"计时"选项卡组来完成,如图 9—28 所示。

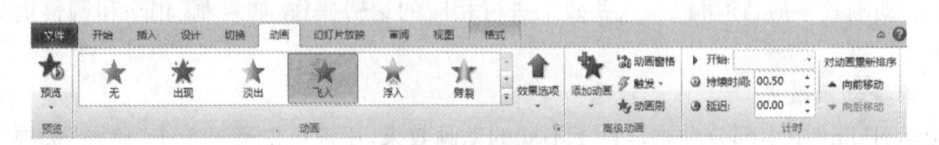

图 9—28 "动画"选项卡

"开始"可以规定动画播放的方式,包括"单击时"、"与上一动画同时"和"上一动画之后"。除"单击时"需要用户在播放幻灯片时进行鼠标点击操作,另外两项均为自动播放。如果用户想要利用 PowerPoint 进行动画片制作,则应根据需要选择后两项。

"持续时间"规定动画播放的时间长度,"延迟"则规定在"开始"中设置的动作出现后到动画播放的等待时间。

"对动画重新排序"需要先选中对象,然后点击"向前移动"或"向后移动"将对象调整至合适的播放顺序。

4. 删除动画效果

动画效果的删除方法与其他对象的删除不同,只需要选中要删除的对象,在"动画"选项卡的"动画"选项组中直接点击"无"即可。

9.6.3 设置幻灯片间的切换效果

幻灯片的切换效果是指幻灯片播放过程中,从一张幻灯片切换到另一张幻灯片的时间效果、速度和声音等。对幻灯片设置切换效果后,可丰富放映时的动态效果。

1. 设置幻灯片切换方式

选中需要设置切换方式的幻灯片,切换到"切换"选项卡,如图 9—29 所示,在"切换到此幻灯片"选项组的列表框中选择切换方式,如"擦除"。

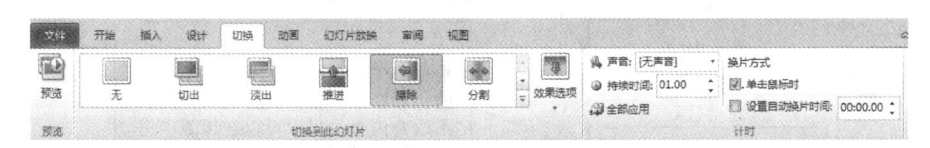

图 9—29 幻灯片"切换"选项卡

在"切换到此幻灯片"选项组中单击"效果选项"按钮,在下拉列表中选择方向。

2. 设置切换声音与持续时间

选中要设置切换声音的幻灯片,切换到"切换"选项卡,在"计时"选项组的"声音"下拉列表中设置切换声音。

在当前幻灯片中,在"持续时间"微调框中设置切换效果的播放时间。

3. 删除切换效果

(1)删除切换方式:选中要删除切换方式的幻灯片,切换到"切换"选项卡,在"切换到此幻灯片"选项组的列表框中选择"无"选项即可。

(2)删除切换声音:选中要删除切换声音的幻灯片,切换到"切换"选项卡,在"计时"选项组的"声音"下拉列表中单击"无声音"选项即可。

青出于蓝:欢迎来到我的家乡!

一、任务描述

中国地大物博,大学更是海纳百川地接纳来自祖国各地的莘莘学子。××在平常的生活学习中发现,同学们都有向其他同学和老师推荐自己家乡的欲望,因此计划在本校各年级学生中以社团名义搞一次关于家乡推介的 PPT 制作大赛。

二、任务分析

作为 PPT 比赛,需要较高的制作技巧和丰富的内容。

1. PPT 制作流程

下图 9—30 为 PPT 制作的最佳流程和其中需要注意的部分,要制作出一份优秀的演示文稿需要的不仅仅是 PowerPoint 的操作,还有作为演讲者的思路和对听者的吸引力,并要考虑听者的接受度。

2. 根据上述流程逐项进行准备;

3. 素材的收集和整理,注意突出特色;

4. 文字描述要尽量优美和充满对家乡的情感。

三、任务目标

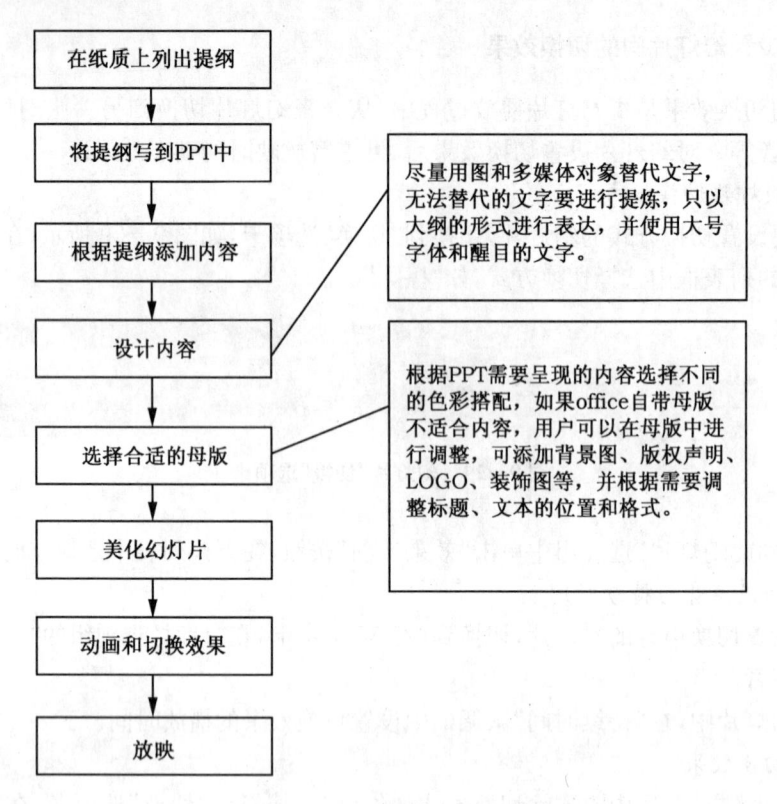

```
在纸质上列出提纲
        ↓
将提纲写到PPT中 ────→ 尽量用图和多媒体对象替代文字，无法替代的文字要进行提炼，只以大纲的形式进行表达，并使用大号字体和醒目的文字。
        ↓
根据提纲添加内容
        ↓
设计内容 ──────────→ 根据PPT需要呈现的内容选择不同的色彩搭配，如果office自带母版不适合内容，用户可以在母版中进行调整，可添加背景图、版权声明、LOGO、装饰图等，并根据需要调整标题、文本的位置和格式。
        ↓
选择合适的母版
        ↓
美化幻灯片
        ↓
动画和切换效果
        ↓
放映
```

图 9-30 幻灯片制作流程

制作一份介绍家乡的演示文稿，该文稿要能达到参加 PPT 大赛的水平。

四、知识链接

1. 在演示文稿中插入文字、对象、音频、视频、flash 文件；
2. 模板与母版的使用；
3. 超链接的使用技巧；
4. 动作按钮的设置方法；
5. 幻灯片动画制作的技巧；
6. 幻灯片切换的方法与技巧；
7. 幻灯片的放映。

9.7 演示文稿的放映

9.7.1 设置放映方式

在放映演示文稿过程中，演讲者可能会对放映方式有不同的要求，则可以对幻灯片放映进行一些特殊设置。打开需要设置的演示文稿，选择"幻灯片放映"选项卡，如图 9-31 所示，单击"设置"选项组中的"设置幻灯片放映"按钮，打开"设置放映方式"对话框，在对话框中设置放映类型、放映选项、放映范围和换片方式等参数，单击"确定"按钮。

图 9-31 "幻灯片放映"选项卡

9.7.2 隐藏不放映的幻灯片

选择需要隐藏的幻灯片,选择"幻灯片放映"选项卡,单击"设置"选项组中的"隐藏幻灯片"按钮即可隐藏该幻灯片。或在需要被隐藏的幻灯片上用鼠标右键单击,在弹出的快捷菜单中选择"隐藏幻灯片"。

被隐藏的幻灯片在其编号的四周出现一个绘制了左上角到右下角斜对角线的方框,如图 9-32 所示,表示该幻灯片已经被隐藏,当用户在播放演示文稿时,会自动跳过该张幻灯片而播放下一张幻灯片。

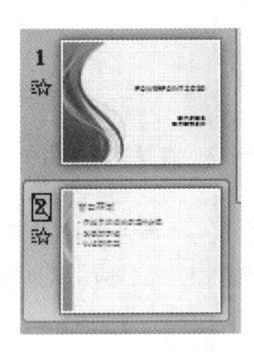

图 9-32 幻灯片被"隐藏"后的提示

9.7.3 控制幻灯片放映过程

打开需要播放的演示文稿,选择"幻灯片放映"选项卡,单击"开始放映幻灯片"选项组中的"从头开始"按钮,或者直接点击键盘上的"F5"功能键,将开始播放幻灯片。

在幻灯片的任意区域单击鼠标右键,在弹出的菜单中选择"上一张"或"下一张"命令,可以播放上一张或下一张幻灯片。此功能也可通过鼠标实现:单击鼠标左键和向下滚动鼠标中键可以播放"下一张"幻灯片,向上滚动鼠标中键则可以播放"上一张"幻灯片。

在幻灯片的任意区域单击鼠标右键,在弹出的菜单中选择"定位至幻灯片"命令,在弹出的子菜单中可以选择要播放的幻灯片,选择"暂停"命令可以停止播放,暂停播放后选择"继续"命令可以继续播放幻灯片。键盘的空格键也可以实现幻灯片暂停和继续播放。

9.7.4 放映幻灯片时使用绘图笔

在幻灯片放映过程中,单击鼠标右键,在弹出的快捷菜单中选择"指针选项"命令,在其子菜单中可以选择添加墨迹注释的笔形,再选择"墨迹颜色"命令,在其子菜单中选择一种颜色。设置好后,按住鼠标左键在幻灯片中拖动,即可书写内容或绘制图形。如图 9-33 所示。

如需对所绘图形或文字进行清除,可以选择"橡皮擦"擦除部分或"擦除幻灯片上的所有墨

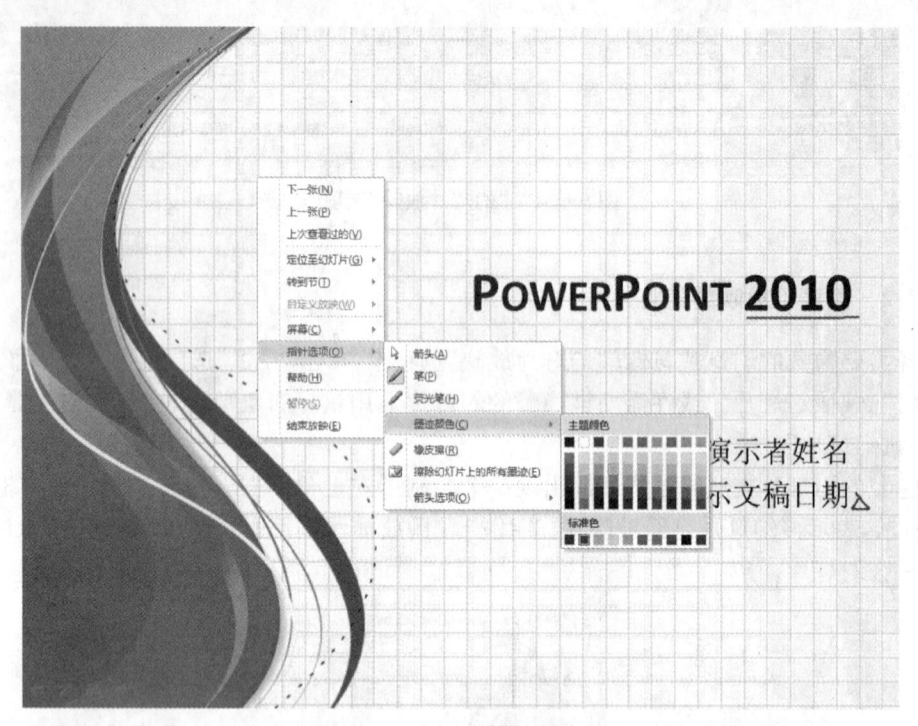

图 9－33　绘图笔的使用和效果

迹"。播放结束退出时，PowerPoint 会提示"是否保留墨迹注释"，用户可根据需要确定。若选择保留墨迹，则所有墨迹将生成一张图片插入对应的幻灯片中。

9.7.5　演示者视图放映

在放映带有演讲者备注的演示文稿时，可使用演示者视图进行放映，演示者可以在一台计算机上查看带有备注的演示文稿，而观众则可在其他监视器上观看不带备注的演示文稿。

9.7.6　创建自动运行的演示文稿

在放映演示文稿的过程中，如果没有时间控制播放流程，可对幻灯片设置放映时间或旁白，从而创建自动运行的演示文稿。

1. 设置幻灯片的放映时间

（1）手动设置

在演示文稿中选中要设置放映时间的某张幻灯片，选择"切换"选项卡，在"计时"选项组的"换片方式"栏中勾选"设置自动换片时间"复选框，在右侧的微调框中设置当前幻灯片的播放时间，用相同的方法，对其他幻灯片设置相应的放映时间即可。

（2）排练计时

选择"幻灯片放映"选项卡，单击"设置"选项组中的"排练计时"按钮，将会自动进入放映排练状态，其右上角将显示"录制"工具栏，如图 9－34 所示，在该工具栏中可以显示预演时间。

在放映屏幕中单击鼠标，可以排练下一个动画效果或下一张幻灯片的出现的时间，鼠标停留的时间就是下一张幻灯片显示的时间。排练结束后将显示提示对话框，询问是否保留排练的时间。

图 9—34 "录制"工具栏

单击"是"按钮确认后,此时会在幻灯片浏览视图中每张幻灯片的左下角显示该幻灯片的放映时间。

2. 录制幻灯片演示

选择需要录制旁白的幻灯片,选择"幻灯片放映"选项卡,单击"设置"选项组中的"录制幻灯片演示"按钮,在弹出的菜单中可以选择"从头开始录制"还是"从当前幻灯片开始录制"。如图 9—35 所示。

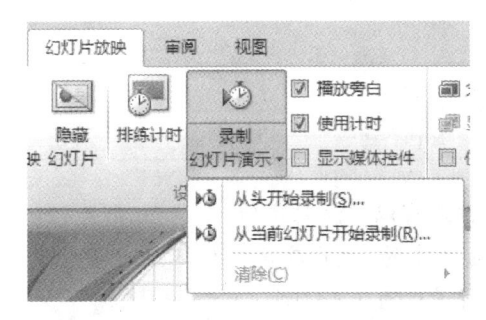

图 9—35 "录制幻灯片演示"按钮选项

选择"从当前幻灯片开始录制"命令,将弹出"录制幻灯片提示"对话框,选择"旁白和激光笔"复选框。

单击"开始录制"按钮,进入幻灯片放映状态,开始录制旁白,使用鼠标在幻灯片中单击以切换到下一张幻灯片,按下 Esc 键将停止录制旁白,回到 PowerPoint2010 窗口中,录制的幻灯片右下方会出现一个声音图标。

选择"播放"选项卡,单击"预览"选项组中的"播放"按钮,即可播放录制的声音效果。

炉火纯青:大学的最后一份演示文稿——毕业论文答辩文稿

一、任务描述

××经过四年丰富多彩的大学生活,即将面临大学的最后一场考试——毕业论文答辩。毕业论文是所有本科院校的学生在大四时进行的,其目的是让大学生能够将所学知识进行综合应用,并加以创新,从而对学生在学习知识、分析问题、解决问题和综合运用达到全面的提升。

二、任务分析

毕业论文答辩根据学校和毕业生层次不同,所需的时间和讲述程度也不尽相同。以应用型本科院校为例,每位毕业生进行论文答辩的时间一般在 20~30 分钟,答辩演示文稿的主要内容与所需幻灯片的大致页数如下表 9—2。

表9—2　　　　　　　　　毕业答辩演示文稿的主要内容

答辩演示文稿内容	幻灯片页数
封面,注明毕业设计题目、学生姓名和学号、导师姓名等基本信息	1
毕业设计选题的意义和背景	2~3
毕业设计的主要内容	1
为完成毕业设计所需要的主要理论知识阐述	5
毕业设计的总体思路	1
毕业设计所用到的硬件、软件工具简介	1
毕业设计的创新点说明	1
详细介绍毕业设计的具体内容,配合重要的图表、数据演示	10以内
毕业设计总结	1
毕业设计存在的问题和继续研究的切入点	1
致谢,并示意答辩组老师可以开始提问	1

此外,答辩演示文稿制作还有以下注意事项：

1. 由于毕业论文答辩是严肃的,因此演示文稿不能过于花哨,色彩搭配以白底黑字或白底深蓝色字为最佳,有简单背景即可。
2. 字号以20磅以上为佳。
3. 不能将论文的内容全部展现在幻灯片上,只要列出大纲,答辩现场进行阐述。
4. 研究内容中的图、表、数据要简洁明了地指明由来和能够说明的问题或得出的结论。

三、任务目标

根据专业选择一份适合自己的毕业论文,并为其制作一份毕业论文答辩演示文稿。

四、知识链接

1. 幻灯片主题、模板、版式、母版的使用；
2. 幻灯片背景和配色方案；
3. 幻灯片文本输入、插入图表等对象；
4. 幻灯片动画、切换和放映；
5. 绘图笔的使用。

9.8　演示文稿的打包与打印

9.8.1　演示文稿的打包

将演示文稿打包实际上就是将演示文稿转变成视频,操作过程如下：

打开需要转换成视频的演示文稿,选择"文件"选项卡,在左侧窗格单击"保存并发送"命令,如图9—36所示。

在"文件类型"栏中选择"创建视频"选项,在右侧窗格中单击"创建视频"按钮。

在弹出的"另存为"对话框中设置存放视频的路径,单击保存按钮开始转换,转换完成后,

图 9-36 "保存并发送"界面

进入设置好的存放路径,可看见生成的视频文件。双击该视频文件,就可以使用默认的播放器进行播放了。

9.8.2 演示文稿的打印

幻灯片除了可在计算机屏幕上作电子展示外,还可以将他们打印出来长期保存。PowerPoint 2010 的打印功能非常强大,不仅可以将幻灯片打印到纸上,还可以打印到投影胶片上,通过投影仪来放映。

幻灯片的打印选项如图 9-37 所示。在打印设置中,可以选择需要打印的幻灯片页数、幻灯片的打印版式和讲义形式(如图 9-38)、纸张方向、颜色等。

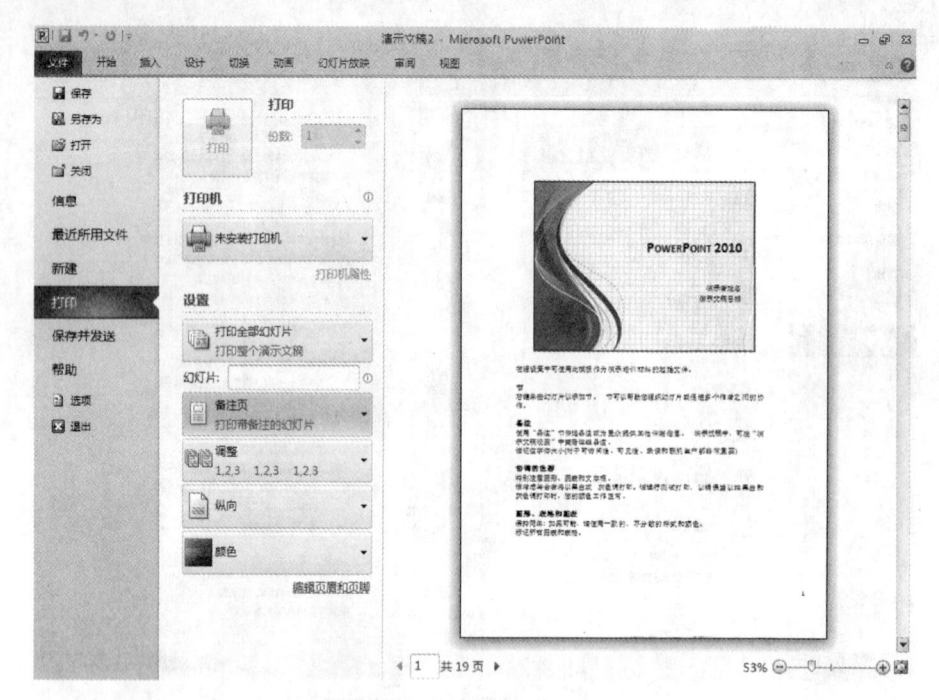

图 9-37 幻灯片"打印"界面

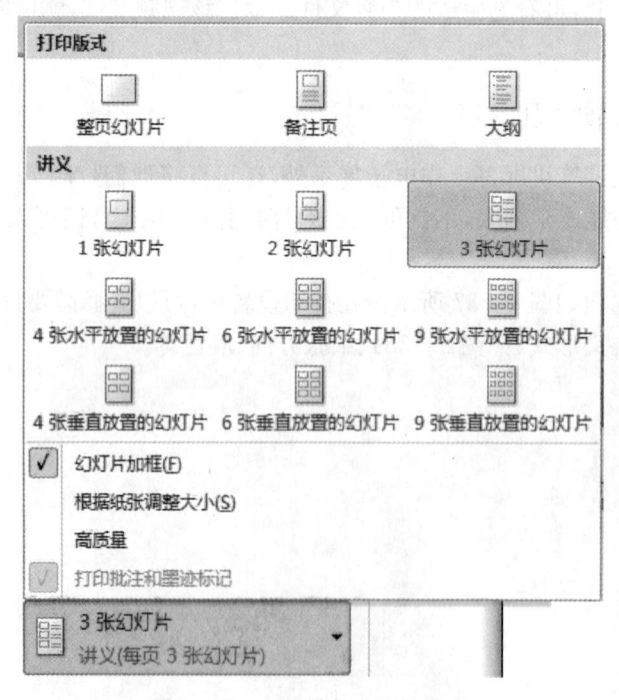

图 9-38 幻灯片打印效果选项

惊世骇俗：公司的新产品发布PPT

一、任务描述

到了实习阶段，××来到了一家互联网公司工作。经过一段时间观察，领导认为××有较强的组织和沟通能力，就交给他一项任务：负责为本公司新开发的APP发布会准备一份新品推介文稿，以提升用户对APP的认知度和喜好度。

二、任务分析

1. 对要推荐的APP进行充分的了解，找出其特色；
2. 演示文稿的整体设计要具有时代感、新鲜感和操控感等；
3. 推介时可适当加入试用者体验，从用户角度考虑问题。

三、任务目标

尽可能应用所学到的关于演示文稿制作的所有知识，制作一份充满吸引力的演示文稿，让观众对新产品的使用和功能印象深刻、并激发观众使用该产品的欲望。

四、具体要求

1. 一份演示文稿至少要有20张幻灯片。
2. 第1张必须是片头引导页（写明主题、作者及日期等）。
3. 第2张要求是目录页。
4. 其他几张要能够进行返回到目录页的超链接。
5. 使用"应用设计模板"或网上下载的模板，并利用"母版"修改设计演示文稿风格（在适当位置放置符合主题的logo或插入背景图片，时间日期区插入当前日期，页脚区插入幻灯片编号），以更贴切的方式体现主题。
6. 选择适当的幻灯片版式，使用图文表混排组织内容（包括艺术字、文本框、图片、文字、自选图形、表格、图表等），要求内容新颖、充实、健康、版面协调美观。
7. 为幻灯片添加切换效果和动画方案，以播放方便适用为主，使得演示文稿的放映更具吸引力。
8. 合理组织信息内容，要有一个明确的主题和清晰的流程。

习题精选

一、单选题

1. 从当前幻灯片开始放映幻灯片的快捷键是（　　）。
   A. Shift+F5　　　　B. Shift+F4　　　　C. Shift+F3　　　　D. Shift+F2
2. 按（　　）键可以启动幻灯片放映。
   A. Enter　　　　　B. F5　　　　　　　C. F6　　　　　　　D. 空格
3. 在"图片工具"下的（　　）组中可以对图片进行添加边框的操作。
   A. 图片样式　　　 B. 调整　　　　　　C. 大小　　　　　　D. 排列
4. （　　）视图是进入PowerPoint 2010后的默认视图。
   A. 幻灯片浏览　　 B. 大纲　　　　　　C. 幻灯片　　　　　D. 普通

5. PowerPoint 2010,若要在"幻灯片浏览"视图中选择多个幻灯片,应先按住(　)键。
   A. Alt　　　　B. Ctrl　　　　C. F4　　　　D. Shift+F5
6. 下列关于幻灯片动画效果的说法中不正确的是(　)。
   A. 如果要对幻灯片中的对象进行详细的动画效果设置,就应该使用自定义动画
   B. 对幻灯片中的对象可以设置打字机效果
   C. 幻灯片文本不能设置动画效果
   D. 动画顺序决定了对象在幻灯片中出场的先后次序
7. 要对幻灯片进行保存、打开、新建、打印等操作时,应在(　)选项卡中操作。
   A. 文件　　　　B. 开始　　　　C. 设计　　　　D. 审阅
8. PowerPoint 2010 制作的演示文稿文件扩展名是(　)。
   A. pptx　　　　B. xls　　　　C. fpt　　　　D. doc
9. PowerPoint 2010 的主要功能是(　)。
   A. 电子演示文稿处理　　　　B. 声音处理
   C. 图像处理　　　　D. 文字处理
10. PowerPoint 2010 是(　)家族中的一员。
    A. Linux　　　　B. Windows　　　　C. Office　　　　D. Word
11. 要在幻灯片中插入表格、图片、艺术字、视频、音频等元素时,应在(　)选项卡中操作。
    A. 文件　　　　B. 开始　　　　C. 插入　　　　D. 设计
12. 在 PowerPoint 2010 中,"设计"选项卡可自定义演示文稿的(　)。
    A. 新文件,打开文件　　　　B. 表,形状与图标
    C. 背景,主题设计和颜色　　　　D. 动画设计与页面设计
13. 在 PowerPoint 2010 中,"审阅"选项卡可以检查(　)。
    A. 文件　　　　B. 动画　　　　C. 拼写　　　　D. 切换
14. 在 PowerPoint 2010 中,添加新幻灯片的快捷键是(　)。
    A. Ctrl+M　　　　B. Ctrl+N　　　　C. Ctrl+O　　　　D. Ctrl+P
15. "背景"组在功能区的(　)选项卡中。
    A. 开始　　　　B. 插入　　　　C. 设计　　　　D. 动画
16. "主题"组在功能区的(　)选项卡中。
    A. 开始　　　　B. 页面视图　　　　C. 大纲视图　　　　D. 备注页视图
21. 在 PowerPoint 2010 中,"视图"选项卡可以查看幻灯片(　)。
    A. 母版,备注母版,幻灯片浏览　　　　B. 页号
    C. 顺序　　　　D. 编号
22. "插入图片"在对话框中,以(　)视图模式显示图片文件可以直接浏览到图片效果。
    A. 大图标　　　　B. 小图标　　　　C. 浏览　　　　D. 缩略图
23. 如果要在表格的最后添加新的一行,则可以单击表格的最后一个单格,然后按(　)键。
    A. Enter　　　　B. Tab　　　　C. Shift+Enter　　　　D. Shift+Tab
24. 在应用了版式之后,幻灯片中的占位符(　)。
    A. 不能添加,也不能删除　　　　B. 不能添加,但可以删除

C. 可以添加,也可以删除　　　　　　　　D. 可以添加,但不能删除

25. 要设置幻灯片的切换效果以及切换方式时,应在(　　)选项卡中操作。
   A. 开始　　　　　B. 设计　　　　　C. 切换　　　　　D. 动画

26. 在 PowerPoint 2010 中,"文件"选项卡可创建(　　)。
   A. 新文件,打开文件　　B. 图标　　　　　C. 页眉或页脚　　　　D. 动画

27. 从第一张幻灯片开始放映幻灯片的快捷键是(　　)。
   A. F2　　　　　B. F3　　　　　C. F4　　　　　D. F5

28. 要让 PowerPoint 2010 制作的演示文稿在 PowerPoint 2003 中放映,必须将演示文稿的保存类型设置为(　　)。
   A. .xls　　　　　B. .doc　　　　　C. .exe　　　　　D. .ppt

29. 要对幻灯片母版进行设计和修改时,应在(　　)选项卡中操作。
   A. 设计　　　　　B. 审阅　　　　　C. 插入　　　　　D. 视图

30. PowerPoint 2010 中新建文件的默认名称是(　　)。
   A. DOC　　　　　B. SHEET　　　　　C. 演示文稿　　　　　D. BOOK

31. 要设置幻灯片中对象的动画效果以及动画的出现方式时,应在(　　)选项卡中操作。
   A. 切换　　　　　B. 动画　　　　　C. 设计　　　　　D. 审阅

32. 在 PowerPoint 2010 中,"插入"选项卡可以创建(　　)。
   A. 新文件,打开文件　　　　　　　B. 表,形状与图标
   C. 文本左对齐　　　　　　　　　　D. 动画

33. 下列选项中,(　　)是幻灯片中无法打印出来的。
   A. 幻灯片中的表格　　　　　　　　B. 幻灯片中的图片
   C. 幻灯片中的日期　　　　　　　　D. 幻灯片中的动画

34. 选择"设计"选项卡的某一主题后,默认情况下该主题将(　　)生效。
   A. 仅对当前幻灯片　　　　　　　　B. 对所有已打开的演示文稿
   C. 对正在编辑的幻灯片对象　　　　D. 对所有幻灯片

35. PowerPoint 2010 演示文稿存盘时,默认的扩展名是(　　)。
   A. .xlsx　　　　　B. .docx　　　　　C. .ppt　　　　　D. .pptx

二、判断题

1. "删除背景"工具是 PowerPoint 2010 中新增的图片编辑功能。　　　　　　　(　　)
2. PowerPoint 2010 可以直接打开 PowerPoint 2010 制作的演示文稿。　　　　(　　)
3. PowerPoint 2010 幻灯片中可以处理的最大字号是初号。　　　　　　　　　(　　)
4. PowerPoint 2010 是 Widows 家族中的一员。　　　　　　　　　　　　　　(　　)
5. 设计动画时,既可以在幻灯片内设计动画效果,也可以在幻灯片间设计动画效果。
　　　　　　　　　　　　　　　　　　　　　　　　　　　　　　　　　　(　　)
6. 在 PowerPoint 2010 中,可以改变幻灯片的格式。
7. 在 PowerPoint 2010 的设计选项卡中可以进行幻灯片页面设置、主题模板的选择和设计。　　　　　　　　　　　　　　　　　　　　　　　　　　　　　　　　　　(　　)
8. 当创建空白演示文稿时,可包含任何颜色。　　　　　　　　　　　　　　　(　　)
9. PowerPoint 2010 的功能区中的命令不能进行增加和删除。　　　　　　　　(　　)

10. 在 PowerPoint 2010 的审阅选项卡中可以进行拼写检查、语言翻译、中文简繁体转换等操作。（   ）

11. 在 PowerPoint 2010 的大纲视图中,可以增加、删除、移动幻灯片。（   ）

12. 在 PowerPoint 2010 中,各张幻灯片可以使用不同的背景。（   ）

13. 在幻灯片放映过程中,用户可以在幻灯片上写字或画画,这些内容将可以保存在演示文稿中。（   ）

14. 在 PowerPoint 2010 中,通过"页面设置"对话框可以为幻灯片添加幻灯片编号。（   ）

15. 在 PowerPoint 2010 的"幻灯片切换"中,设置每隔 3 秒换页,可以实现幻灯片自动放映。（   ）

三、操作题

打开"PowerPoint 2010 操作题.pptx",完成下列各题后以"操作题结果.pptx"为文件名保存到指定的文件夹下;完成后的效果如样图所示。

1. 将幻灯片主题选择为"技术",主题颜色选择为"活力"。

2. 将第一张幻灯片中标题字体设置为华文行楷、66 磅、绿色、"细微效果—蓝—灰,强调颜色 5"的形状样式。

3. 在幻灯片母版中为所有幻灯片添加页脚"PowerPoint 2010 操作题",并显示幻灯片编号,均设置字体为隶书 30 磅蓝色;并为页脚填充"浅色 1 轮廓,彩色填充—蓝—灰,强调颜色 5"的形状样式。

3. 在第 2 张幻灯片中插入 SmartArt 图形,图形布局为"表格列表"图,设置颜色为"彩色范围—强调文字颜色 5 至 6",外观样式为"强烈效果";大小为高 10 厘米、宽 13 厘米;录入相应文字,并设置字体为华文行楷 35 磅紫色。

4. 在第 3 张幻灯片中插入能直接链接到上一张幻灯片和下一张幻灯片功能的动作按钮,并为动作按钮套用"强烈效果—金色,强调颜色 6"的形状样式,高度和宽度均设置为 1.5 厘米。

5. 设置所有幻灯片的切换方式为"涡流",切换效果为"自右侧",持续时间为 2 秒,声音为"鼓掌",换片方式为 2.5 秒后自动换片。

6. 为第 2 张幻灯片中的 SmartArt 图形添加"旋转式由远及近"进入的动画效果,效果为"整批发送",上一动画之后过 2 秒开始播放,持续时间为 2 秒。

7. 在第 4 张幻灯片中插入图表,图表类型任选,要求图表数据能够清晰反映出本课程考核的内容和所占比例。

8. 在第 5 张幻灯片中插入 SmartArt 图形,并经过调查访问,将所在学院的所有教职员工的组织结构关系填入"层次结构"图中(具体类型自选)。

9. 设置幻灯片的放映类型为"演讲者放映(全屏幕)",放映方式为"循环放映,按 ESC 键终止",放映内容为全部。